在旅游研究的进程中
从学术到理论再到思想
总是要一次又一次超越自己
却清醒到痛地明了
承载万千业者的这块土地
才是自己终生的眷恋
和不息奋斗的归宿.

[illegible]
2020.4.23.

Die Kathedrale

奖项·荣誉

- 中瑞酒店管理学院、中国旅游研究院、文化和旅游部数据中心创建者；
- 享受国务院特殊津贴；
- 两次获得联合国世界旅游组织尤利西斯奖；
- 连续破格晋升副教授、教授；
- 北京市优秀教师，全国优秀教师；
- 东北财经大学、河南大学博士生导师，日本东洋大学客座教授；
- 多次主持国家哲学社会科学基金重大和重点项目、文化和旅游部重点项目和旅游业中长期发展规划、联合国开发署（UNDP）、亚洲开发银行等国际合作项目；
- 创建和推广旅游管理博士后工作站、旅游经济部级重点实验室、"欢迎中国"（Welcome Chinese）、全国游客满意度、国家旅游文献与情报中心、旅游思想者、中国旅游集团年会、中国旅游科学年会、国家旅游评论、中国文化和旅游大数据、旅游内参等品牌项目。

国民旅游休闲讲稿（六）

旅游&经济

戴斌 著

北京·旅游教育出版社

责任编辑：巨瑛梅

图书在版编目（CIP）数据

旅游&经济 / 戴斌著. -- 北京 ：旅游教育出版社，2020.5（2020.12）

ISBN 978-7-5637-4077-2

Ⅰ. ①旅… Ⅱ. ①戴… Ⅲ. ①旅游经济－文集 Ⅳ. ①F59-53

中国版本图书馆CIP数据核字(2020)第059238号

旅游 & 经济

戴斌　著

出版单位	旅游教育出版社
地　　址	北京市朝阳区定福庄南里 1 号
邮　　编	100024
发行电话	（010）65778403　65728372　65767462（传真）
本社网址	www.tepcb.com
E - mail	tepfx@163.com
排版单位	北京旅教文化传播有限公司
印刷单位	北京柏力行彩印有限公司
经销单位	新华书店
开　　本	710 毫米 × 1000 毫米　1/16
印　　张	19.75
字　　数	201 千字
版　　次	2020 年 5 月第 1 版
印　　次	2020 年 12 月第 2 次印刷
定　　价	49.80 元

（图书如有装订差错请与发行部联系）

序｜旅游研究与实践的中国温度

听、读戴院长于论坛、报端、公号发表、发布的文章，似乎已成为生活里的日常。每每分享给团队用作管理培训、素养修炼的必读课件。戴院长的文集时常在书架、案头，时时为企业创新创业提供养分；字里行间开阖着中国旅游业的万千气象，是中国旅游业的时代记录、时代实践、时代检验和时代思考。戴院长的文字有时又不仅仅是答疑解惑，更像是在与惺惺相惜的文旅同道促膝交谈，代书代言。

这次戴院长提议我来给 2019 年的文集写序，恰处于新冠肺炎疫情按下行业暂停键的第 34 天。非常时期，随戴院长的足迹、语境回溯 2019 年甚至更远的过去，对我们所从事的这个行业，所挥斥的这个天地和奋斗的事业似乎有了更深的感悟。面对这场前所未有的严峻考验，我认为，对于企业而言，这是一堂反思运营的绝佳课堂，这是一道倒逼转型的抉择关口，这是一个弯道超车的历史机遇，这是一份组织建设的责任担当。一次涅槃重生般的暂停，不会阻挡正在进入大众旅游新时代、全域旅游新方位、品质旅游新阶段的行业发展进程，旅游需求、投资、治理和国际交流合作等领域只会加快新动能的集聚；只会加快验证行业 17 年持续增长之后，对未来趋势的清醒判断。

疫情突发的这个春季，戴院长在不同的场合中不止一次提到：有人说“经此一疫，旅游业再也回不到过去了”，他的回答是“为什么要回到过去呢”？我深深地认同，是啊，在疫情防控阻击战取得全面胜利之后，我们不是，也不能简单地回到从前，而是要着力推进旅游业高质量发展。旅游行业脆弱，但也顽强。旅游人初心不变，匠心坚守，不断把握新需求，只要人们对美好生活的追求不变，我们就会迎来美好生活的新机遇。

戴院长是有深厚家国情怀的学界领袖，他长期倡导“文之大者、侠之大者、学之大者，都是要为国为民”。我常感怀，也正是因为有这样的初心与使命，使他的学问不仅有全球的大视野，更有其特定的中国风范。美丽风景之上，大众旅游的蓬勃；长街短巷之内，全域旅游的景象；数据赋能之间，文旅融合的期许；创业创新之时，对多元市场主体的贴近，对企业家价值的呵护，都使他的旅游思想洋溢着中国温度，上接庙堂之高，下接江湖之远，中间永远连接着市场的脉动。

这些年来，岭南集团无论是改革重组，还是供给侧的创新，无论是住宿业的品牌迭代，还是旅行社的数字化转型升级，都得到过戴院长的提点。岭南集团是戴院长旅游思想的受益者，也是实践者。在中国，在当代旅游人奋进的沃土上，有更多生动的实践案例在验证着他所阐述的当下和未来。旅游研究与实践的握手，使思想有根基，行动不盲目，这也是戴院长长期为中国旅游行业注入的中国温度。

总会春风吹又生，总会再绿江南岸的。再奋进，在新的时代，同向前行，一起绘就文化和旅游融合发展的新蓝图！

冯劲

2020 年 3 月 5 日于羊城

目录 | Contents

开 篇

旅游经济进入新阶段，必须要有新动能 / 1

政府声音

旅游对话文明
——亚洲文明对话平行论坛专题报告 / 9
亚洲旅游促进计划的城市担当 / 15
黄河国家旅游线路，建什么、怎么建 / 20
红色旅游既要有国家视野　也要有游客视角 / 25
红色旅游的价值取向与责任担当 / 32
旅游度假区：市场复归与功能重构 / 43
乡村文旅人才要靠得住、留得下、用得上 / 49
旅游大数据的激情与理性 / 58

智慧旅游再回首，为何与如何 / 64
文化和旅游统计工作新形势与数据建设新任务 / 69

学界声音

读书人的样子 / 83
旅游学术共同体：进程、目标与任务 / 87
重归教员主体地位，重构旅游教育导向 / 95
旅游发展理论重构与学术共同体再定义 / 101
旅游学术共同体的主体性建设：意识、地位与能力 / 109
做好文化和旅游融合新时代的理论研究和数据建设工作的几点思考 / 117
文旅视野中的科技：价值与价值观 / 122
旅游研究与文化建设：初心在哪里，使命怎么记 / 128

市场声音

以文化权益和旅游权利为中心　推进夜间经济高质量发展 / 141
夜间旅游正当时 / 148
旅行社的传统与传统旅行社的未来 / 154
定制旅行促进旅游业高质量发展 / 161
市场主体是海丝旅游的建设者和引领者 / 167
避暑本是寻常事，只为生活更美好 / 171
自驾远行的路上，我们都是追梦人 / 175
传统景区的未来之路 / 181
非典型住宿业态与传统酒店的未来 / 189

旅游住宿，从异乡的生活走向社区的链接 / 194
无障碍旅游：共享的权利和共同的责任 / 201
亲亲洛宝贝，守护家国梦 / 207
旅行更简单，服务高品质 / 213
文化遗产的功能重构与价值实现 / 219
为了高质量、可持续、融合发展的旅游业而努力创新 / 226
数字化时代的旅游集团：形势与任务 / 229

国际声音

重新发现旅行的美好：戏剧场到菜市场 / 239
因为有你，万卷书易读，万里路不难 / 245
中国出境旅游的价值与思想 / 249
携手培育主客共享的美好生活新空间 / 254
海岛旅游的全球治理 / 259
天下咖啡雨，天涯若比邻 / 266

结 语

旅游高质量发展：市场演化与政策选择 / 270

媒体荟萃

改革中蝶变　开放中成长
——我国旅游业发展 40 年 / 277

景区厕所为文明旅游加分 / 284
绘就文化和旅游融合发展的新蓝图 / 287
“网红”只是文化遗产活起来的第一步 / 290
努力让旅游从堵心到舒心 / 292
“五一”劳动节假期制度调整受欢迎 / 294
出境游客消费观悄然变化 / 296
说走就走的旅行，不能只有规划的线路 / 298

开 篇

旅游经济进入新阶段，必须要有新动能

各位业界同仁，媒体朋友，

上午好！

对旅游经济的监测、预警和研判，首先要从需求侧和市场面入手。只要国民大众有充足的闲暇时间和可自由支配收入，特别有持续增长的旅游消费意愿，我们就有充分的理由对旅游经济的繁荣发展保持信心。

国家统计局发布了中国居民时间利用的十年变化情况，有两个有意思的数据：在每天的 24 小时内，个人自由支配活动的时间从 2008 年 15.6% 增加到 16.4%；休闲娱乐时间从 40 分钟增加到 65 分钟。中国旅游研究院连续十年的国民休闲调查表明，城乡居民在有效休闲时间收缩的同时，外出活动的半径在不断扩大，旅游在休闲活动的比重日渐上升。中国旅游研究院与广之旅联合发布的《中国家庭旅游市场需求报告 2018》表明，近八成的受访者认为家庭旅游能够带来快乐，96.5% 的受访者渴望家庭旅游。

从有监测以来的历史数据看，国民分季度出游意愿基本维持在 82%~87% 之间的高位，且处于波动上升态势。2018 年的全国游客满意度调查综合指数为 77.91，同比增长 2.50%，为党的十八大以来新高。

据国家市场监督管理总局的数据，2018 年前 11 个月，全国新设市场 1939 万户，同比增长 11.6%，全年则超过 2000 万户。增长的趋势不仅体现在上海、广东等沿海发达地区，安徽、甘肃、辽宁等中西部和东北地区均有不同幅度的增长。新设主体的大幅增长反映出民间资本对市场回暖的信心，也为商务、会议、展览和奖励旅游奠定了坚实的市场基础。

国家统计数据和专题研究数据都证实了我们之前做出的研判断已经成为现实，即“旅游已经从少数人的享受走进国民大众的日常生活；我国旅游经济正在进入大众旅游新时代、全域旅游新方位、品质旅游新阶段；老百姓的旅游消费诉求正在从有没有转向好不好、精不精”。

在综合研判的基础上，我们对 2019 年旅游经济总体保持乐观预期，预计全年国内旅游人数将超过 60 亿人次，国内旅游收入 5.6 亿元，分别较上年增长 9.5% 和 10%；入境旅游人次和旅游外汇收入将保持 1 至 2 个点的增长；中国公民出境旅游市场会继续保持两位数的高速增长，达到 1.66 亿人次；全年实现旅游总收入 6.52 万亿元，同比增长 9.3%。

在关注旅游经济发展进入新的历史阶段的同时，我们还要发现和寻找旅游需求、投资、治理和国际交流合作等领域正在积聚的新动能。这些新动能有的已经为业者所认识并加以利用，有的则还认识不够或者利用不足。

主客共享的美好生活已经成为旅游消费新动能。多年以来，人们基于美丽风景这一视角展开对旅游的想象与建构。今天，“景观之上是生活”“既要美丽风景，也要美好生活”“大众旅游，主客共享”等观点不仅取得了理论共识，也是消费主体、市场主体和行政主体的现实行动。被称为“魔都”的上海，2018 年共接待入境旅游者 893.71 万人次，其中过夜游客 742.04 万人次，同比分别增长 2.37% 和 3.16%。其中，日本以 84.03 万人次稳居访沪外国市场之首，而来自新加坡、泰国、马来西亚、韩国、美国、法国的客源均有两位数以上的增长。在入境旅游进入恢复增长的新通道而基础有待稳固的今天，上海的成就令人瞩目。究其原因，正是浦东新区、外滩、张江科技园、迪斯尼等经济社会发展和文化新地标，以及两千多万上海人民的美好生活吸引了越来越多异国他乡的游客到访和消费。

国内旅游市场也是同样如此，如果不能够让到访问者对目的地的美好生活有感，而是继续自说自话、自吹自擂、自我陶醉，满足于开个会议、发个文件、拿个牌子，终会被市场所摒弃。对于旅游企业特别是旅行社和 OTA 为代表的旅行服务商来说，更是要抓住旅游市场总量增长的趋势和消费行为的变化。小包价、定制游、微旅游、深度游、自驾游等个性化和体验性的生活需求越来越多，而对传统的包价、团队、观光、购物的程式化需求则在相对减少。那种“圈山圈水收门票、零负团费包价游、购物自费拿回扣”的操作模式，一去不复返了。那些看不到这种变化，而一味抱怨统计数据“宏观报喜、微观报忧”，聚几个小圈子吐槽、发牢骚、贩卖焦虑的业者，也终将为滚滚向前的时代淘汰并遗忘。

文化创意和科学技术正在成为旅游投资新动能。国宝会说话、故宫口红、兵马俑酒店是文创，北京 798、成都宽窄巷子是文创，但远远不是文化创意与旅游产业融合的全部内涵。如果我们只盯着老祖宗留下来的那点儿文博遗产、戏曲舞蹈、文学艺术做文章，而忽视传承红色基因的革命文化和中国特色社会主义伟大实践的先进文化，也无视体现人类共同价值的其他文化，那么可以预见未来一个时期的文创将只具有策略和项目的意义。习近平总书记在党的十九大报告中指出：中国特色社会主义文化，源自于中华民族五千多年文化历史所孕育的优秀传统文化，熔铸于党领导人民在革命、建设、改革中创造的革命文化和社会主义先进文化，植根于中国特色社会主义的伟大实践。总书记关于文化自信、文化建设和旅游发展的一系列讲话，为文化创意推动旅游创新发展提供了强大的思想动力和行动指南。现在市场上缺的不是宏大叙事，而是能让市民和游客入心的微观感知。这需要旅游人掌握文化的力量，只有成为有品质、有温暖的人，才会给别人以品质温暖。这也需要旅游人掌握科技的力量，在我们《芈月传》《大明宫词》《甄嬛传》《延禧攻略》一路追剧下来时，别人已经在机器人研发的路上从 alphaGo 进化到 ANYmal 了，而迪斯尼也在上海同步迭代了《疯狂动物城》项目。在新的一年里，发行了爆款原创动画《洛宝贝》的大业传媒、人工智能领先者科大讯飞、无人机领域的大疆、物流领域的顺丰，以及有举世闻名的华为，能给旅游带来什么呢？让我们拭目以待。

法治和市场正在成为旅游治理新动能。文化和旅游部成立以来，经常会被问到“投资环境会不会更好？”“监管会不会更严？”等问题。对此，月初在京召开的全国文化和旅游厅局长会议的主报告给出明确的说明：围绕文化和旅游融合发展这个阶段性工作重点，宜融则融，能融尽融；以文促旅，以旅彰文，同时坚守安全生产和意识形态两条底线，绘就了新时代旅游发展的新蓝图。有人感觉这样的提法“不带劲”“走着走着，旅游就没了”，这种说法是没有看到时代的变化。过去是国民消费基础不够厚实，市场主体不是很强大，基础设施和公共服务不够完善，行政主体冲得比较靠前，话语权和影响力都很大。现在消费主体和市场主体都起来了，甚至走到了行政主体的前面，我们还有必要天天在机关大院里敲锣打鼓唱大戏吗？政府旅游行政主管部门要逐渐适应从前台走到幕后的过程，不能总想着开大会、发文件、定标准、颁牌子、出政绩。

随着国家和地方机构改革的推进，政府主管部门和旅行社等市场主体之间的关系，总的来看是更加强调政府与市场关系共性的一面，而不是相反。大的方向就是两句话：市场在资源配置中发挥决定性作用，政府在市场运行中依法监测、预警、宏观调控和微观管制。就是必要的政府调控和监管，也会有发改委、人民银行、证保监会、财政部、市场监督管总局、自然资源部、林业草原局、环境保护部等中央部委，还有中央与地方的事权划分，不可能什么事都由文化和旅游包打天下。于政府，法无授权不可为，闲不住的手要尽可能闲下来；于企业，法无禁止则可行，要多研究市场而不是总盯着政府机关那点儿人和事。在新时代旅游治理体系中，法治和市场，而不仅仅是传统的行政，将成为重要角色和关键动能。

中国梦正在成为旅游交流合作新动能。在对外和对港澳台旅游工作中，民族复兴和人民幸福的中国梦，正在与习近平主席倡议的“一带一路”、人类命运共同体、亚洲文明对话一道，成为共商共建共享全球旅游治理体系和发展成果的最大公约数。在新的一年里，中国将和柬埔寨、老挝、新西兰，以及南太平洋岛屿国家互办旅游年，海外文化中心和旅游办事处相互借力，驻外使领馆的领事保护、签证发放和文化促进也会更加有力，共同开创“美丽中国”全球推广新格局。在文化和旅游融合发展的大背景下，中日韩旅游部长会、上海合作组织旅游部长会、中国－东盟旅游部长会、丝绸之路旅游部长会、中国－中东欧旅游合作机制等，将与相关的文化活动和交流机制相衔接。世界旅游组织、世界旅游与旅行理事会、亚太旅游协会三大国际组织，以及中国发起成立的世界旅游联盟、世界旅游城市联合会、国际山地旅游联盟，都会在多边旅游治理体系中发出中国的声音，贡献中国的智慧。在此开放进程中，外国人和华人华侨来华旅游、港澳同胞来内地旅游、台湾同胞来大陆旅游，企业来投资旅游，以及中国公民赴海外旅游会更便捷、更高效，也会更有品质获得感。

在已经来临的2019年，我们对繁荣和发展充满信心的同时，也必然会遇到消费分层、不文明旅游、非理性维权、过度竞争、人才不足、动能转化不理想、治理水平现代化程度不够等这样那样的问题。正因为机遇与挑战同在，我们才有前行的方向和奋斗的勇气。这个世界上从来就不缺理想主义者，更不缺批评抱怨者，最需要那些对现实有着清醒的认识而砥砺前行者。全国旅游战线的同志们要坚持党的领导，践行以人民为中心的旅游发展理念，把“有得游、游得起、玩得好”作为涉旅工作的宗旨、目标和各项工作的出发点，统筹发挥市场主体、行业组织、社区居民、教育、科研、媒体和社会各界的力量，就一定能够做好文化和旅游融合这篇大文章，也一定能够再创旅游发展的新辉煌。

顺势而为、深挖潜力、转化动能、融合发展，应是 2019 年旅游经济工作的关键词，与业界共勉！

2019 年 1 月 29 日于上海

中国旅游经济蓝皮书 No.11

暨中国旅游消费大数据报告 2018

1

政府声音

推进旅游业高质量发展
须持平民、平等和平稳之理念
让游客有更高的满意度
市场主体有更强的竞争力
产业发展有更足的动能
持续提升治理体系和治理能力
贡献国家战略和人类命运共同体。

旅游对话文明
——亚洲文明对话平行论坛专题报告

尊敬的雒树刚部长，

各国文化和旅游界领导，各位嘉宾，

人文交流和文明对话离不开国家主导的正式制度，离不开教育、科学、文化领域的专业交流，离不开工商往来和服务贸易，更离不开人民跨越国境对异国他乡生活方式的分享。亚洲拥有45亿人口、32万亿美元GDP，以及由此而来的巨大旅游需求。亚洲拥有550项世界文化遗产和250项非物质文化遗产，还有秀美的山川和美好的生活。亚洲各国各地区便利化的签证、完善的交通网络、公共服务、商业环境，加上日渐增长的市场投入，推动了亚洲旅游市场的全面、协调和可持续发展，在人文交流、国家交往和文明对话中扮演了越来越重要的角色，并将发挥越来越积极的作用。

数据表明，亚洲各国各地正处于大众旅游发展的初级阶段，市场前景广阔，发展潜力巨大。2017 年，亚洲各国各地区接待了 4.3 亿人次入境过夜游客，贡献了 4.1 亿人次的出境过夜游客和 75.9 亿人次的境内过夜游客，分别占全球市场的 32.7%、31.2% 和 67.7%。从旅游消费的指标上看，亚洲的入出境旅游消费水平高于全球平均水平。2017 年，亚洲入境旅游收入 5090 亿美元，占全球的 38.4%；出境旅游总消费 4739.9 亿美元，占全球的 35.8%。2017 年，亚洲境内旅游消费 9631.5 亿美元，占全球的比重为 38.9%；与亚洲国内旅游人次占全球 67.7% 的份额相比，人均旅游消费水平并不算高，但是消费分层分级已经很明显了。

亚洲各国各地区一直都是中国最重要的入境旅游客源市场。过去 15 年里，亚洲各国来华过夜游客连续保持了 7.2% 的年均增速，2017 年达到 1509 万人次。中国香港、中国澳门来内地和中国台湾来大陆的过夜游客人数达 4073 万人次。亚洲游客占访华外国人入境市场的比重高达 60% 以上，前十大客源国分别为韩国、日本、越南、菲律宾、马来西亚、蒙古、新加坡、印度、泰国和印度尼西亚。从次区域来看，东亚和东南亚是中国入境旅游最主要的客源地。值得关注的是，中亚各国来华入境过夜旅游市场成长非常快，过去 15 年的平均增长率达到了 13.2%。

亚洲是中国最主要的出境旅游目的地。1997 年中国正式放开公民赴新加坡、马来西亚、泰国和中国香港、中国澳门等地区探亲旅游。自那时起，这一市场就一直保持两位数的增长。2018 年，选择出国旅游的中国公民中，超过七成去了亚洲，尤其是旅游接待设施较为完善，与中国旅游交往历史悠久的日本、韩国和东南亚国家。中国是泰国、日本、韩国、马尔代夫、越南、不丹等国家最大的客源市场。2018 年，中国公民赴泰国旅游者首次超过了 1000 万人次，赴日本旅游者超过了 800 万人次。中国还是新加坡、马来西亚、印度尼西亚、菲律宾、柬埔寨、尼泊尔、老挝、阿联酋、印度、以色列等其他亚洲国家的主要客源市场。中国旅游研究院的监测数据显示，中国游客对亚洲国家和地区满意度较高。2018 年，在全球 102 个旅游目的地中，中国游客对新加坡的满意度居首位，对马尔代夫和日本的满意度在前十位，对 15 个亚洲国家和地区满意度高于 80 分，对全部 36 个亚洲国家和地区的满意度平均为 78.51。

持续增长的旅游交流增强了亚洲各国各地区的政治互信。旅游交流离不开各国各地区的文化、旅游、外交、移民、航空、税务、金融保险、安全救援等政府部门和公共机构的协调、支持和配合。随着中国与亚洲地区旅游交流进一步频繁，亚洲各国各个部门之间打交道的机会也越来越多了，在共同维护区域国际旅游市场秩序、协调处理旅游纠纷、保障游客旅游安全等方面将成为深化政治互信的重要接口。

日渐扩大的旅游活动有力推动了亚洲人文交流和文明互鉴。20 多年来，亚洲旅游发展对推动人民往来、人文交流和文明互鉴功不可没。相比政府高官、专业技术人员、文化和教育等领域的专业交流，规模大、频率高、门槛低、涉及人员面广的旅游交流为民心相通提供了广泛的民众基础。游客在异国他乡的观光、游览、休闲、度假，可以更加客观、真实地感知当地的政治、经济及文化价值观上的差异，增进对彼此的理解和包容。各国各地区的历史遗迹、美食美酒、民俗节事等文化项目备受游客喜爱，也得到更加广泛的传播。

持续繁荣的旅游消费有力拉动了各国各地区的经济增长和社会发展。大规模的跨境旅游消费，有效扩大了餐饮、住宿、交通、商业、文化休闲等行业的市场基础。为当地带来更多收入的同时，也带动了当地就业。根据 WTTC 的统计，2017 年，亚洲有 20 个国家和地区的旅游业对当地经济和就业的综合贡献高出全球平均水平。尤其对马尔代夫、中国澳门、柬埔寨、格鲁吉亚、塞浦路斯、泰国等国家及地区而言，入境旅游对当地经济和就业的贡献尤为突出。

旅游市场的繁荣来源于人民对美好生活的追求。亚洲人民自古以来就有读万卷书、行万里路的传统，出境旅游尤为人民所向往。游客要参观访问那些承载共同价值和家国情怀的文化遗产，也要深度体验异国他乡日常生活的美好。教堂、寺庙等宗教场所，戏剧场、美术馆等文化空间，超市、特色餐馆、咖啡馆等居民日常生活场景越来越成为主客共享的公共空间，并成为选择目的地的重要因素。

旅游市场的繁荣有赖于国家和地区对民意的积极回应。为保障国民的旅游权利，扩大旅游交流，中国与亚洲各国各地区建立了多种双边和多边对话机制。中日韩、中蒙俄、中国与东盟、上海合作组织成员国旅游部长会议，以及中国与印度、哈萨克斯坦、老挝、东盟各国开展的旅游年活动，都取得了有目共睹的成果。

旅游产业的成长离不开市场主体在投资、项目、产品和服务等领域的持续创新。中国旅游集团、携程、途牛、马蜂窝、穷游，日本 JTB、全日空，印度塔塔、泰姬陵，柬埔寨吴哥窟等商业机构，以及各国各地区的博物馆、美术馆、戏剧院团等公益机构，通过其精益求精的创新活动，保障了游客在亚洲各地自由而有尊严地行走。

在贸易保护主义和经济全球化并存的今天，我们也关注到亚洲各国各地区在签证、移民、税收、安全救援、语言环境等涉旅政策，还存在诸多需要改进的空间。对跨国旅游投资而言，还存在市场准入、关税和技术等方面的壁垒。在国家合作框架和地区交流要点，旅游合作的战略摆位还需要进一步提升。

希望亚洲各国各地区在人文交流和文明对话中把旅游提升到一个更加重要的位置，务实推进习近平主席倡导的“亚洲旅游促进计划”。国之交在于民相亲，民相亲在于常来常往。通过旅游过程中主客之间面对面的交流交往，文明互鉴才能落在实处。要务实推进文化和旅游融合发展的理论探讨和实践探索，让文化和旅游在人民对美好生活的追求中得到有机统一。要在首脑会谈、国事访问和高官交流中设置更多的旅游议题，并通过统计测算和专业评价实施效果实时监测和评价。

希望亚洲各国各地区在人文交流和文明对话中接纳更多的涉旅市场主体。在旅游发展体系中，私营机构和商业力量是不可忽视的，甚至越来越起到决定性的作用。各对话机制与合作平台都要尽可能增加企业家交流机制，吸引旅行商、航空公司、酒店集团、文化创意、餐饮、商场商店等商业机构广泛参与。

希望亚洲各国各地区在人文交流和文明对话中扩大教育、科研、智库和传媒机构的比重。大专院校、科研机构、专业智库和传媒机构的深度参与，将为人文交流和旅游合作提供不可或缺的智力与人才支持。在亚洲开发银行的支持下，中国旅游研究院已经完成了《老挝锦囊》《柬埔寨锦囊》《缅甸锦囊》等旅游路书。在联合国开发计划署、文化和旅游部的支持下，重点研究亚洲地区安全和负责任的旅游项目。我们愿意与涉旅教育和研究机构对接，在数据交换、研究与发展、人才培养等方面务实合作，共同促进亚洲人文交流与旅游合作。

希望亚洲各国各地区在旅游交流和文明对话中更加重视科技的作用。科技正在改变旅游的世界，创业已经照耀了旅游的星空。面对汉语、日语、韩语、越南语、柬埔寨语、阿拉伯语、蒙古语、斯瓦希里语等各不相同的语言环境，很难想象没有语音识别和实时翻译技术，自由行的客人该如何与当地人进行有效的沟通与交流。为此，我们要高度重视科技在文化和旅游发展中的作用，通过政策引领、规划引导，加快培育基于大数据、云计算、人工智能、5G、卫星导航、无人驾驶等新科技的场景应用，促进

“科技 +”“文化 +”“旅游 +”相互赋能和融合发展。

祝愿亚洲旅游明天更美好！

2019 年 5 月 15 日于北京

亚洲文明对话大会

亚洲旅游促进计划的城市担当

各位领导、朋友们,

上午好!

习近平主席在5月15日亚洲文明对话大会的主旨演讲中提出:“激发人们的创新创造活力,最直接的方法莫过于走入不同文明,发现别人的优长启发自己的思维。中国愿同各国实施亚洲旅游促进计划,为促进亚洲经济发展,增进人民友谊贡献更大力量。”现场的热烈掌声和论坛嘉宾对此议题的深入研讨,充分表明了亚洲各国各地区,特别是文化和旅游界对这一倡议的热切期盼。亚洲是中国的亚洲、日本的亚洲,也是辽宁省、冈山县,大连市、仓敷市的亚洲。城市之间的文化交流和旅游合作做好了,省县之间、国家之间的旅游可持续发展就指日可期。中国和日本都是亚洲的旅游大国,也互为重要的客源地和目的地。今天,中日两国旅游业界领袖和城市领导者在这里隆重集会,共商共建亚洲旅游促进计划,可以说正逢其时。

在亚洲文化交流和文明对话中,旅游正在扮演越来越重要的角色,发挥越来越积极的作用。拥有550余项世界文化遗产、250余项非物质文化遗产、三分之一土地面积、三分之二世界人口、32万亿美元的亚洲，丰富多彩的文化是其旅游发展生生不息的动能。我们既要让优秀的传统文化活起来，也要让承载家国记忆的红色文化延续下去，还要守正创新，开放共享，让体现当代生活和面向未来的文化传得开、留得住。文化交流固然需要政府和文化、艺术、教育机构的主渠道推动，但决不能止于政要和艺术家之间的互动，而是走出文化的小圈子，走入民众，走向社会。很多时候，一个国家和地区文化艺术发展的高度不仅取决于艺术家创作水平的高度，更取决于受众基础的厚度。动漫、电影、流行音乐、建筑如此，诗歌、美术、交响乐、歌剧也是如此。当代文化建设，尤其是文化产业发展的主要问题是民众的参与感和获得感不足，文化成了小圈子里的自嗨。这种状况必须要加以改变。文化遗产不能只用来供奉和追忆，而是走入当代生活。无论是中国的大运河，还是日本的北前船，文化遗产的活化从来都是面向本地居民当代生活，重构包括旅游在内的当代功能与价值体系。

旅游可以让我们走进异国他乡真实的生活环境；经由认同与宣传，可以让文化传播得更广、更远、更持久。无论包括人工智能在内的科技如何发达，都替代不了身临其境的体验和面对面的交流。正是从这个意义上讲，最美丽的风景是人，人的连接才是最好的旅游。今天的旅游发展已经超越了单纯的出口创汇和增加就业，蕴含了更加广泛的国民权利、生活品质、文化交流、文明对话等社会发展议题。新潟通过大地文化艺术节50天里吸引50万游客，让世界认识了川端康成《雪国》的原型越后妻有，让这个曾经破败潦倒的乡村呈现了生机勃勃的景象。更多的案例和数据表明，优秀的传统文化、现代艺术一旦与社区生活相结合，既可以促进社区居民的生活品质，也能够提升城市和乡村的知名度，令人心向往之。

随着旅行便利化政策的提出，以及国民旅行随心随性化，城市越来越成为独立的旅游目的地。城市代表了国家和地区经济社会发展水平，以其完善的交通网络、基础设施、公共服务和商业环境，而集旅游客源地、集散地和目的地于一身。无论是北京、东京这样的首都城市，南京、奈良这样的文化古都，上海、大阪这样的繁荣都市，还是西安、京都丰岛区这样的东亚文化之都，以及大连、沈阳、盛冈、新潟、和歌山，都是“诗和远方”的最佳契合点。正是这些具有国家和区域文化地标的城市，吸引国内国际游客纷至沓来，成为民间交往和交流文化的平台和场景。随着签证的便利和航空、邮轮以及高速公路、高速铁路的发展，相邻国家和地区间的同城化时代已经到来，越来越多的人经由航空和高速铁路开始享受跨国一小时生活圈。早上在上海用完早餐，飞往东京参加白天的商务活动，傍晚在街边的咖啡馆聊聊天，顺便给家人选个伴手礼，飞回上海吃宵夜，已经成为年轻商务人士的现实生活。节假日期间，年轻人见面或者通过微信相约，已经不再说去日本，甚至不再说去东京这样的特大型城市，而是说“明儿我们去银座逛逛吧”，就像去这里的星海广场喂海鸥一样自然。

亚洲旅游促进计划需要在中央政府层面以便利化为导向，持续改进旅行管制和产业规制体系。我们希望在元首互访、领导人会谈、旅游部长会议和专项工作会商过程中，进一步提高文化交流和旅游合作的战略摆位，充分认识并更加强调城市和地方政府在亚洲旅游促进计划中的重要性，为文化交流和文明互鉴创造更为有利的条件。散客化的旅游组织方式和个性的消费行为，必然倒逼移民、旅行、住宿等管理体系的革新。多年以来，包括签证、边检、ADS、旅行社特许牌照等旅行管制和产业规制，都是基于团队旅游和标准化作业的假设。现在则需要探讨面向自助旅游者、定制旅游者、文化休闲者的现实需求，研究设计 ADS Plus、东北亚自由区，以及亚洲版“申根签证计划”。

亚洲旅游促进计划需要城市管理层面，本着“主客共享，美好生活”

的理念，推广文化与旅游融合、经典与时尚兼容的微旅游和小产品。过去我们在国家层面上推广旅游，往往会强调宏大叙事和市场规模。一说就是长江、长城，富士山、新干线，一说就是青年千人访华团，万人包船日本七日游。大规模的市场和大尺度的空间，在中小型城市和乡村是无法想象的。今天的游客特别是中产阶层和年轻一代，已经不再满足于跟着旅行团去“看山看水看风景”“白天看庙、晚上睡觉”，更不愿意被人贴上“高速公路游”“行走的钱包”等标签。他们会为一座城市、一个社区，甚至一家有温度的餐厅不远千里而来，访问并驻足；会因为民歌《茉莉花》而爱上南京；会在这个季节顺着运河，念着“遥想当年女校书，枇杷花下闭门居”去往苏州。他们会跟随《千与千寻》《精灵宝可梦》的场景，会去打卡荒木真惟的摄影地、隈研吾的建筑；会去往轻井沢、鬼怒川，与当地人共享那一份落日余晖下的平和，还有能乐的沉思。随着小众旅游和定制旅游的兴起，城市的作为空间将会越来越大，希望城市管理者和目的地营销机构顺势而上，积极推进。

亚洲旅游促进计划需要全社会在尊重传统、致敬经典的同时，更加充分发挥旅游市场主体的作用，最大限度地激发年轻人的创业创新激情。一个不能吸引年轻人进入的事业是没有未来的，一个不能让国民有品质获得感和生活幸福感的产业是不可持续的。在文化交流和旅游合作中，我们总是习惯讲述家国天下的经典，总是愿意追寻逝去的繁华，却忘记了最能打动人心的是小而确切的幸福，是触手可及的温暖。希望 JTB 等旅行社、新大谷等酒店、日航等航空公司、浅草寺等文化场所、秋叶田等购物街区，还有料理和民宿舍经营者，多与中国旅游业界、文化机构和专家学者交流互动，共商共建共享中日旅游共同体。商人重利重义更重契约，项目投资和市场合作得多了，亚洲旅游促进计划也就有了坚实的依托。

各位领导，朋友们，去年此时的演讲，我分别给奈良县知事荒井正吾先生、东洋大学校长竹村牧男教授、《火影忍者》的作者岸本齐史先生分别写了公开信，表达了我的想念和致敬。转瞬又是四季，结识这么多的新朋友，倒是极开心的，只是愈发牵挂老朋友。“马上相逢无纸笔，凭君传语报平安”，大约在冬季，有风吹雪飘，有老友相逢。

谢谢！

2019 年 5 月 26 日于大连

中日文化旅游（大连）交流大会

黄河国家旅游线路，建什么、怎么建

值此各地各界深入学习习近平总书记在黄河流域生态保护和高质量发展座谈会重要讲话，文化和旅游系统贯彻落实“保护传承弘扬黄河文化”重要指示的今天，结合习近平总书记关于文化和旅游工作重要论述的学习体会，我就如何发展黄河旅游谈几点想法，请雒部长和同志们批评指正。

一、黄河文化、中国梦与旅游形象建构

黄河是中华民族的母亲河，是中华文明源远流长的历史见证，这是毋庸置疑的。自南宋开始，经济社会发展和文化中心开始向长江流域转移，这也是有目共睹的。在沧海桑田的大历史中，“黄河之水天上来，奔流到海不复回”，给沿线带来了肥田沃土和塞上江南，也曾经“三年两决口，百年一改道”，下游至今还有长达 800 公里的“地上悬河”。今天，我们需要以生态的名义保护黄河，以文化的名义传承黄河，也需要以旅游的名义发展黄河。

我们不能只在文化典籍和历史遗址中追寻逝去的繁华，也不能只满足

于再现清明上河图或者等比例复建古城古镇。无论有过多么辉煌的历史和繁华的记忆，都回不去了。无休止地叙说过去，别人不见得都爱听，可能还会妨碍自己往前看。中国是拥有五千年灿烂文明的中国，是历经磨难又绵延不绝的中国，也是正在谋求民族复兴和人民幸福的中国。

习近平总书记指出："要深入挖掘黄河文化蕴含的时代价值，讲好'黄河故事'，延续历史文脉，坚定文化自信，为实现中华民族伟大复兴的中国梦凝聚精神力量。"武威出土的马踏飞燕是黄河文明的代表，数十年来一直都作为国家旅游形象而存在。文化和旅游融合发展的新时代，是继续沿用还是寻找新的形象？无论如何，黄河文化都是不可或缺的要素。讲好黄河故事，需要国家艺术基金、国家哲学社会科学基金在艺术传承和理论建构上给予重点支持，也需要中央和地方艺术院团加强与旅游集团合作，用好国家战略做支撑的这个大 IP，打造一批观众和游客喜闻乐见的文化演艺项目。选题上要重点关注河湟文化、河洛文化、关中文化、齐鲁文化，《诗经》《老子》《史记》等经典著作，以及焦裕禄精神为代表的新中国治黄的伟大历史成就，立意上要重点表现"九曲黄河，奔腾向前，以百折不挠的磅礴气势塑造中华民族自强不息的民族品格"。这些年来，受益于大众旅游的文艺创新，《印象·刘三姐》《又见平遥》《宋城千古情》《遇见天坛》等旅游演艺和文化综艺项目取得了很好的社会效益和经济效益，也培育了张艺谋、梅帅元、王潮歌等知名导演和一批市场意识强、专业水平高的文旅企业。讲好新时代的黄河故事，一定要重视并用好这支力量。

二、线状遗产、节点城市与旅游市场推广

沿黄的国家和地方文物保护单位、非物质文化遗产、民族民间文艺众多，是典型的线状文化遗产带。我国七大古都中的四个分布在黄河沿线，四大著名石窟中的三个分布于黄河沿线。无论是青海的塔尔寺、甘

肃的莫高窟、内蒙古的长调，还是陕西的兵马俑、山西的大院、河南的豫剧……无一不是国之珍宝，世之精华。黄河流经9省区，流域内拥有西宁、兰州、银川、呼和浩特、西安、太原6座省会城市，69个地区（州、盟、市）、329个县（旗、市）。包括中卫、包头、吕梁、洛阳、东营等地、县级市和众多的城镇，多数属于目的地城市，既没有类似粤港澳大湾区和长江三角洲的城市群，也没有北京、成都、武汉等旅游产业集聚地，很难形成互为客源地和目的地的自发合作机制。现有的旅游合作基本上停留在政府部门的人员往来、论坛研讨和媒体宣传方面，消费主体没有感知度，市场主体没有切入口。

由文化和旅游部牵头，沿线地方政府和旅行商合作，共商共建共享“黄河文化国家旅游精品线路”。从全球范围来看，大众旅游初级阶段的基本面和观光旅游的本底需求没有变，入境旅游市场这么多年了，还不是京西沪桂广、长江三峡那么几条线吗？得尊重市场规律，面向终端需求，培育和推广黄河主题的国家线路和区域产品，而不是上来就奔着精品景区、旅游度假区、产业区、示范区去。应在深入而系统的市场研究基础上，正式发布黄河旅游发展规划和国家旅游线路，并要求文化和旅游全系统、全行业毫不动摇地与国家旅游发展战略相向而行。国家旅游形象宣传、旅游交易会、欢乐春节等文化活动，以及海外目的地的专项旅游推广，都要讲黄河故事，而且要讲好。

国家旅游线路的建设和推广，要以讲好“黄河故事”为目标，分区域做好重点项目的规划工作。正如习近平总书记指出的那样，“黄河流域自然景观壮丽秀美，沙漠浩瀚，草原广布，峡谷险峻，壶口瀑布更是气势雄伟”，均为旅游发展的本底资源。上游的三江源、祁连山，中游的沙漠沙地，下游的河口湿地等国家公园和国家重点生态功能区，生态环境脆弱，宜重点发展生态旅游、科普旅游、红色旅游和研学旅行，而非大规模团进团出的大众旅游。两年前，为青海省旅游发展大会做专题讲座时，有同志问:“太多的生态保护区，游客进不去，怎么发展?”我的回答是，生态是背景，是吸引游客到访的要素而非接待游客的空间。哪怕发展得慢一些，也不能以破坏生态为代价。黄淮海平原、汾渭平原、河套灌区在乡村旅游、休闲度假领域大有可为。郑州、西安、济南等中心城市和中原城市群应谋划建设以美好生活为支撑的都市旅游新空间、新项目和新产品，培育一批世界级精品旅游景区。发展旅游不是一味强调大投资、大开发、大建设，要以增量投资激活存量资源，更要以旅游消费、公共文化和大众艺术活化城乡空间。在项目、景区和城市的基础上，串珠而成新时代的国家旅游线路。

三、大河文明、一带一路与国际旅游合作

黄河、长江、淮河、黑龙江，底格里斯河、幼发拉底河、尼罗河、恒河、印度河、莱茵河、叶塞尼亚河、密西西比河，一条又一条举世闻名的母亲河哺育了蓝色星球上的多元文化。历史上的河道承载了军事、交通、经济、贸易、探险诸多功能，其蕴藏的旅游价值也在逐渐显现。黄河的羊皮筏漂流、长江三峡和莱茵河的内河游轮等广受游客欢迎的消费项目，既传承了文化，也为旅游业创新发展注入了全新动能。

“一带一路”沿线60多个国家，44亿人口，分布着80%的世界文化遗产，也是全球最具增长潜力的旅游带。近年来，我入境旅游市场稳步进入恢复增长的新通道，主要得益于“中国梦”为代表的当代经济社会发展成就对沿线国家的吸引力，而持续高速增长的出境市场则为沿线国家带去旅游发展红利。旅游在“一带一路”峰会、上海合作组织、亚洲文明对话、中阿合作论坛等多边合作机制中的重要性日益增强，中蒙俄旅游部长会议、中欧旅游年等专项活动均引起各国政府和国际组织的高度重视，也

是因为各方看到我出境旅游蕴含的市场价值和文化内涵。随着郑欧班列、中俄蒙经济走廊、宁夏对阿合作的平台等国家战略的实施，黄河流域和沿线省市与“一带一路”的国际合作正在迎来全新的发展机遇。

由文化和旅游部牵头，联合黄河沿线省市和国际组织，创办大河文明发展论坛、大河文化和旅游博览会。一会一展同期举办，相互映衬。会议要紧扣文化遗产活化、城市复兴、乡村振兴、文旅融合、科技创新等主题，通过国家元首、政府首脑的主旨演讲，高官与企业家座谈，科技与人文对话等形式凝聚共识，促进发展。无论是办会还是办展，都要以市场化和专业化为导向，不要把太多的精力消耗在摆几排沙发、合影如何站位、开幕是扛横杆还是倒沙子等形式和仪式上去。不见得什么事都要政府来做，也可以考虑民办公助的形式办会、办展、办活动。无论采取哪种形式，创新哪些平台，都是为培育、建设和推广黄河国家旅游线路，都是为传承、保护、弘扬文化。

2019 年 12 月 2 日于洛阳

红色旅游既要有国家视野　也要有游客视角

近年来，红色旅游蓬勃发展。在当前文化和旅游融合发展的新阶段，作为文化和旅游融合体的红色旅游，如何更好地讲好红色故事、传承革命文化？近日，我院戴斌院长接受中国旅游报记者陈静的采访，全文如下。

问：您如何看待红色旅游的战略定位？怎样评价近年来红色旅游的发展？

答：红色旅游是文化建设的国家方略，也是旅游发展的责任担当。“五位一体”总体布局中的文化建设，“四个自信”中的文化自信，都要求旅游系统要主动承担讲好红色故事、传承革命文化的战略使命。

自2004年以来，中办、国办先后印发了三期红色旅游发展规划纲要。从前两期的实施效果来看，应当说全面完成了阶段性目标。数据表明，两期红色旅游规划实施效果明显，全国红色旅游年接待人数由2004年的1.4亿人次，增长到2013年7.9亿人次；红色旅游人数占全国接待总人次的比重从2004年的14.3%，增加到2013年的24.2%；2013年的红色旅游收入占全国旅游总收入的比重为6.7%。在中央、地方和社会各界的共同努力下，红色旅游景点的规划、建设和管理水平得到了明显提升，涌现了《中国出了个毛泽东》《延安保卫战》《延安保育院》等游客喜闻乐见的大型实景演出和舞台艺术。延安、井冈山、韶山、瑞金、嘉兴、西柏坡等地探索了一批可复制、可推广的红色旅游发展模式，与此相关的教育、培训、研讨、出版、创作等活动也得到了积极推进。

党的十八大以来，中央和国家对红色旅游事业更加重视，习近平总书记多次就包括红色旅游在内的文化和旅游工作做出批示指示和讲话，为红色旅游注入了强大推动力。2013 年 12 月，中办印发《关于培育和践行社会主义核心价值观的意见》，强调“积极发展红色旅游”。2014 年 8 月，国务院颁发《关于促进旅游业改革发展的若干意见》（国发〔2014〕31 号），提出“大力发展红色旅游，加强革命传统教育，大力弘扬以爱国主义为核心的民族精神和以改革创新为核心的时代精神”。红色旅游也是革命老区扶贫开发的重要抓手，在国家层面的《赣闽粤原中央苏区振兴发展规划》《大别山革命老区振兴发展规划》，以及“三区三州”等脱贫攻坚计划中，均有红色旅游的发展要求和相应的工作部署。2016 年 12 月，中办、国办印发《2016—2020 年全国红色旅游发展规划纲要》，对红色旅游发展进行了新一轮部署。2018 年，中国旅游研究院（文化和旅游部数据中心）与国家统计局社情民意调查中心开始对城乡居民红色旅游出游情况进行抽样调查。数据显示，2018 年全国红色旅游出游达 6.6 亿人次，占全国国内旅游总人次的 11.92%；旅游收入达 4257.78 亿元，占同期全国国内旅游总收入的 7.13%。2019 年上半年全国红色旅游出游达 2.68 亿人次，同比增速 4.31%，占同期全国国内游总人次的 8.72%；旅游收入达 1643.63 亿元，同比增速 9.57%，占同期全国国内旅游总收入的 5.9%。

习近平总书记所作的重要指示和中央有关方面的战略部署，为红色旅游的发展指明了方向，提供了强大的思想动力和政策保障；国民旅游权利的普及和大众旅游市场的持续繁荣，为红色旅游奠定了坚实的市场基础；民族复兴和为人民谋幸福的“中国梦”的努力目标，为红色旅游景点和相关活动增添了向心力和凝聚力；国家旅游行政主管部门统筹促进和地方政府的创新作为，也为红色旅游发展环境的优化和发展质量的提升提供了有效的制度保障。在文化和旅游融合发展的新阶段，红色旅游的战略摆位只会提升而不会下降，红色旅游的内涵只会丰富而不会收窄，红色旅游的工作力度只会加强而不会削弱。

问：在您看来，步入新时代的红色旅游发展，应侧重什么样的方向？各地旅游部门应该有哪些新的发展理念？

答：新时代的红色旅游发展要有国家视野，也要有游客视角。

让民众在旅游的过程中重温国家记忆、建构国家形象、形成国家认同，是世界各国各地区旅游发展到一定阶段后都必须要思考的课题。国外很多纪念场所，都是承载国家意志的叙事空间。很多发达国家和发展中国家，在这方面都在做有组织、有计划、有投入的提升，我国也是如此。不了解中国共产党和中国革命、建设和改革开放的历史，就不可能真正理解民族复兴和人民幸福的中国梦。因此，进入新时代，发展红色旅游必须要有国家视野。但是从各地发展现状来看，我们还需要有游客视角。

改革开放四十年来，旅游业之所以能在经济社会发展体系中扮演了如此重要的角色，就是因为我们始终坚持党的领导，始终践行以人民为中心的发展理念，始终把“有得游、游得起、玩得好”作为涉旅工作的宗旨、目标、导向和出发点。在历经国家战略、历史叙事和文艺创作等多个视角之后，我特别希望旅游工作者能够重归游客的视角，并以此重新审视资源开发、区域规划、市场推广、产业培育、统计分析、市场监管等常规工作。

旅游业界和某些地方领导同志，说起旅游产业都喜欢说“旅游资源丰富”这句话；说起旅游规划，则喜欢“找唯一、做唯一”。在依靠“封闭红利”发展旅游的特殊时期，这个观点似乎是成立的。但而今，市场发生变化，很多地方“唯一”“第一”的资源并没有带来相应客源及实现相应的消费、投资、就业增长。像上海“一大”会址、南湖红船、井冈山等革命圣地，按说应当有大量游客前来参观；但是从现实来说，当且仅当人们具备了时间和资金预算，并且对于红色旅游景点和红色旅游区域感兴趣了，才可能成为真实的游客市场。这就需要旅游部门从空间距离、年龄、收入、职业、政治面貌、旅行经验等多个角度，切实加强对市场的研究。

建党纪念日、建军节、国庆节和一些重大事件周年纪念日，机关团体组织的相关活动、离退休老干部的休养旅游和各级各类干部培训，仍然是红色旅游的基础市场和关键节点。随着党建、宣传思想和文化建设领域相关工作力度的加大，研学旅行也可能会成为基础市场的一部分。但我们不能总是一屋、一桌、一椅，瞻仰、献花、重温入党誓词，而是应深挖革命文化内涵，稳步提升解说水平，增强参访者的体验感。

当前有关部门的重点工作应是从红色旅游的宗旨和导向出发，从旅游市场的现实出发，对 80 后、90 后乃至 00 后客源群体，进行系统而深入的研究，得让他们有充分的理由愿意接触革命文化，参与红色旅游。当代游客的需求是“既要美丽风景，也要美好生活”，如果我们总是述说过去的苦难、环境的艰苦和生活的不易，可能会把相当一部分客源排斥在红色旅游的大门之外。因此，如何讲好红色旅游的中国故事，引入游客的视角是关键。但显然，在这方面，我们刚刚破题。

问：您经常说“红色旅游要有目的地思维”，为何这样说？

答：红色旅游不是孤立发展的，因此，各地发展红色旅游时，首先要树立目的地思维。中国旅游研究院做游客满意度调查的时候，有段时间延安的指数排名在样本城市里总是上不去，很多人想不明白，延安拥有那么丰富的红色旅游资源，怎么能落后呢？但摆在我们面前的现实是，延河水变为混浊的小溪流，从干部学院到纪念馆的道路上尘土飞扬，街道上随处可见烟头纸屑，景区门口商贩拉着游客推销劣质的狗头枣，游客能满意吗？延安市委市政府对此有了清醒的认识之后，开展了旅游环境大整治，实际是整个市容市貌的品质大提升。一年后，游客满意度、旅游接待人次和旅游总收入，都有大幅度提升。因此，发展红色旅游，城市和乡村的水、暖、电、气、道路、桥梁、通信、互联网，以及空气质量、城市绿化、公共卫生等社会环境都要考虑在内。

另外，旅游咨询中心、集散中心、服务投诉处理、安全救援、司法和行政救济等公共服务也是决定游客是否愿意到访和能够到访的重要因素。北京、上海、广州、深圳、苏州、成都等发达地区的红色旅游目的地，游客所需要的公共服务可以在“主客共享”的理念指引下，依托城市基础设施和公共服务体系加以实现。广大中西部地区，特别是深度贫困地区旅游发展所需要的公共服务项目则需要专项规划和专门建设。“政府主导，适度超前”的旅游发展政策在经济欠发达地的红色旅游发展战略中仍然适用，特别是景区、酒店、道路、旅游厕所、旅游汽车、游客集散中心的建设，政府和社会力量的强势介入是十分有必要的。在总体规划和项目推进的过程中，红色旅游景点建设不要贪大求洋，特别不能有明显的商业化或者与纪念主题有明显的违和感。

问：您认为如何让游客在红色旅游中有更好的获得感、满足感？

答：习近平总书记在2018年全国宣传思想工作会议讲话强调：要加强传播手段和话语方式创新，让党的创新理论“飞入寻常百姓家”。红色旅游有宣教功能，但毕竟不同于学校的课堂教育，更不能把每位游客都当作是到党校学习的领导干部。游客接受传统教育，也体验美好生活，应是新时代红色旅游的题中之义。

有些地方的红色旅游从业者说起话来能把自己感动得潸然泪下，干起活来能把自己累得倒下，可是否想过、问过游客的感受如何？解说固然需要练习，舞台艺术固然需要表演，但不能奔着表演和要掌声去。因此，红色旅游景区点的解说要尽可能淡化讲解、背诵和表演的色彩。在线路设计上，相关部门既要让游客能够感受到今天的幸福来之不易，也要让他们感受到未来的日子还需要我们砥砺前行。从目的地建设的角度而言，红色旅游景点之外的城市和乡村，也应当配套相对完善的商业环境，要有人间烟火气。那些标志建设和改革成就的红色景区所在地，更应该让游客感受本地区、本民族今天的美好生活。

问：在当前文旅融合大背景下，您认为红色旅游的发展应该注意哪些方面？

答：注重文化和旅游融合发展不仅具有理论意义、政策含义，更具有现实意义和实践价值。发展红色旅游，一是要有利于增强国民的文化认同，特别是红色旅游目的地区域文化和民族文化的传承与创新，为革命老区和贫困地区的当地居民留下文化自信。旅游市场起来了，“花儿与少年”、华阴老腔等非物质文化遗产就会有更多人欣赏，《翻身道情》《马桑树上搭灯台》《浏阳河》等民歌就会有更多人传唱。有了市场需求，影视、动漫、文学、美术、戏曲、舞蹈、曲艺等文化产业和公共文化投资才会有更多的现实可能。

二是要注重为革命老区和贫困地区留下品质环境，为脱贫攻坚奠定经济社会发展基础。很多革命老区、少数民族地区、边疆地区和贫困地区有优良的自然环境和原生态的区域文化、民族文化，很大程度上是因为没有参与工业化和城市化历史进程。如果能够通过发展旅游让这些地区既不需要承受“先污染、后处理”的环境代价，又可以享有现代化的公共服务和生活品质，将是一件多么美好的事情。因此，我们要在吸收和借鉴国际先进经验的基础上，因地制宜，因时制宜，在靠近都市圈且交通、通信等基础设施比较完善的革命老区、贫困地区，通过发展红色旅游聚集业态，完善商业环境，提升生活品质。

三是其中的旅游扶贫工作要让青年人产生留下工作、学习及提升综合素质的动力。扶贫要扶资、扶智，更要扶志。为此，我们需要在发展旅游的同时，引入教育、培训和公共文化资源，引入专业志愿者和驻村艺术家，为贫困地区的代际发展和阶层流动奠定坚实的文化基础。

2019 年 10 月 28 日

中国旅游报约稿

红色旅游的价值取向与责任担当

同志们，上午好！

资源司和干部学院给我的题目很大，红色旅游、融合发展、助力扶贫，几个关键词放在一起，近期文化和旅游系统 2019 年的重点工作都包含进来了。改革开放四十年旅游业的发展经验表明，坚持党对旅游工作的领导，坚持“围绕中心、服务大局”，坚持以人民为中心，保障国民大众的旅游权利，坚持培育市场主体，是旅游业进入经济社会发展战略体系的基础支撑。在此进程中，我们也要清醒地认识到：无论赋予旅游多少政治、经济、社会、文化等功能，无论把旅游与多少项工作挂钩，都不可能忘记游客的到访及其消费这个大前提。这里所说的游客是指国民的、大众的、市场的游客，而不是视察的领导、调研的学者、支教的志愿者和采风的艺术家。在历经国家战略、历史叙事和文艺创作等多个视角之后，我特别希望旅游工作者能够重归游客的视角，并以此重新审视资源开发、区域规划、市场推广、产业培育、统计分析、市场监管等常规工作，以及旅游投资、旅游扶贫、旅游外交、旅游 +、全域旅游等新概念。什么是游客视角呢？就是普通人离开惯常环境后在异国他乡的一段平常生活。激发人们外出旅游，吸引人们驻留和分享的，固然会有家国天下的高尚情怀和“读万卷书、行万里路”的历史自觉，但是对于绝大多数人来说，不过是美丽风景和美好生活，或者说是人间烟火罢了。事实上，改革开放四十年来，旅游业之所以能够进入国家战略体系，在经济社会发展体系中扮演了如此重要的角色，就是因为我们始终坚持党的领导，始终践行以人民为中心的发展理念，始终把“有得游、游得起、玩得好”作为涉旅工作的宗旨、目标、导向和出发点。接下来的150分钟时间里，我将以上述的游客视角，就红色旅游的市场推广体系、基础设施和公共服务体系、资源利用和产品开发体系、意识形态和安全生产体系的建设与创新，向同志们报告一些个人的研究心得，不当之处，请批评指正。

一、红色旅游是文化建设的国家方略，也是旅游发展的责任担当

习近平总书记在中国共产党第十九次全国代表大会上的报告指出：中国特色社会主义文化，源自中华民族五千多年文化历史所孕育的中华优秀传统文化，熔铸于党领导人民在革命、建设、改革中创造的革命文化和社会主义先进文化，植根于中国特色社会主义的伟大实践。“五位一体”总体布局的文化建设，“四个自信”中的文化自信，都要求旅游系统要主动承担讲好红色故事，传承革命文化的战略使命。

自2004年以来，中央红色旅游领导小组先后制订了三期红色旅游发展规划。从前两期的实施效果来看，应当说全面完成了阶段性目标。数据表明，两期红色旅游规划实施效果明显，全国年接待红色旅游者由2004年的1.4亿人次，增长到2013年7.9亿人次；红色旅游者占全国接待总人次的比重从2004年的14.3%增加到2013年的24.2%；2013年的红色旅游收入占全国旅游总收入的比重为6.7%。在中央、地方和社会各界的共

同努力下，红色旅游景点的规划、建设和管理水平得到了明显提升，涌现了《中国出了个毛泽东》《延安保卫战》《延安保育院》等游客喜闻乐见的大型实景演出和舞台艺术。延安、井冈山、韶山、瑞金、嘉兴、西柏坡等地探索了一批可复制、可推广的红色旅游发展模式，与此相关的教育、培训、研讨、出版、创作等活动也得到了积极推进。

党的十八大以来，中央和国家对红色旅游事业更加重视，习近平总书记关于文化和旅游工作的重要论述为红色旅游注入了强大推动力。2013 年 12 月，中办印发《关于培育和践行社会主义核心价值观的意见》，强调“积极发展红色旅游”。2014 年 8 月，国务院颁发《关于促进旅游业改革发展的若干意见》（国发〔2014〕31 号），提出“大力发展红色旅游，加强革命传统教育，大力弘扬以爱国主义为核心的民族精神和以改革创新为核心的时代精神”。红色旅游也是革命老区扶贫开发的重要抓手，在国家层面的《赣闽粤原中央苏区振兴发展规划》《大别山革命老区振兴发展规划》，以及“三区三州”等脱贫攻坚计划中，均有红色旅游的发展要求和相应的工作部署。2015—2017 年，全国红色旅游累计接待游客 34.78 亿人次，综合收入 9295 亿元人民币，政治效益、社会效益和经济效益愈发明显。2018 年上半年，18 个红色旅游重点城市和 436 家经典景区共接待游客 4.84 亿人次，按可比口径同比增长 4.83%；实现旅游收入 2524.98 亿元，按可比口径同比增长 5.73%。

习近平总书记的重要指示和中央的战略部署，为红色旅游指明了方向，提供了强大的思想动力和政策保障。国民旅游权利的普及和大众旅游市场的持续繁荣，为红色旅游奠定了坚实的市场基础。民族复兴和人民幸福的中国梦的逐渐清晰，为红色旅游景点和相关活动增添了向心力和凝聚力。国家旅游行政主管部门统筹促进和地方政府的创新作为，为红色旅游发展环境的优化和发展质量的提升提供了有效的制度保障。在文化和旅游融合发展的新阶段，红色旅游的战略摆位只会提升而不会下降，红色旅游的内涵只会丰富而不会收窄，红色旅游的工作力度只会加强而不会削弱。

二、新时代的红色旅游要有国家视野，也要有游客视角

让民众在旅游的过程中重温国家记忆，建构国家形象，形成国家认同，是世界各国各地区旅游发展到一定阶段后都必须要思考的课题。欧美、日韩、澳新等发达国家，东南亚、中亚、中南美等发展中国家，在历史文化遗产的建设、推广和解说方面都在做有组织、有计划、有投入的提升。从我曾经参访过的莫斯科保卫战、珍珠港事件、堪培拉军人公墓、布达佩斯人民广场等纪念馆来看，都是承载国家意志的叙事空间，或者说有意识形态在里面的。我们发展入境旅游，也有一个国家视野的问题。不了解中国共产党和中国革命、建设和改革开放的历史，就不可能真正理解民族复兴和人民幸福的中国梦。从这个意义上说，发展红色旅游必须要有国家视野，但是从各地发展现状来看，我们也需要或者说是需要有游客的视角。

旅游系统和地方领导同志，说起旅游产业都喜欢说“旅游资源丰富”这句话，说起旅游规划呢，则喜欢“找唯一、做唯一”。似乎只要有一些和别人不一样的自然风光、历史名人、文物古迹，只要把别人没看过，没体验的东西做出来，旅游业自然就发展起来了。在依靠“封闭红利”发展入境旅游的特殊时期，这个观点似乎是成立的。深究起来，这是卖方市场的共同规律。新中国成立后与西方国家几十年的相互封闭，国门一打开，看什么都新鲜，不用招徕，不用做基础设施、公共服务和商业环境建设，游客都会蜂拥而至。世纪之交兴起的国内旅游市场同样如此，那么多年没有出过远门，一旦需求被释放，只要有个山洞、故居和历史遗迹什么的，游客循着声就找来了。加上十三亿多的人口基数，确实给人“发展旅游就

是开发资源，扩大景点供给”的错觉。

等我们发现很多地方“唯一”“第一”的资源并没有带来相应客源，及其相应的消费、投资、就业增长的时候，才理解发展旅游业不仅要看近处的风景，还要研究远方的市场。经济学意义的市场是以有效需求为基础的，并以人口统计学的指标和数据表达的。从潜在可能性的角度而言，像上海“一大”会址、南湖红船、井冈山、延安、西柏坡等革命圣地，全党、全军、全国各族人民，甚至华人华侨、国际友人都应当来参观访问和体验的。但是从现实的可能性来说，当且仅当具备了时间和资金预算，并且对于红色旅游景点和红色旅游区域感兴趣了，才可能是我们的真实市场。这就需要旅游部门从空间距离、年龄、收入、职业、政治面貌、旅行经验等多个角度，切实加强对客源市场的研究。只有基于数据分析的专业研判，才可能发现真实的市场，进而开展目的地形象建构和市场推广、产品销售等后续工作。

建党纪念日、建军节、国庆节和一些重大事件周年纪念日，机关团体组织的相关活动、离退休老干部的休养旅游和各级各类干部培训，仍然是红色旅游的基础市场和关键节点。随着党建、宣传思想和文化建设领域相关工作力度的加大，研学旅行也可能会成为基础市场的一部分。这部分客群对红色旅游很忠诚，但我们不能总是一屋、一桌、一椅，瞻仰、献花、重温入党誓词，要挖掘革命文化的内涵，稳步提升解说水平，增强参访者的体验感。当前的重点工作是从红色旅游的宗旨和导向出发，从旅游市场的现实出发，对 80 后、90 后，乃至 00 后客源群体进行系统而深入研究。得他们有充分的理由愿意接触革命文化，参与红色旅游。尽管在重要时间节点参加红色旅游的青少年越来越多，但是说实话，我很担心他们是“过年了，总得回家看看父母”的心理，更担心他们在平常的日子里对革命文化不是亲而近之而是敬而远之。

当代旅游需求是复合型的需求，既有观光的动机，也有休闲、度假、康养、研学、会议等多方面的动机。表现在现实中，就是既要美丽风景，也要美好生活。如果我们总是述说过去的苦难、环境的艰苦和生活的不易，可能会把相当一部分客源排斥在红色旅游的大门之外。现在各级各地都在讨论和培训如何讲好中国故事，包括红色旅游的中国故事，引入游客的视角是关键。在这方面，我们才刚刚破题。

三、红色旅游要有目的地思维，游客要方便来，也要散得开

交通网络，无论是从客源地到目的地的大交通，还是目的地内部车站、港口、酒店、纪念馆、旅游景区、商业区和文化设施之间的小交通，都有待于加强建设和完善。以“三区三州”的云南怒江傈僳族自治州为例，这是一个典型的直线进出的峡谷地区，现在吸引了不少自驾、骑行和徒步旅游者，加上高黎贡山的独龙江的秀美风光，但是受限冬季大雪封山和山体滑坡等安全因素，旅游业发展一直受到极大制约。如果能够将丙察察线与和香格里拉的道路联通，加上规划中的以G30、G314、G3012、G219、G318、G214、G213等国道支撑的1.1万公里的旅游大环线，把可进入性解决了，自然资源和民族文化资源才可能与现实的旅游市场联系起来。需要说明的是，旅游交通固然要遵从物流交通和客流交通的一般要求，也要考虑游客的观光、休闲的现实需求，特别是服务区的功能扩充和品质提升。从这个意义上说，旅游要发展，交通要先行。

基础设施不仅是交通体系，还包括城市和乡村的水、暖、电、气、道路、桥梁、通信、互联网，以及空气质量、城市绿化、公共卫生等社会环境。中国旅游研究院做游客满意度调查的时候，有段时间延安的指数排名在样本城市里总是上不去，有的领导和相关部门就想不明白：且不说宝塔山、延河水、抗日军政大学、枣园、清凉山、一号工程纪念馆、南泥湾、

为人民服务、延安保育院这些承载党和国家红色记忆的革命遗址，就是延川的梁家河、文安驿，也是新时代人民领袖和领导集体度过知青岁月的地方，怎么能落后呢？然而摆在我们面前的现实是，巍巍的宝塔山在现代化城市空间里看上去就是普普通通的建筑，滚滚的延河水现在是混浊的小溪流，从干部学院到纪念馆的道路上尘土飞扬，街道上的随处可见烟头纸屑，景区门口的商贩拉着游客推销劣质的狗头枣，游客能满意吗？会愿意自费再来吗？延安市委市政府对此有了清醒的认识之后，开展暴风骤雨式的旅游环境大整治行动，实际是整个市容市貌的品质大提升。一年后，游客满意度、旅游接待人次和旅游总收入都有了大幅度的提升。

旅游问询中心、集散中心、服务投诉处理、安全救援、司法和行政救济等公共服务是决定游客是否愿意到访和能够到访的重要因素。北京、上海、广州、深圳、苏州、成都等发达地区的红色旅游目的地，游客所需要的公共服务可以在“主客共享”的理念指引下，依托城市基础设施和公共服务体系加以实现。广大中西部地区，特别是深度贫困地区旅游发展所需要的公共服务项目则需要专项规划和专门建设。“政府主导，适度超前”的旅游发展政策在经济欠发达地的红色旅游发展战略中仍然适用，特别是景区、酒店、道路、旅游厕所、旅游汽车、游客集散中心的建设，政府和社会力量的强势介入是十分有必要的。在总体规划和项目推进的过程中，红色旅游景点建设不要贪大求洋，特别不能有明显的商业化或者与纪念主题有明显的违和感。

四、游客接受传统教育，也体验美好生活，应是新时代红色旅游的题中之义

习近平总书记在2018年全国宣传思想工作会议讲话强调：要加强传播手段和话语方式创新，让党的创新理论“飞入寻常百姓家”。红色旅游

当然有宣传教育的功能，但是毕竟不同于学校的课堂教育，更不能把每位游客都当作是到党校学习的领导干部。红色旅游场景营造当然尊重历史，体现严肃性，但是毕竟不同于追思会、研讨会和英模事迹报告会。有的地方的红色旅游工作者说起话来能把自己感动得泪下，干起活来直至把自己累得倒下，可我们想过、问过游客的感受吗？遗迹、建筑、展览、解说、舞台表现等，都是为了游客和观众体验的。解说当然要学习和练习，舞台艺术当然需要表演，这里面有个度的把握问题。如果什么都是奔着表演去，都是要奔着要掌声去，甚至非得把游客和观众感动得潸然泪下，可能就过了。讲好红色旅游的中国故事，真诚或者说发自内心的真诚比什么都重要。你真诚对待历史，平等对待游客，宣传教育的效果自然而然就出来了。现在的红色旅游太缺乏平常心、平常语、平常人的故事了，太缺乏润物细无声的传播方式了。

游客要能够感受到革命、建设和改革的艰辛，也要看到他们为中华民族谋复兴，为中国人民谋幸福的初心。这个初心是中国的，也是承载人类共同价值的。在这方面，红色旅游解说系统还有很大的改进和提升空间，要尽可能淡化讲解、背诵和表演的色彩。

游客要能够感受今天的幸福来之不易，也要能够感受未来的日子还需要我们砥砺前行。游客要能够看到当地的美丽风景，也要能够看到当下和未来的美好生活。嘉兴的红色旅游，既有南湖的红船，也有巧克力小镇、鲜花盛开的小镇，还有习近平总书记视察的缪家村，串起了革命、建设、改革和创新发展等不同历史阶段的主题。这是一条很受游客欢迎的红色旅游线路设计，社会效益和经济效益都很好，值得借鉴和推广。

从目的地建设的角度而言，红色旅游景点之外的城市和乡村，应当有相对完善的商业环境，或者说要有人间烟火气。这与红色旅游的宗旨和导向并不矛盾，对先烈和英雄要缅怀他们事迹，继承他们的遗志，传承他们的精神，也要过好今天的生活。那么多仁人志士的尽忠竭智，那么多革命先烈的流血牺牲，不也是为了后人过得更幸福吗？那些标志建设和改革成就的红色景区所在地，更应该让游客感受本地区、本民族今天的美好生活。

五、红色旅游要让当地居民有当代的文化自信，更要有面向未来的希望

1月15日，国务院办公厅印发《关于深入开展消费扶贫助力打赢脱贫攻坚战的指导意见》，对包括文化和旅游部在内的中央和国家机关提出了明确的分工要求。《指导意见》提出“引导干部职工自发购买贫困地区产品和到贫困地区旅游”“推广乡村特色美食和美景”“鼓励贫困地区在景区景点、宾馆饭店、游客集散中心、高速公路服务区开设农产品销售专区，集中销售特色优势农产品”。相对于之前的规划和投资，这次从消费着眼，从产品入手，对旅游扶贫工作更有针对性和指导性。去年6月，我曾应邀为宁夏固原市委中心组（扩大）学习会授课，题目是《慈善旅游是市场新潜力，也是发展新动力》。当时有的同志问我是否换个题目，因为直接用慈善旅游会给人以贫困的感觉。我的回答是，“不到长城非好汉，天高云淡六盘山”的固原既是红军主力会师的革命老区，又是“苦甲天下”的贫困地区，在这个地方倡导慈善旅游，号召人们到贫困地区旅游、消费和购物，号召企业到贫困地区投资、研发和经营，再合适不过了。

游客可以为革命老区和贫困地区留下文化自信。旅游市场起来了，本地土特产品既可以就地消费，也可以打包带回去。游客在此停留过夜了，就会有文化娱乐的需求，“花儿与少年”、华阴老腔等非物质文化遗产就会有更多的人欣赏，《翻身道情》《马桑树上搭灯台》《浏阳河》《边疆的泉水清又清》等民歌就有更多的人传唱了。有了市场需求的产业投资，影视、

动漫、文学、美术、戏曲、舞蹈、曲艺等文化产业和公共文化投资就会有更多的现实可能。我们要集中力量创作文化精品，进京演出，弘扬主旋律，争取“五个一工程奖”；也要面向大众，主动利用网络社交媒体，鼓励游客把所见所闻所思所想所创作的作品发到微博、微信和抖音上去。事实证明，区域外和其他民族对本地本民族文化接受得越多，传播得越广，越有利于本地本民族的文化建设和文化自信。发展红色旅游有利于增强国民的文化认同，特别是红色旅游目的地区域文化和民族文化的传承与创新，在新时代文化建设和文化自信中具有不可替代的现实意义。

游客可以为革命老区和贫困地区留下品质环境，为脱贫攻坚奠定经济社会发展基础。很多革命老区、少数民族地区、边疆地区和贫困地区之所以有优良的自然环境和原生态的区域文化、民族文化，很大程度上是没有参与工业化和城市化历史进程。如果能够通过旅游发展让这些地区既不需要承受工业化和城市化进程中的“先污染、后治理”的环境代价，又可以享有现代化的公共服务和生活品质，将是一件多么美好的事情。从国际经验来看，至少一部分乡村是可以走这条路的。德国经验表明，现代化的城市交通体系、互联网建设和后工业时代产业布局变化打破了城乡居民的界限，乡村因其区别于城市特色环境吸引人口内迁。结果就是在靠近中心城市圈的郊区产生了大量的“非农业乡村居民点”，并代表了高品质的生活环境。意大利波斯蒂尼亚诺城堡修复后，当地居民乡村文化成了居民的乡情寄托，并吸引了大量的游客到访。当然，中国有自己的国情，不可能照搬外国的经验，也不可能重复别人的历史。正如文化和旅游部雒树刚部长所指出的那样，不是每个贫困地区都可以通过发展旅游脱贫的。我们需要在吸收和借鉴国际先进经验的基础上，因地制宜，因时制宜，在靠近都市圈且交通、通信等基础设施比较完善的革命老区、贫困地区，通过发展红色旅游聚集业态，完善商业环境，提升生活品质。

游客可以为青年人留下工作、学习和综合素质提升的动力。扶贫要扶资、扶智，更要扶志。雁过留声，人过留名，争的就是这一口气。在与团队研商今天的授课主题时，东北财经大学 2018 级博士生马晓芬的观点引起了我的注意，愿意在此与同志们分享。她说，对于一些深度贫困地区的居民来说，不是帮助他们建什么项目，赚多少钱的问题；而是让他们知道赚钱有什么好处，以及怎么样正当地赚钱。在实地调研中，我们会发现这种现象，一家人住在小小的石头房子里，男人赶牛耕地，女人养猪照顾孩子，尽管交通不便，孩子上学也很辛苦，但是他们很满足，甚至没有意识到自己的贫困。也有的地方有人外出打工，看到了外面的世界，有了挣钱的意识，却做了法律不允许的事情。这就需要我们在发展旅游的过程中，正确地引导社区居民参与旅游进程中来，逐步改善其生存环境，形成可持续发展能力，而不是“今朝有酒今朝醉”，游客一走就返贫。为此，我们需要在发展旅游的同时引入教育、培训和公共文化资源，引入专业志愿者和驻村艺术家，为贫困地区的代际发展和阶层流动奠定坚实的文化基础。就此而言，文化和旅游融合发展不仅具有理论意义、政策含义，更具有现实意义和实践价值。

2019 年 1 月 23 日于北京

中央文化和旅游管理干部学院（第二期专题培训班）

旅游度假区：市场复归与功能重构

同志们，朋友们，

旅游、休闲和度假活动古已有之，而度假旅游和旅游度假区正式为国人所熟悉的时间并不算长。直到 1992 年，国务院发布《关于试办国家旅游度假区的通知》（国发〔1992〕46 号），这一概念和业态才广为旅游业所接受。从文本解读和后期实践来看，原国家旅游局是希望做成像经济技术开发区、产业园区、自由贸易区那样的政策高地，通过招商引资、政策创新和行政架构调整为旅游工作寻找新的抓手。从实施效果上看，虽然批准挂牌了包括上海佘山、三亚亚龙湾、苏州太湖、昆明滇池、北海银滩、大连金石滩等 12 个依山傍水的国家旅游度假区，但是“旅游特区”的政策目标并没有顺利实现，各家发展程度、管理体制和运营品质也不尽相同。有的还是坚持做度假旅游，有的已经成为多个牌子、一套人马的行政管理机构，有的已经有名无实了。尽管如此，回顾国家旅游度假区 27 年的发展进程，我们依然对当时的制度创新者和实践探索者致以深深的敬意。我们不能简单地以今天的眼光去审视过去的事物，没有他们的努力，当代中国度假旅游的概念导入、要素发育，以及旅游度假区管理模式构建可能还需要更长时间的摸索。尽管概念不是市场，制度也不是产业，但是市场需要概念，产业需要制度，也更需要国家意志的推动和地方行政主体的努力。

为适应旅游度假市场发展的需要，原国家旅游局于2010年制定了《旅游度假区等级划分》的国家标准（GB/T26358—2010），在此基础上又先后出台了管理办法和划分细则。2015年，原国家旅游局验收发布了首批17家国家级旅游度假区，加上2017年的9家和2019年文化和旅游部发布的4家，现有国家级旅游度假区30家。再加上省级旅游行政主管部门批准的456家省级旅游度假区（2018年数据），无论是与现有的市场需求相比，还是与世界各国各地区的度假区数量相比，规模和速度都是很可观的了。

与上个世纪的国家旅游度假区制度相比，现行的标准多了一个“级”字，意味着行政色彩的淡化，在降低财政、金融、进出口等政策供给预期的同时，更倾向于资源、产品和服务的等级划分，更加类似于像5A级景区、五星级酒店一样，是一种服务质量等级的官方认可。总体来看，该标准已经往市场靠近了些，但还是行政思维和专家评价。事实上，通过标准、培训、验收和颁牌调动地方发展旅游的积极性，来推动社会力量扩大旅游产品的供给，已经成为国家和地方旅游行政主管部门的路径依赖。但随着外部条件和国家机构改革工作的推进，类似于这样制度创新的边际收益，尤其是消费主体的满意度和市场主体的获得感，都已呈衰减之势。伴随着改革开放的伟大历史进程，中国旅游已经迎来了大众旅游的新时代，一个国民的、大众的度假旅游市场所支撑的旅游度假区也正迎来一个高质量发展的新阶段。新时期旅游度假区的高质量发展要重归市场，面向生活，创造新思维，培育新动能，研发新内容。

统计指标和大数据已经说明：大众旅游者的脚步正在慢下来，正在从一程多站的旅游目的地“打卡”，走向城市和乡村美好生活的深度体验。中老年游客追求“一程一站”，90后的年轻人更是追求“一程多刷”，重复到访心仪的旅游目的地。2011年以来，城镇和农村游客的度假休闲动机比例都在不断提高。2014年，休闲度假首次超过观光游览，成为我国居民国内旅游的主要出行动机。中国旅游研究院主持的全国游客满意度调查，游客关于目的地和景点的质性评价，也让我们深刻感受到旅游动机和消费行为的重大转向。除了宁静舒适的住宿环境和美味特色的当地饮食外，“乡土风情”“生活气息”“友善的居民”等也都是对休闲度假评价的关键标签。“在拥有百年大樟树的芹川古村，遇到的当地人都很友善，这里富有生活气息。”“在桐庐的芦茨村可以体验乡村的慢生活，品清茗、尝山珍、观美景，在浓浓的乡土情中，流连忘返！”……这些生动鲜活的评论背后是不断旺盛的度假需求，是国民对度假生活化的渴望，是度假走入大众视野的真实表现。

今天，在很多人的观念里，一想到度假，仍然立刻就会联想到海滨和海岛度假。海滨城市是度假地，但不是度假地的全部。从地中海、加勒比、南太岛屿国家的度假目的地发展经验来看，以阳光、沙滩、海水为代表的自然资源，以欧洲、北美和澳新游客为主的客源市场，“一价全包”的经营模式，潜水、出海、跳伞、音乐、舞蹈等动感项目也确实构成了“Resort”和“Holiday”的经典形象。发达国家走过的道路和既有经验，我们当然需要充分吸收和借鉴，但是考虑到生活方式、自然资源和文化传统的不同，不必要也不可能照搬照抄既有的海外度假旅游发展模式。现在的国家级旅游度假区的标准要求至少3家国际品牌或国际水准的酒店，最好是度假酒店进驻，且不说投资成本和管理费用，气质上就不搭嘛！中国人自古以来就有仁者乐山、智者乐水的传统，名山大川、江河湖泊、江南水乡也是适合国人休闲度假的现实选择。依托这些地方发展起来的度假区，满足的是国民度假需求，需要基于传统文化的内涵和当代生活的个性化诉求，进行有针对性的产品研发、服务标准和品牌建设。

政府可以引导市场的发展，但是不能代替市场的选择。在信息不对称、消费经验不丰富、社会依托资源较贫乏的大众旅游发展的初级阶段，评五星级酒店、5A级景区、优秀旅游城市是必要的。随着经济社会的发展和旅游市场的成熟，“政府主导、适度超前”的发展模式和管理方式越来越显示其局限性。在建设和管理上“重分级、轻分类”，有省级不要市级，有国家级不要省级，加上申报和验收过程中重资源、轻市场，重硬件、轻软件，最后市场不认可，门口挂再多的牌子又有什么用呢？

值此文化和旅游融合发展，旅游业从高速度增长走向高质量发展的今天，旅游度假区和度假旅游的发展需要官产学研媒各界的共同努力。

希望决策者、建设者和经营者多研究旅游需求和度假市场，充分考虑游客的可到达性和可感知性。涉及人民生活和百姓幸福的事情，不可能再走资源导向和专家规划的老路子。什么是一级度假资源，什么是二级度假资源？我看还是由市场说了算，由广大游客说了算。市场的关键指标是距离客源地的远近和交通网络的完善程度，是游客的消费意愿和消费能力。正是从这个意义上说，景观之上是生活，客源高于资源。由此出发，不管是景区开发，还是度假区建设，我都非常看好上海、成都等都市的周边，比如松江等近郊区就有广阔的发展空间和现实的发展潜力。从高速度增长到高质量发展，是一个理论探讨、顶层设计和规划引领的过程，更是一个需求引导市场有效供给和实践探索的过程。对于14亿人口、国民出游率超过4次、人均每次旅游消费不超过1000元的中国而言，发展度假旅游也好，建设旅游度假区也好，并没有一个现成的蓝图可以拿过来就用，更不可能像写学术论文那样，按从概念到命题再到验证那样的八股套路来。

怎么办？还是要坚持以人民为中心的旅游发展战略，一切为了人民，一切依靠人民。只要游客来得多了，停留时间长了，体验性、获得感和满意度提高了，经营旅游度假区的感觉也就慢慢有了。

希望决策者、建设者和经营者充分依托本地居民和外来游客共享的生活空间和休闲方式，走需求叠加、消费升级、互联的度假区发展模式。经过多年的理论探讨和实践探索，避暑旅游、冰雪旅游、夜间旅游、自驾车旅游等新需求已经得到了充分释放，业态也得到了初步的培育，满足上述需求的要素同样可以用来满足度假的需求。策划可以天马行空，市场和商业必须考虑成本，基于本地居民的高频需求和外来游客低频需求的有效叠加，正是度假区降低成本和可持续发展的关键思路。上海的七宝古镇，周边的乌镇、南浔、周庄，以及太湖周边的一些疗养、休养点，已经积聚了外来游客和本地居民的消费力量，完全有可能升级成为市场化意义上的旅游度假区。之所以强调是市场化意义上的度假区，是因为游客不会在意你的管理边界、面积大小，以及国际品牌的酒店和度假村等指标。我想没有几个人知道泰国普吉岛、多米尼加的蓬特卡纳、瓦努阿图的瓦维克度假区的四至红线在哪里，可是并不妨碍成千上万的游客去分享那里的度假品质。游客要的是出行前方便获取交通、项目、价格、预订渠道等实用信息，要的是到达目的地后的接机、入住的高效率和客房、餐饮、私属空间的品质感。恰恰在这些方面，我们满足不了游客最为关注的需求。比如12家国家旅游度假区和30家国家级旅游度假区，有的没有微信公众号，有公众号的不知如何有效运营，更多是宣传思维而不是营销导向。说到底，还是把度假区当作行政空间来管，而不是遵循市场规律去运作的商业项目。

希望决策者、建设者和经营者下大力气完善公共服务和基础设施建设，让行政的归行政，市场的归市场。发展理念上不能总想着行政级别，想着怎么去管理和考核，而是要想着市场和法治，想着怎么去提供更加高效的公共服务和更加公平的营商环境。我们要深刻理解“让市场在资源配置中发挥主导作用”和“功成不必在我”这两句话，努力让政府这只有形的手闲下来，不能总想着刷存在感。发展路径上，要发挥科技的力量，推动 5G、AI 等先进科技在度假区的广泛应用，比如良业等企业开发的智慧路灯，可以构成旅游度假区的科技硬核。在管理手段上，标准化是过去 40 年发展旅游行之有效的抓手，主要是政府行政主管部门在推动，市场主体更多是被动的参与者。为推进景区和度假区的高质量发展，既要考虑强制和推荐性的国家标准（GB）、地方标准（DB）、行业标准（LB），更要考虑企业标准，不能动不动就是走定标、申报、验收、发布的套路。现在很多旅游度假区不过是“景区 + 酒店”的简单组合运作模式，走的还是走马观光式的打卡，游客在事后评论会觉得“度的不是假（jià）日，而是假（jiǎ）的日子”。过日子就是要过生活嘛！在文化和旅游融合发展的时代，尤其要注重发挥公共文化、群众文化和文化产业的作用，旅游度假区建设要引入社区社群的概念，见人见物见生活，还要见未来，实现消费互联。生活是什么？是衣食住行，是戏剧场、美术馆、博物馆、图书馆、电影院，是咖啡馆、奶茶店、米其林餐厅，没有社会资源和人间烟火的滋养，老想着营造一个空灵的氛围让人去发呆，起码在现阶段的中国不现实。互联是什么？是要借助不断进化的信息智能技术让度假区的游客、景区、酒店、餐厅、博物馆等互动变得更加容易、更有温情、更少摩擦。任何时候，任何地方，人的连接都是最好的旅行，度假区要致力于成为新时代以人民为中心，依靠人民推动旅游业高质量发展和供给侧改革的全新产业空间。

2019 年 9 月 26~27 日于上海

国家旅游度假区高质量发展研讨会

乡村文旅人才要靠得住、留得下、用得上

文化和旅游部高度重视系统和行业培训工作，本班次的培养对象是乡村文化和旅游能人。根据人事司的要求，我结合乡村文化建设和旅游发展所面临的形势与问题，旅游专业人才的培养目标和成长路径谈几点个人看法，供同志们参考。

一、靠得住，就是要自觉认同文旅融合新时代的战略使命

任何时候都不能忘记国情、旅情，更不能忘记文化和旅游人的战略使命。2018 年是旅游市场成就创历史新高的一年，国内旅游 55.39 亿人次，出境旅游 1.49 亿人次，国民出游率超过 4 次。总量和平均数据的背后，是广大的农村居民特别是中西部地区的农民，一辈子都没有离开过自己的乡村。对于他们来说，到县城去看一看，在家里接待城里来的客人都是令人喜悦的事情。必须要清醒地认识到，我国仍然处于“大基数、稳增长、低消费”的大众旅游初级阶段，观光仍然是国民旅游的基本市场，这是基本国情，也是旅游业的基本面。不论是文化工作者，还是旅游从业者，都不

能离开人民群众和人间烟火。历史一再证明，偏离广大人民群众需要的事业和产业，是做不好、走不远、做不大的。因此，文化和旅游人要始终以满足广大人民群众的文化权益和旅游权利为使命。

任何时候都要牢牢把握大众旅游的市场基本面，密切关注主流市场的演化方向。“读万卷书，行万里路”自古以为就是中华民族的优良传统，出国旅游尤为人民所向往。三十年前，人们对小康社会的描述是“吃有肉、住有楼，还有闲钱去旅游”。今天，全面小康社会就要建成了，旅游已经成为人民群众日常生活消费的重要组成部分，或者说旅游正在加速进入老百姓的日常生活选项。数据表明，旅游市场的主要推动力量主要是来自城乡居民短距离、高频次的休闲旅行，而非长距离、低频次的度假旅游。游客关注美丽风景的同时，更加关注美好生活，城乡目的地从戏剧场到菜市场，正在成为主客共享的新空间。《2019 中国夜间旅游发展》报告提出了“黄金四小时、白银六公里”的消费法则，则从城乡居民的本地休闲的角度印证了这一判断。

高度重视并充分利用乡村文化和旅游消费持续增长、创业创新日趋活跃的战略机遇期。越来越多的城镇居民愿意选择乡村作为周末和节假日旅游目的地，日子过好的农村居民也期待本地的文化消费和近程休闲空间。2018 年，乡村旅游市场规模已经达到 28.2 亿人次和 1.63 万亿元。受市场溢出效应的影响，乡村旅游接待户、“农家乐”、民宿、田园综合体等业态蓬勃发展，加上旅行商、旅游集团和资本市场助力，乡村旅游对精准扶贫的成效已经开始显现。中国旅游研究院调查显示，对乡村生活方式和环境的向往是游客选择乡村出游的主要目的。可以看出，游客之于乡村，是对田园牧歌的渴望，是对乡村生活的期许，是对当地生活方式的深度体验。民宿可以是一个住宿体验的场所，也可以是文化体验空间。游客在与民宿主人互动中，更近距离地接触当地的风土人情、生活习惯，融入当地生活。无论是田园风光、农业生产活动和农业文化景观，抑或是乡村建筑、聚落形态和传统节日，再或是乡村特有的传统烹饪方式和天然的食材，乡村对于游客的吸引力始终是“传统和自然的空间，宁静和祥和的氛围”，这样的“理想风景画”中不应该出现贫瘠的土地、污染的河流和贫寒的生活。

文旅融合进程加速，正在从理念融合、组织融合走向市场、项目和产品层面的深融合、广融合和真融合。乡村文旅融合要将文化脉络融入乡村肌理，通过文化提升乡村旅游发展质量，丰富旅游产品丰度，提高游客满意度。不能说春天到乡下看看油菜花、吃几个农家菜就是乡村旅游了，不能说开个直播、养个网红、做几个卖萌的手机壳或者冰箱贴就是文旅融合了。人们从城市的喧嚣走向乡野小巷，期望的是体验村民的日常生活，追求的是村民给予的触手可及的温暖，向往的是乡村所折射出的质朴和纯真。了解了游客的真实诉求，用旅游业多年探索的行之有效的市场观、产业观来发展乡村文化事业，使得乡村文化在村民生产生活实践的基础上，始终是有功能的、是鲜活的、是生动的。

国民有旅游权利，也有文化权益。我们不能用城里人的想象去建构当代的田园牧歌，更不能为了留住记忆里的乡愁而限制农民发展的权利。游客眼中的诗意田园，不应以牺牲当地村民的权益为代价。对于世居于彼的村民而言，他们有权利看电视、吹空调、用抽水马桶，有权利要求在干净整洁的街道上行走、在安静舒适的图书馆阅读，有权利深夜归来有路灯照明，有警察守护。总之，他们和我们每个人一样，有权利享受现代文明的一切。现在有一种“原生态”的说法，食材要天然的、制作要手工的，似乎什么都要保持传统的样子。只要稍稍看见一点儿现代文明的影子，就如同鲁迅先生笔下的“九斤老太”似的，发出“一代不如一代”的叹息。不了解农村，不了解农民嘛。

二、留得下，就是要主动创造产村融合的可持续发展环境

发展乡村旅游，得有本地人留下，外地人流入。每次去古村古镇考察旅游，特别是欣赏地方戏、民间音乐、农民画、手工织造等代表农耕文明的非物质文化遗产时，我都会问几个问题：先不问每年来多少游客而是先问原居民还有多少？平均年龄是多少？有多少年轻人还在看地方戏？有多少出去读书、打工的人还愿意回来？很多中西部，甚至包括东部的旅游名村名镇，来观光住宿的是游客，做生意开民宿的是商户。那么多风华正茂的年轻人去了城市就再不愿意回来，原住民只剩下老人与狗了。没有年轻人愿意回来成家立业和繁衍生息的乡村，是没有未来的。没有本地人参与乡村文化建设和旅游发展，也是不可持续的。新时代的乡村文化建设和旅游发展，必须立足本土，面向当代，依靠村民。

乡村之于我们，是文旅创业的空间，更是主客共享的美好生活新空间。四年前在杭州，我曾经做过一篇《乡绅乡宿》的主题演讲，倡导“新乡绅运动”的概念。在乡村做文创、做民宿和做旅游的投资者、企业家和专业人才，不能只是赚一把就走的过客，得有一部分人留下来，成为“新村民”。也要有制度创新，让那些心系乡村建设的老干部、老专家、老知识分子，退下来后也能够回到这块土地上来。原南昌市长李豆罗同志退休后就回到家乡，过起了真正的农民生活，搞了乡村旅游的升级版。全国政协原副主席、江西省委书记毛致用同志，也是回家乡安度晚年的。总体而言，能够致仕还乡者不说是个案，也是极少数。多数人由于宅基地、养老金、医疗保险等制度不配套，以及公共文化和基础设施、经济社会发展水平不平衡等方面的原因，想回也回不去了。

对于大多数从事乡村文化建设和旅游发展的专业人士来说，不是他们不愿意留下来，而是乡村缺乏让他们留下来的生产生活环境。在城乡基础

设施、公共文化、教育卫生、市场经济差距仍然很大的今天，乡村文化建设和旅游发展所需要的新资本、新要素、新动能，除了少量的本地能人以外，主要得靠外来人才的净流入。以近来很热的民宿为例，仅有热情或情况是不够的，还必须要有营销、设计、研发、管理、服务等方面的专业人才。这也是做得好的还是周庄旅游、首旅寒舍、燕儿谷这样的市场主体，而非靠大数定理出来的几个乡村能人。问题是这些经理人和专业人员到了乡村能留下来吗？既没有城市生活的便利，也没有良好的教育资源、医疗资源，一个连当地村民都想要逃离的空间，又如何吸引专业人士的驻足呢？对此，各级党委和政府，尤其是文化和旅游系统的领导和同志们，必须要有系统的而非单向度的思维。

专业人士是可以培养的，创业创新者只有通过残酷的市场竞争才能成长起来。不管是体制内，还是体制外，那些以创业创新为己任的企业家，从来都是最稀缺的资源，政府和社会各界要营造创业创新者脱颖而出的环境、氛围和土壤。通过产权、项目开发和利益分配等实现社区参与，通过土地流转、投融资渠道创新等措施调动本地村民，特别是精英阶层的积极性。湖北罗田县的燕窝垸村靠着第一书记徐志新的乡愁和创新思维，从一个贫困村发展成为全国闻名的旅游扶贫示范基地。从河南贫困县走出来的民间工艺美术大师刘丽敏，20余年来潜心创作麦秆画，使得这一来自民间的非物质文化遗产扬名海外。四川省丹棱县通过众筹，为当地建成了100个各具特色的文化院坝，使得一大批对文艺热爱的乡土文化能人得以被发现、一大批扎根农村的乡村旅游能人被激活。实践一再证明，正是本地村民与脚下这片热土与生俱来的情感连接，使他们成为乡村文化建设和旅游发展的主力军，成为乡村文旅人才队伍中最有活力、最稳定和最持久的构成要素。

三、用得上，就是要培养一大批专业志愿者和驻村艺术家

那么美丽的自然风光，为什么游客不愿意停留更长的时间？因为没有高品质的生活环境和消费场景，特别是公共休闲和商业接待体系不够完善。对于城市文明和移动互联网环境下成长起来的游客，没有图书馆、戏剧场、电影院、咖啡馆、酒吧、购物中心，既没有消费场景，也没有社交空间，总不能都坐在阳台上数星星吧。景观之上是生活，人是第二自然的创造者，也是美好生活的享受者。既然旅游是异地的生活方式，那就让我们回到生活本身来重新思考乡村旅游的为何与如何吧。

那么多的手工艺品和非物质文化遗产，花费了传承人几十上百个日日夜夜，甚至更多时间的作品，为什么卖不出好价钱？因为你做的是手工艺品，是作品，而不是产品，或者更为直接地说，你给的不是别人所需要的，只能敝帚自珍喽！从消费心理上讲，人们更愿意为功能、品质和时尚付费，而不是为了单纯的猎奇和纪念而花钱。理论研究和统计测算都说明了，功能性是旅游购物的基础动机。笔墨纸砚是用来写字的，文字是用来载道的。如果要载的道，要写的字都没有了，那些非物质文化遗产只剩下欣赏的功能，需求和市场一定是极其有限的。就是进了非遗目录又如何？须知，有市场生命力的东西是不需要保护的。

这就需要设计、营销、管理、电子商务、知识产权等专业志愿者的介入，他们了解市民的消费需求，了解资源转化成产品的路径与方法。搞营销的人进了村子，不要给人家讲4Ps、产品生命周期理论什么的，而是要帮着乡村旅游经营户在天猫上开店，在抖音上带货，与春秋、广之旅、上航国旅的采购部门合作，开发适销对路的乡村休闲线路和产品，而且价格是有竞争力的。做企业管理的，不要上来就要给人家做战略设计，讲梅奥、法约尔、赫茨伯格，人家听不懂，也不要听，而是要切切实实地帮助

乡村经营户提升服务质量，降低成本费用。目前来看，这样的专业志愿者不是多了，而是少了。

驻村艺术家在日本和我国台湾地区都有成型的制度和运作体系。许多土特产品和非遗作品之所以卖不出好价钱，不是不够原生态，而是太原生态了，丝毫没有考虑当代游客的审美需求。云南的同志和我说，法国和意大利的一些香水品牌用的多是他们的花草植物原料。内蒙古的同志和我说，美国和日本一些保健品也是用他们的原料。那又如何？品牌是人家的。当然，品牌的价值来源于文化内涵的挖掘及其故事化的传播。从这个意义上说，我们需要艺术、科技和资本的多重介入。2019 年河北省康保县“恋人花”文化生态旅游嘉年华，以草原天际线为主线，以“恋人花”为主题，以“旅游 + 扶贫”的理念走出了一条新时代脱贫致富、乡村振兴和生态文化旅游融合发展的康庄大道。康保县是国家级贫困县和河北省十个深度贫困县之一，当地依托天地赋予的坝上草原的美景，打造了文化生态旅游嘉年华、遗鸥摄影周、草原国际马拉松赛等一批品牌性文化体育活动。游客的到访，首先受益的就是当地居民，经济收入和生活水平的提升，又反向刺激了居民参与文化旅游业的积极性。在那里，文化旅游业的发展与当地居民的生活幸福指数之间形成了良性的互动。

北京海淀北部文化中心两个场景很是让我感动。图书馆去的小孩子多了，索性就开了一层让孩子们玩耍，让志愿者给他们讲故事。谁说人们进图书馆就一定要借书、还书和读书的？广州市公共图书馆一年进馆 800 多万人次，借书还书者也不过三分之一。大部分还是来参加各种类型的文化艺术活动的，实际上承担了城市会客厅的功能。文化馆的馆长是歌唱家戴玉强的同学，原来也是从事舞台艺术的，转行做了群众艺术工作，教那些零基础的乡邻在钢琴伴奏下唱歌、在标准的舞蹈排练室穿上练功服走台步。前一分钟还是普通得不能再普通的农夫村妇，后一分钟就是从琴匣里抽出宝剑、目光坚定的莫二先生。我问过馆长，做群众文艺工作而放弃了可能成为万众瞩目的歌唱家的机会，后悔吗？他说不后悔，能让成千上万的老百姓走近文化、走近艺术，在公交车上见到他称呼“老师”而感到由衷的幸福。是啊，文化也好，学问也罢，终不能都成了小圈子里自己欣赏的事情，自我精英化结果只能是越来越小的格局。须知，文之大者，为国为民。乡村的文化馆也应如此，首先得让父老乡亲进来。文化是让亲而近之，而非敬而远之的。艺术也从来不是小圈子里的自我欣赏，而是要走进社区，走向民间，让更多的人看见、接纳，并成为其生活方式的一部分。

去年夏天，日本的越后妻有曾经刷屏朋友圈。那里每三年举办一次大地艺术祭，经过艺术家的努力，山坡、田野、路边都变成了天然美术馆，让游客置身于天地之间，游走在艺术之中。策划者北川在推进艺术祭的二十多年时间里，始终注重当代艺术和传统乡村的融合，两者的化学反应每一天都在那里发生。和众多昙花一现的网红打卡地不同，这里绝不只是为了满足游客“非日常”的好奇心，而是一开始就将艺术根植于当地人生活的平常之中，挖掘两者互融互生的文化内涵和肌理，使得艺术祭具有了自立和自足的基因。

我国台湾地区的编舞家林怀民先生一直致力于对中华传统文化的阐释与传达，他创办的“云门舞集”已经成为文艺界典型的文化现象。无论是源自楚辞的《九歌》，还是中西方文化交融的《水月》，都体现了传统文化经过艺术挖掘之后的强大感染力。云门舞集除了在剧场演出，也会送艺术下乡，去乡间、社区做户外演出。在体现人与土地和大自然和谐互动的《稻禾》中，云门舞者将舞台搬到了稻田边上。这场演出不仅有林怀民的艺术创造和创新，更有当地政府和村民的配合。为了保证演出的场景，他们承诺直到云门演出结束后，再收割麦田。林怀民先生的乡土艺术的思想萌芽，可以追溯到二十世纪七十年代初期的一张照片。那是《人民日报》刊载的一名“赤脚医生”，背着医药箱走进农田的照片。

乡村振兴需要更多文化和旅游能人，做新时代的“赤脚医生”，靠得住、留得下、用得上。

2019 年 11 月 28 日于成都

旅游大数据的激情与理性

同志们，朋友们，

经过智慧旅游的十年洗礼，移动通信、互联网、人工智能与大数据已经成为业界会议和政府文件必谈的关键词。文化和旅游部高度重视统计工作和数据应用，支持重庆等旅游数据分中心、携程等联合实验室和研究基地的建设。定期发布的三大旅游市场、假日旅游和乡村、红色、扶贫等专项数据，在形势研判、资政建言和引导舆论等方面已经发挥了积极作用。随着 5G、区块链、生物工程等新技术的广泛应用，政府和业界对旅游大数据的需要与日俱增，而研发、建设和应用主体的增加，数据的规模化生产和质量提升、数据价值的挖掘和数据伦理的建构，都在切实推进大众旅游新时代的大数据理论和统计工作体系的创新。

大数据正在成为各级政府谋划旅游发展、制定发展规划、加强市场监管必不可少的政策工具。过去各地发展旅游，主要是讲资源，讲山川秀美、人杰地灵，讲领导如何重视，讲旅游发展大会和高规格文件。进入大众旅游新时代，游客要美丽风景，更要美好生活，都市旅游目的地的公共文化、商业环境和生活方式都成了新型吸引物。现在发展旅游，只谈山山水水和历史人文恐怕不行了，得见物见人见生活，得下大力气研究市场。我们给的得是游客要的，否则就是一厢情愿嘛。怎么研究市场？还是那句话，话语千言，不如数据一组。从中央和省级层面做年度工作计划、五年和中长期发展规划，哪怕只是季度性的文化消费和旅游经济运行分析，都需要涉及投资、创业、科技、国土与海洋、服务贸易等维度，都需要大量的统计工作和数据分析做支撑。上周在苏瓦与斐济国家储备银行经济部门进行工作研讨，他们对涉旅游统计工作的重视和团队的专业能力均给我留下深刻印象。从这个意义上说，“旅游要发展，统计要革命”有着深刻的理论内涵和广泛的现实意义。现在政府机构特别是上海、重庆、福建等地，在数据生产的频率、丰度和结构化方面已经有了长足的进步，基本上能够满足辅助决策和引导产业的现实要求。

大数据正在成为旅游产业从高速度增长走向高质量发展的新动能。宏观研究机构对客源地和目的地市场态势的周期性监测，商业数据公司对消费结构、消费行为，以及投资、经营等财务信息的研究，对旅游集团的战略规划变得更像是经济学的博士论文答辩。相对于企业家的经验管理和经营团队的避险决策，大数据可以帮助旅游投资机构、旅游集团和大型涉旅企业建立进取型的专业决策体系。无论是介入旅游目的地宣传推广和市场促销，还是辅助旅游企业的战略决策和产品研发，都离不开统计、计量和数据，特别是自主生产的数据支撑。经由专业统计的大数据分析，企业可以发现没有被满足的市场、正在形成的新需求，可以完善和创新商业模式和生产方式，可以改进产品研发、量产和传播模式。这些工作做好了，旅游经济的增长方式才可能从资源驱动型转向要素驱动型，才可能发挥科技、资本和文创新合力，促进旅游业的高质量发展。从各大市场主体的研究机构和数据中心建设情况来看，还处于平台搭建和人才培养的初级阶段，距离日本松下的“政经塾”、美国的贝尔实验室、阿里的湖畔大学等标杆，我们在核心研究团队、数据生产体系、协同实体业务等方面还有漫长的路要走。

大数据正在成为游客消费决策和消费评价的重要因素，正在成为影响消费行为和品牌建构的关键指标。南太平洋岛国调研期间，斐济玫瑰假日的亚伦总经理告诉我，过去游客去哪里，看国旅总社、中青旅的产品手册，后来看携程、途牛推荐什么，现在呢？游客跟着时尚买手、流量明星和视频直播走，没有大数据，旅行商连游客在哪里、需要什么、关注什么都不知道啊。为此，他们与中国的阿里、腾讯合作，建立了移动互联网支付系统，建立了社交互动平台和数据化的客户关系管理系统，以便与中青年游客进行互动沟通。海外旅行社都能够感受到危机与变化，国内同行应当有更强的切身感受才是。在主客共享美好生活的理念指导下，美团点评、字节跳动、快手等互联网和大数据基因的公司正在谋求对旅游业的战略进入。而谷歌、领英、INS 等国际互联网平台，凭借其庞大的用户数据以及对消费市场的洞察力，要进入旅游目的地全球营销、广告创意和商业咨询等细分领域，也并不是件是困难的事情。

大数据将重构文化资源和旅游市场，一个“数字旅游”的时代正在来临。我们已经从理论上说明了文化建设和旅游发展，都是为了满足人民美好生活的需要，也确定了“宜融则融、能融尽融；以文促旅，以旅彰文”的指导思想和规划思路。随着更多文化消费、文化公共服务、文化遗产、文化产业数据的公布，已经完成了市场化进程的旅游业与文化事业、文化产业必将进入一个加速融合的进程。8 月 1 日，中国旅游研究院（文化和旅游部数据中心）首次发布了国民文化消费报告，发现了民众对文化的消费诉求已经超过了对物质的消费诉求，发现了愿意对文化需求付费的比例在增长，但是尚未形成有效的文化消费市场和现代文化产业。连续四十多个季度对旅游经济运行体系的监测，以及对全国游客满意度的调查表明：传统的自然资源和历史人文资源仍然是游客的刚性需求，但是已经成为保健因素而非激励因素。也就是没有这些资源和景区不行，但是只有这些资源已经不能再有效提升游客的满意度了。从供给侧看，传统的旅游资源、资本和技术要素边际报酬率已经处于衰减期，急需要加强数字化转型。“十四五”文化和旅游融合发展规模要重点研究如何用好公共文化的存量资源和旅游市场的增量投资，在主客共享美好生活的理论指导下，让老百姓有得游、游得起、玩得开心，推动旅游产业走向高质量可持续发展的新阶段。

大数据基础建设和市场应用将从激情走向理性。随着5G的商用进程的加快，万物互联的时代开始到来，更大的市场、更多的数据将为现实。行政、市场和消费主体对大数据肯定会更加重视，与此同时，对数据的迷思也将会随之破除。在概念处于理论研究和学术探讨的阶段，其受众和影响力有限。随着大众化传播，概念进入市场导入期，投资和研发活跃，商业和行政力量加速聚集，会让身处其中者陷入迷思状态，甚至言必称大数据。概念得到普及并受公众所接受以后，大数据的应用将会更理性，更加重视平台、团队、技术、专利等基础工作，更加强调对宏观决策和市场主体的应用价值。高校和企业随便挂个牌子，一夜之间就成了旅游大数据中心，就以“白皮书”“蓝皮书”的名义发报告的时代，已经成为过去。国家、地方和旅游企业对数据越是重视，我们越是要以理性务实的心态做好黄仁宇先生所说的“数目字”管理工作。无论是顶层设计，还是基础工作，都需要有智慧和耐心，专业团队的培养和知识合作网络的构建决不是“毕其功于一役”的事情。

大数据将成为市场主体创业创新的现实主动能，市场主体将成为新时期数据伦理建设的关键角色。现在，政府部门、高校和科研院所、旅游集团都在成立自己的大数据中心，也在发布各种各样的数据。这是好事，说明大家重视，但是不能只是满足于发报告和抢话语权。如果不能为企业的投资、生产和管理带来切切实实的动力，旅游大数据是走不远的。杭州的深大智能、上海的创图、北京的旅图、大业漫奇妙等深耕文化和旅游领域的数据公司已经在内容创造、生活引领和产业赋能等方面做了大量卓有成效的工作。旅游集团二十强和旅行服务、旅游住宿、旅游购物、旅游娱乐等领域的传统业态也要跟上来，抢占数字旅游时代的数据制高点。与此同时，也要高度关注旅游大数据的产业安全和数据伦理问题。数据是国之公器，是旅游产业转型升级的关键共性技术，战略平台、核心技术与涉及消费、市场和投资的重大数据库，以及数据生产的主动权和数据传播的话语权，都必须掌握在我们自己手中，以保证其公益属性。针对已经出现的数据垄断、信息孤岛、消费隐私泄露等数据伦理问题，有必要引起旅游行政主管部门和数据监管机构的高度重视，并拿出切实的措施引导市场主体践行社会责任。

越是科技进步，越是要强调和重视一线员工的价值。无论怎么强调科技和大数据在旅游产业中的重要性，都不要忘记人的连接是最好的旅行，服务永远都是旅游业的灵魂，也是经典价值之所在。随着技术的进步和文化的创新，导游、讲解员、演艺人员、厨师、餐厅服务员、派车驾驶员等一线员工的综合素质和专业能力，已经成为旅游质量这个木桶上最短的板子。我们可以在短期内抖红一个景区，甚至一座城市；可以坐在漫咖啡的落地窗前，在秋日的午后写好最动人的文案；可以使用人工智能跑出海量的数据，计算出 88 天环游世界的最优路线及其价格。那又如何？千里万里地到达地目的地，出了航站楼，一个黑着脸、只想着带你去购物店的导游，完全可以几秒钟之内就把你对“诗与远方”的美好想象打回原形。经历了资本的攻城略地和技术的高歌猛进之后，是认真审视旅游业底层器件，并给予应有的专业价值和职业尊严的时候了。

从“中国服务”到“工匠精神”，倡导了这么些年，效果如何呢？在科技进步日新月异、公共文化投入越来越大、创业照耀旅游星空、政府对市场秩序空前重视的今天，5A级景区、五星级酒店、上市公司、在线旅行商、民宿、购物店等不同类型市场主体负面舆情不断，天价鱼、宠物蚊子、雪乡事件、境外安全事故等各地旅游形象一再被黑，说明什么？说明旅游服务质量的最后一公里没有打通。“工匠”都没有呢，又哪里来什么“精神”。工匠靠学校教育和企业培训，更要靠制度保障。经常会听业界朋友说过去，三四十年前的导游和服务如何如何，不由得生出今不如昔之感来。从宏观层面做理性研判，个案是没有意义的，你可以举出若干今不如昔的例子，他也可以说出更多今胜于昔的场景。更重要的是对现象的解释，是要找出中国服务和工匠精神背后的驱动因素并培育之、优化之。工匠也是人啊！是和企业家、科学家、管理者一样追求美好生活的人，同样需要工资、奖励、福利和人力资源激励措施。过去二十年，伴随着国民旅游市场的高速增长，资本、土地、技术等要素报酬率随之水涨船高，一线员工的综合收入和获得感却没有相应增长。从这个意义上讲，旅游供给侧改革不仅要改发展方式，更要改分配方式。

主客共享的美好生活、广泛的技术应用、人力资源的持续提升、兼顾效率与公平的分配制度，是旅游业高质量发展的速度与激情，也是旅游供给改革的理性支撑。旅游统计和数据工作者团结起来，为小康社会旅游梦而努力奋斗！

2019年8月27日
首届中国（重庆）智慧文旅高峰论坛
2019重庆文旅大数据发布会

智慧旅游再回首，为何与如何

同志们，朋友们，

自2010年原国家旅游局正式提出并启动试点以来，智慧旅游（Smart Tourism）很快就已经成为政产学研的显话题。经过八年的试点和探索，智慧旅游在基础设施建设、行业管理体系创新、对外和对港澳台合作、游客满意度提升，特别是在市场主体建设和消费场景应用方面均取得了长足进展和显著效果。从会议材料和典型景区、典型城市的发展材料来看，河南省在智慧旅游和大数据建设方面，更是形成了一批可总结、可复制和可推广的经验，着实可喜可贺。

在看到成就和总结经验的同时，我们也要回首看看来时的路，复盘下过的棋，才能避免重复失误，才能更好地谋划未来。

不得不承认，由于缺乏理论支撑和宏观引导，智慧旅游在地方探索和产业实践中走了不少弯路。有的地方和企业看不到广大游客既要美丽风景，也要美好生活的现实需求，把精力过于集中到传统景区的地理信息采集、扫码入园、游迹跟踪上，指挥部的监视屏越来越大，清晰度甚至高达军用级，而游客关心的客源地大交通、目的地小交通、旅游住宿、餐饮、娱乐和购物等消费信息却很难查到。这样的智慧旅游政务除了节假日领导来视察点赞、登报纸、上电视外，对产业发展、服务和监督真的有益吗？很多时候就没有算过成本，就没有效能提升的概念。有的地方一说旅游公共服务，就马上想到开工上项目，却很少想到今天的旅游目的地已经不再是封闭的世界，而是开放的体系，是主客共享的美好生活空间。有的地方想用一部手机解决所有的旅游问题，以为有了线上流量就可以构建起闭环运营的商业生态圈，沿用的却是“省—市—县—景区”行政思维。在城市越来越成为独立目的地今天，在游客需求快速迭代的当下，无论是权力的傲慢，还是资本和技术的自以为是，都是要不得的。

不得不承认，在大干、快上、一哄而上的氛围中，智慧旅游领域开始变得心浮气躁，满眼都是技巧，真正的智慧几乎没有容身之处。现在的企业、高校、研究机构和地方政府都在忙于建设旅游智库、数据中心、实验室。名头起得越来越大，省市冠名都觉得小了，动不动就“中国”“一带一路”“世界”。四五个人，三两条枪，没开张两天，就忙于发各种各样的数据报告和研究成果。问题是调查样本、数据来源、生产过程经得起检验吗？发布流程经过审批吗？我看还是静下心来，把数据基础建设好方是正道。搞智慧旅游，自己都没有大智慧，搞旅游大数据，自己心里都没有数，哪行啊！长此以往，难免把自己和产业都弄得心浮气躁的。须知，不是哪个地方盖个庙，写上“少林寺”三个字，你就是武林圣地了。更不是城东村子里挂个延禧宫的门牌号码，你就真成了贵妃娘娘。如果对市场没有敬畏之心，对游客没有善待之意，智慧旅游很可能就会成沉香手串、文玩核桃、国学仁波切之类的安利消遣品，不可不察也。

不得不承认，在市场发育尚不完善、人力资源规模尚不足够、格局和视野尚不够开阔的时代，智慧旅游的热情与理想还缺乏与之匹配工具理性和底层器件。一说智慧旅游，也不管国情、区情和旅情，不管所在机构的人力资源是否匹配，就直奔高科技、新科技去了。一说搞规划就是请世界一流、国内一流的专家学者，且不说“一流”有无公认的定义，就是有，也要考虑对本地的了解程度及其能够付出的时间和精力。一说科技应用就是越高越好，越新越好。从酒店的机器人送餐到 OTA 的机器人客服，从无人商店到无人驾驶，从智能翻译到智能解说，甚至远程医疗，人工智能对旅行消费场景的渗透似乎变得无孔不入。经常会听到有人演讲或者朋友圈告诫我们，某个行业未来会有 40% 的工作会被机器替代，某个行来可能很快就要消失了。说实话，我不知道未来有多远，也不知道很快有多快。但是我知道经济学凯恩斯的那句话，从长期来看我们都会死去。我更知道当下可以看到的未来，如果没有导游、讲解员、餐厅服务员、保洁员、快递小哥等一线员工的高标准和人性化的服务，就无法解决品质旅游的“最后一公里”。

新时期的智慧旅游应当时刻牢记以人民为中心的发展理念，努力实现“更多国民参与、更高品质分享”美丽中国旅游梦。思想是行动的先导，理论是实践的指南。习近平中国特色社会主义思想，特别是总书记关于文化和旅游融合发展的重要论述，是当代旅游发展理论建设的思想源泉和创新导向。始终坚持“有得游、游得起、游得放心”的发展方向，深入贯彻“能融尽融、宜融则融；以文促旅，以旅彰文”的工作思路，牢固坚守意识形态和安全生产两条底线，是落实以人民为中心的旅游发展理念的具体要求。由是出发，各级旅游行政主管部门的管理创新和企事业单位的市场创新，都必须把广大人民群众是否更加广泛、更为有效地参与到旅游进程，作为检验智慧旅游这趟高速列车是否在正确轨道上行驶的唯一标准。包括智慧旅游在内，旅游行政管理部门的一切工作都是为了让广大游客有满意感，让市场主体有公平感，让社区居民有获得感。

新时期的智慧旅游应当建立旅游服务质量和发展水平的监测评价体系，为政府的宏观调控和微观监管提供必要的数据支撑。无论是旅游供给侧改革，还是高质量发展，都会涉及“现在哪里？要去哪里？还有多远？”等问题的回答。具体到现实中就是要游客满意度是多少？公共服务效能有多高？旅游对国民经济和社会就业的综合贡献有多大？我们不能总是用“游人如织”“纷纷点赞”这样的新闻语言，而是要学会用数据说话。这就会涉及发展理论建构、统计指标体系、数据采集、清洗、生产和发布等各个环节。在数据方面，我们在关注互联网上的意见与建议的同时，千万不能忘记那些没有机会，甚至是没有能力在互联网上表达的游客、员工和居民的声音。所谓的意见领袖、网红专家和流量平台真的能够代表大众旅游者吗？未必。话语权也是一种权力，谁也无法保证那些从边缘走到中心的话语者，一旦拥有了某种程度的影响力，就一定会为了国民旅游权利的最大公约数而代言。从这个意义上说，大数据是旅游发展的新动能，需要培育；也是旅游领域的公权力，需要约束。

新时期的智慧旅游和大数据，主动牢固树立为市场主体服务的意识，持续增强赋能商业实践的能力。只有经过市场检验的科研成果，真正为商业模式赋予新动能的大数据，才能为游客带来真正的智慧。这并不是件容易的事情，首先要有专业、精干和高效的人力资源团队，毕竟“生产—标签—应用”的每个环节都要有经验的团队负责。要有针对特定任务的专题研究、时间表和路线图，还要有试错容错机制，以及长期经验的积淀。智慧旅游离不开移动通信、互联网、物联网、大数据、人工智能等科技应用，包括区块链在内的新概念和新技术，都不能视而不见，但是也不能盲目跟风炒作。科技之上是人文，是游客的现实需求及其潜在需求的合意引导，是工程设计人员对底层器件的精度和效度殚精竭虑的追求。

新时期的智慧旅游需要更加充分地发挥市场主体的积极性，改革现行教育培训体系，不断提升从业人员的综合素质和专业能力。从普遍的意义上说，现在旅游业最为短缺的不是什么顶层设计，也不是什么新技术，更不是贩卖焦虑的概念炒作，而是现代服务业所必需的管理制度、服务流程与标准化，特别是具有认同感和工匠精神的员工。正是在这一背景下，国务院近期颁发了《国家职业教育改革实施方案》。从 2019 年开始，在职业院校、应用型本科高校启动“学历证书 + 若干职业技能等级证书”试点工作。希望教育家和教员不要整天东张西望的，动不动就想着培养这个“领袖”，那个“精英”，总想着专升本、本申博，而是低下头来看看行业需要什么，静下心来想想培养对象学到了什么。希望社会和行业培训机构更多面向基层，面向一线，下大力气研发一批像携程定制旅游培训那样的十分钟“金课”，而是山寨什么“某某大学某某学院”，随意推出心灵鸡汤的水课。不客气地讲，现在旅游业最稀缺的不是“双一流”“985”，而是“蓝翔技校”。没有这样一批对旅游业高度认同的高级蓝领，智慧旅游就是有了万物互联和人工智能的光环加持，也终将落得个种瓜得豆的下场。毕竟，我们可以在网上收集目的地信息，也可以在网上预订航班、酒店、餐饮，可是总不能在网上住酒店、吃早餐吧。

人间正道是沧桑。智慧旅游不可能喊几句口号、敲锣打鼓就可以实现，还是静下心来，多做些笨功夫得好。

2019 年 2 月 28 日

河南省智慧文旅大会

文化和旅游统计工作新形势与数据建设新任务

同志们：

2015 年数据中心成立以来，在原国家旅游局、文化和旅游部党组的统一部署和坚强领导下，在机关司室、直属单位和全系统的大力支持下，基本实现了平台、队伍、网络等基础模块和采集、生产、发布等必要环节的预期目标。数据中心各分中心、专项基地、专题实验室和观测站形成了相对稳定的工作机制，取得了明显的工作成就。从 4 月 23 日在京召开的数据建设工作会和各地汇总情况来看，文化和旅游统计研究、数据分析条线的同志们积极担当、主动作为，不断夯实旅游市场、旅游产业、文化事业、文化产业等统计基础，发布了一批资政建言、服务产业发展和引导社情舆论的文化和旅游数据成果。地方旅游部门在统计体系改革、大数据建设与应用、统计理论研究及人才队伍建设等方面也开展了富有成效的工作。我代表中国旅游研究院，代表文化和旅游部数据中心，向所有为旅游统计理论建设和数据分析工作付出才情、努力和坚守的同志们，致以深深的敬意！

在文化和旅游融合发展的新时代，研究院、数据中心和地方、企事业单位的统计研究和数据分析工作将面临前所未有的历史机遇，也面临前所未有的复杂形势和前所未有的社会责任。与新时代的要求相比，与系统、产业发展和社会期待相比，我们的工作还有很大的努力空间。下面我就文化和旅游统计与数据分析的指导思想、目标任务和专业能力建设谈几点看法，供同志们参考。

一、指导思想：话语千言不如数据一组

旅游经济运行需要对消费、投资、就业、价格、国际收支、游客满意等指标进行定期采集、监测和分析，无论是宏观调控、行政监管，还是微观创新，都离不开相应的数据支撑。文化产业同样需要数据，而公共文化的可研分析、投资预算、服务效能评价也得靠数据说话。政府给的，是不是居民和游客所需要的？人民群众的参与感、获得感和满意度如何？不能总是说“观众纷纷点赞”“爆发式增长”“排浪式消费”这样的新闻语言和“取得良好效果”“一大、二好、三强”“提高摆位、强力推进”之类的报告体语言。我们做决策、摸情况和评价工作，往往是话语千言，不如数据一组。我曾经说过这样一句便于理解的话：文化事业、文化产业和旅游业都是为了人民美好生活服务的，两者之间仅隔着一组大数据的距离。当前需要什么样的数据和哪些类型的数据呢？领导和同志们可能觉得数据越多越好，类型越丰富越好，最好有一个取之不竭、用之不尽的数据池。事实上，由于资金预算、人力资源、组织体系和数据技术方面的限制，这只是美好的愿望罢了。还是坚持问题导向、急用先建的原则为好，不必追求贪大求全。从国家层面来看，三大旅游市场和产业运行监测、公共文化服务

效能评价是数据建设的重点方向，也是全局的和长期的任务。冰雪旅游、避暑旅游、亲子旅游、夜间旅游、无障碍旅游等新需求数据，也是我们重点关注的对象。五一、国庆、春节等节假日的文化和旅游数据，政府重视，社会关注度也高，要求有预测、有统计、有发布。这些总量和结构性的数据生产，既要做到及时，还要做到准确，并不是件容易的事情。

数据的生产和发布，得有助于文化和旅游市场主体把握全局，看清楚未来的趋势，得有助于文化和企业的产品研发和品质提升。旅游业高质量发展越来越需要文化支撑，文化事业和文化产业也需要旅游作为传播载体。我们需要了解文化产业、文化事业的供给存量，需要了解旅游市场规模、消费结构和满意度评价，需要了解两者的融合点在哪里，以及谁来融合、怎么融合？这些数据诉求是国家需要，也是人民期待，条线的同志们要从学理、学术和技术等不同层面予以回答。受大众创业、万众创新的影响，市场主体发展很快，在发展理念、国际视野、资源配置等方面对政府的依赖性已经不像过去那么强了。政府又要“放管服”，如果连数据都不掌握，失去了信息优势，只剩了舞刀弄枪的执法监管，我们将如何有效指导市场主体的可持续发展？目前，文化统计数据主要是供给侧为主，生产周期长，系统使用多；旅游统计数据主要以需求侧为主，生产周期短，社会关注度高。将来，文化统计数据也要关注需求侧，旅游统计数据也要更加重视供给侧。统计创新和大数据应用，完全有可能成为文化和旅游融合发展的新动能。进一步完善文化消费和旅游市场的统计指标体系，进一步优化数据采集、清洗、生产、合成和发布流程，进一步响应政府决策、社会评价和产业高质量发展的需要，加强非法定数据生产，是文化和旅游统计的新形势和新任务。

二、队伍建设：欲戴王冠，必承其重

科学的统计工作和专业的数据分析，是掌握文化消费和旅游经济运行内在规律的基本保障。过去部门、系统和行业统计体系不健全，政府机构和专家学者只能依靠层层报送的统计数据和主观经验做判断。在特定的历史时期，这么做有一定的作用，或者说也只能这么做，“不拍我的脑袋，拍你的脑袋啊？至少我的脑袋比你的大，知道的事情比你多”。搞市场、搞产业、建立现代治理体系，就不行了，就得有黄仁宇先生说的“数目字管理”。越是规模大、结构复杂、相互关联的“数目字”，越需要掌握现代统计学理论和大数据分析能力。现在有部分专家学者和实际工作的同志，还没有走出传统经验和习惯做法，看不起专业团队搞的大数据和统计建模。觉得折腾半天，得到的结论与经验判断差不多嘛，如果差得多呢，就想当然觉得别人错了。想当然的经验判断不一定是错的，但肯定不是全部的真相。在实际工作中，更不能再做“差不多”先生了，差之毫厘，谬之千里的错误不能一犯再犯。也许你可以凭借多年从业经验和蛛丝马迹的市场信息，判断某个时间段出入境旅游市场和服务贸易收支是收缩还是扩张，但是没有科学的统计工具、大数据方法和政策仿真模型，是不可能知道具体幅度的。如果上级追问是汇率、利率、促销、签证、免退税等具体因素及其影响程度，估计只能瞠目结舌了。不管是宏观决策，还是微观创新，一旦进入了技术作业层面，就必须依靠严谨的统计体系和科学的数据分析。对此，我们要有高度的理论自信和专业自信，不能风来雨去就站不稳脚跟。

数据是国之公器，是文化事业、文化产业和旅游业高质量发展底层器件和关键支撑。对数据要心存敬畏，不能马马虎虎生产，不能随随便便滥用。新时期文化和旅游数据工作复杂多样，不是喊几句口号，敲锣打鼓就能实现的，还是要静下心来，扑下身子，多下几分功夫。现在高校和研究机构争相建旅游智库、大数据中心，我不反对，但不要老想着走捷径，得扎扎实实地把基础工作做好。大数据不能代替传统统计，也不能什么都搞成全样本数据，相互校验，相互补充才是正解。统计工作和数据分析条线的同志们，务必要坚守科学生产和理性发布的底线，从严规范数据生产流程，从严要求数据发布制度。

要注意引导公众理性而非情绪化、系统而非碎片化地看待统计数据。专业机构和专业群体要有自己的主见，不能听风就是雨，被非专业的噪声牵着鼻子走。按照科学、理性、匹配、可操作的工具生产和发布的数据结果，一定能经得起时间的检验。实际工作当中，我们生产、发布、传播文化和旅游统计数据、专业领域的研究成果，要面对多元诉求群体。这些人中间有经过学术训练的博士和经济学者，有居于庙堂之高的一言九鼎者，也有高中毕业就参加工作的老同志，还有身处江湖之远的风闻言事者。有人由于对文化和旅游的定义、内涵、外延理解不清，对数据统计的标准、规则不了解，对统计数据结果认识不同，出现了少量的质疑。我们欢迎一切理性的批评和建设性的意见与建议，但是反对情绪化的表达，尤其是哗众取宠式的为批评而批评，和博眼球蹭热度的自私做法。有些问题不是统计工作者没想到，而是解决的时机或者解决的条件没有达到，有的则需要时间与各方沟通与协调，对一些问题只能暂时搁置。为此，也要向社会和公众大众普及数据生产标准和发布流程，耐心细致地做好解释、宣传和教育工作。

数据生产出来以后，还有一个言说的问题。不能因为我们是搞数据的，就不注意文采，更不能动不动往外蹦专业名词，甚至是外文术语。数据是为决策服务的，拒人于千里之外怎么行？前段时间，天文学界发布黑洞的照片，硬是将之科普成为一次公共传播事件。当年爱因斯坦和卓别林的对话很有意思，“您的喜剧全世界都看得懂，每个人都知道您”“您的相对论全世界没有几个人懂，每个人也知道您”。搞专业的机构和专业人员一定要学会与社会沟通，与公众对话，千万不能自己把自己架起来了。

三、理论建设：万丈高楼平地起

加强文化和旅游统计基础理论建设，稳步推进文化和旅游数据工作的精准化水平。没有实践基础的理论是空洞的理论，没有理论指导的实践是盲目的实践。“文化 +”和“旅游 +”，文化统计和旅游统计，都需要理论探索和理念引领，以及扎实可靠的实践作支撑。如果文化和旅游统计的学理基础搭建不起来，只是依靠单纯的问题导向去制定标准、生产数据，时间长了，就会让我们陷于疲于应付，甚至是抱薪救火的局面。统计调查所、数据分析所、旅游经济文化和旅游实验室、数据中心合作网络和全条线的同志们，都要树立这个意识。在实际工作中使用稳定可靠的数据来源，使用与目标相匹配的分析工具，注重交叉核验和科学研判。希望同志们主动承担起理论建设的任务，立足于特定的细分领域，从理论上把文化和旅游统计的内涵、外延、要点和过程说清楚，把大数据分析模型和应用模式说清楚，还要把统计学、计量经济学、政策仿真、大数据在文化和旅游市场中的应用模式、标准、算法说清楚，争取年内形成相应的学术成果和理论储备。

加强文化和旅游统计的政策法规研究，稳步提升文化和旅游领域依法治统、依规出数的工作基础。争取在国家统计局、文化和旅游部重新修订《旅游统计调查制度》时，加入旅游业综合贡献、游客满意度评价、公共服务效能评价等新型指标。现在文化和旅游统计还是分开进行的，旅游统计也是由数据、信息、资源、产业、监管、执法等不同司处分头生产的，是否需要一套共同的工作体系？如何共商共建共享数据？希望能够在文化和旅游部统计工作主管司室的领导下，编写、发布和推广“一体系，两手册”，即《文化和旅游统计指标体系》《文化和旅游统计工作手册》和《文化和旅游综合贡献测算手册》，构建共同认可的专业话语体系。研究大数据科学算法，从市场规模、旅游消费、旅游经济贡献、专项市场特征等方面对全局性指标进行量化处理。面对越来越多元的数据需求，要从需求侧入手，兼顾供给侧，定期、经常性地对文化消费和旅游市场情况进行监测和分析。

加强文化和旅游统计的平台建设和技术革新，持续提升数据生产的及时性、有效性和专业性。目前旅游统计核算体系以《旅游统计调查制度》为依据，以抽样调查和企业报表为主体，以综合测算为补充。每年旅游统计公报的数据来源，是通过统计局的国内旅游抽样调查、移民局的入出境基础数据综合测算，形成旅游市场数据；通过旅游特征企业报表获得的基础数据，通过旅游卫星账户（TSA）和投入产出法（I–O），测算旅游综合贡献。近年来，中国旅游研究院（文化和旅游部数据中心）与合作伙伴一起，研制了基于手机信令大数据挖掘的特定算法，通过接入中国电信和银联商务等涉旅大数据，及时测算和分析专项旅游市场规模和特征，填补了传统旅游统计体系的空白。我们还建设了新媒体数据监测与采集平台、旅游数据采集与监测系统网络，取得了一项国家专利和十四项计算机软件著作权登记证书，形成了以自主调查平台数据为支撑的旅游统计和数据分析体系，基本能够支撑季度性的旅游经济运行分析和领导交办的专项工作。

加强文化和旅游统计的人才培养工作，不断夯实数据分析工作的人力资源基础。科学有效的统计数据不可能靠投机取巧、穿靴戴帽、贴标研发忽悠出来，必须依靠优秀人才和专业团队以钉钉子的精神，凭实力实现的。我们做文化和旅游数据建设工作，不仅要注重技术攻坚，更要注重培养专业人才，提升文化和旅游领域的统计和数据分析人才队伍建设。专业人才就要具备专业能力，不能做一知半解的“野狐禅”，也不做大而概知的“猢狲脸”，要做真正的专家学者，要成为本领域的行家里手。人才培养可能采取外部引进、内部培养、业务外包等多种方式，但是从研究院过去十年的人才培养经验来看，真正靠得住、用得上的人才还是需要自己培养。让年轻的专业人才在实践中强化理论素养，在应用中增强专业能力，而不是只会纸上谈兵的赵括和失了街亭的马谡。文化和旅游数据理论建设、分析和应用，特别是专题研究的文本撰写，不能仅仅依靠个人的智慧和才情，而是要靠集体研讨、集体智慧和集体的经验，得手把手地培养年轻人。没有数据基础，做不了实践和应用研究，年轻人成长不起来。没有专业的人才和强有力的专业人才团队，“景观之上是生活”“旅游目的地是主客共享的美好生活空间”“既要美丽风景，也要美好生活”等创新观点，也不会被提出，更不会产生重大的社会影响力。

四、数据生产：零敲牛皮糖，积小胜为大胜

当前文化和旅游数据建设有好大喜功的倾向，领导要政绩、商家要业绩，什么都要大干快上，都是“一万年太久，只争朝夕”，很容易让一线的同志们失去定力。文化和旅游统计工作和数据建设先做什么、后做什么，以及怎么做，要建立一套稳定的、常态化数据建设工作机制，不能想一出就是一出。研究院（数据中心）根据部党组的统一要求，立足文化和旅游行业发展面临的重点、难点和热点问题，按照月度、季度、年度推进文化旅游经济运行监测、三大市场运行分析、假日旅游统计、旅游服务质量等常态化研究工作。围绕游客消费意愿、企业家经营信心、旅游市场服务质量、旅游产业发展景气等指标，建立了十余年的连续数据，也建立了面向机关各司室的旅游大数据 APP，连续出版双月刊的内部刊物《中国旅

游大数据》。尽管如此，我还是觉得基础不够扎实，不敢轻言新领域、新平台和新成果。

高校和研究机构是数据中心合作网络建设可以依靠的力量，但是决不能一包了之。学者和知识分子若心浮气躁，数据来源、数据生产过程都无法经得起严格推敲，弄几台电脑，挂个显示屏，放个 DEMO，就敢叫文化和旅游大数据中心、智慧文旅实验室什么的，甚至还加上中国、国际之类的前缀。拙诚胜于机巧，文化和旅游数据建设没有捷径，应坚持问题导向，踏踏实实做好旅游数据基础建设、平台搭建和长期跟踪，做经得起考验的研究，把论文写在祖国的大地上，把数据建设务实地应用到文化事业、文化产业和旅游业的发展中。

以人民群众和市场主体关心的小问题入手，为缓解新时代文化和旅游市场主要矛盾提供数据支撑。抗美援朝五次战役后，毛主席定下了新的战略，不求一次歼敌一个师、一个团，就是一个连、一个排、一个班地打，“零敲牛皮糖”，最终逼得美国不得不在板门店签了停战协议。文化旅游融合研究和数据建设要关注游客、企业和基层关心的小问题，通过对自驾游、避暑旅游、冰雪旅游、家庭旅游、夜间旅游、海上丝绸之路旅游、旅游扶贫等领域进行持续跟踪和数据监测，建立的专项数据库发布系列数据报告，培育和引领旅游新业态健康发展。在文化和旅游融合领域，研究院（数据中心）依托上海创图设立了公共文化和休闲联合实验室。今年我们还与大业漫奇妙建立了亲子文旅实验室，小不小啊？小到几乎可以忽视。可是全国有多少学龄前儿童，哪个不关心下一代呢？所以这个切入口又很大。很多省委、市委的领导直接要的，也是要从小处着眼和入手。重视这样的小数据，深入挖掘持续研究，聚少成多，最终就会成大数据，取得大效果。我们更可以从微观层面入手，建立自主掌握的数据来源，哪怕把一个村子旅游统计问题搞清楚，把指标建立起来，再辅以公开的宏观数据，就能够把很多问题说清楚了。我始终认为，从小切口、小数据入手，构建文化和旅游融合的话语支撑点，稳步扩大战果。

五、无问西东，共建文化和旅游数据共同体

我们要坚持与旅游市场共同体和旅游学术共同体同行，在同行中服务，在服务中引领。在服务国家和政府的过程中，旅游统计条线的同志们要有专业意识，更要家国情怀。没有这个修养，遇到困难就要自视清高和自卑低微的两个极端摇摆。要时刻提醒自己：统计工作要为党组决策服务，数据建设要为市场主体服务。我们要研判企业的商业模式是否为“善”，是否顺应时代发展需要，是否遵循党和国家发展的大政方针，是否满足人们对美好生活的向往。对于“善”的企业，就敢于、善于用我们的专业身份为他们站台。市场主体也是文化和旅游重要的统计对象和数据来源，我们已与携程等九家企业成立联合实验室，开展数据交流、合作发布数据和专题报告。任何企业的数据都是局部样本的数据，不可能代替政府部门的公共数据。获取多维度的数据之后，必须根据统计学、经济学等理论基础，对数据进行清洗，搭建科学合理的模型框架进行分析，去粗取精，去伪存真，防止片面、局部的数据误导产业发展。

自 2017 年开始，数据中心经过对提出申请的单位进行调研审核，并报部领导批准，共设立了 27 家数据合作单位。包括福州、长春、重庆、山东、湖北、河南 6 个分中心，中卫、呼伦贝尔 2 个基地，携程、中国电信、银联商务、马蜂窝、景域集团、远海国际集团、北京大数据研究院、上海创图、精彩旅图 9 个联合实验室，以及阿尔山、巴马、千岛湖、淅川、延川、梁家河、沂南、麻阳、江湾、漠河 10 家观测站和若干家观察员单位。数据中心本部和合作网络成员单位主要负责人都是专业人士，做的是党和国家在文化和旅游领域的基础支撑工作，要正确看待个人的功名

利禄，为建设时代所需要的数据共同体而努力奋斗。

习近平总书记说，“我将无我，不负人民”。只要依法统计，科学生产，数据成果就站得住脚，党和政府就用得上。只要持续加强体系建设和人才培养，数据工作就经得起历史的检验，产业和社会就会满意。只要真心付出我们的才情、努力和坚守，无问西东，数据条线的同志们就无愧于时代，无愧于人民。

2019 年 7 月 2 日于北京
旅游数据与旅游统计人才能力提升高级研修班

2

学界声音

学术共同体
是旅游发展理论的建设者
旅游产业实践的思想者
对游客，对企业
总是在服务，常常是同行
偶尔是引领
合作互鉴，开放共融
方得万千气象。

读书人的样子

尊敬的徐虹书记、邱汉琴院长，老师们、同学们，

值此南开大学百年华诞和2019级新生开学典礼之际，能够获邀与未来国家旅业之精英相聚复康河畔，追忆廿余载似水年华，纵论不负时代不负旅，备感荣幸之至。南开大学是我国最早开办旅游管理本科专业和第一批学士、科学硕士、专业硕士和博士学位授权单位。多年以来，师生员工引领国家旅游教育创新和教学改革进程，科学研究、社会服务和文化创造成果丰硕，声誉远播海内外，实为国家旅游教育之重镇，亦为学术共同体之要地。同学们历经十余载寒窗而入师门，确是一生中值得自豪的高光时刻，谨致祝贺！

吾非本校正式注册学生，幸承安徽财贸学院与南开大学校际联合培养协议，于1996年到此攻读研究生学位课程，得遇良师益友，奠定一生学术基础、事业方向及人生气质。后由皖入京，由地方高校而国家旅游智库，三十功名，八千里路，得失寸心知，功过历史评。唯不敢忘记伯苓先

生“允公允能，日新月异”之校训，化而践行“理想、责任、坚守”，半生为国民旅游权利和产业发展质量而奔走呼号。今回母校，不敢言学问与功名，唯有一句“读书人的样子”，于同门共勉之。

文之大者，为国为民。南开学校由张伯苓先生创办于国家危难之际，发展于救亡图存之途，为国为民实为天然基因，并于1924年《南开大学发展方案》确定“知中国，服务中国”的办学原则。周恩来总理年少时就立志，“为中华之崛起而读书”。1934年华北运动会，南开同学奋然打出“还我河山”的条幅。西南联大学生张锡祜投笔从戎，致信校长父亲，“阵中无勇非孝也”，十二天后为国血染长空。更有物理、化学、经济、历史诸领域大家，都以“大道之公”胜“小私之我”，方有大学问、大境界。我们读书做学问，决不是为了个人的成名成家，更不是为了“朝为田舍郎，暮登天子堂”，而是以才情和努力让国民尽享美丽中国旅游梦，让国家旅游产业高质量发展。习近平总书记今年视察南开大学时亲切寄语：我们要把学习的具体目标与民族复兴的宏大目标结合起来，为之而奋斗。只有把小我融入大我，才会有海一样的胸怀，山一样的崇高。

天地君亲，师道尊严。这个夏天收捡旧物，重读当年手写的《旅游管理比较研究》课程论文和杜江教授的红笔批阅，不由感慨万千：从前的校园时光很是慢的，没有互联网，也没有咖啡馆，教员就是教书的范儿，学生就是学习的样儿。李天元教授的《旅游学原理》、林南枝教授的《旅游市场营销》、邹树梅教授的《旅游经济学》、齐善鸿教授的《饭店管理比较研究》、喻晓航老师的《管理学》等课程，特别是常去西北村请教的申葆嘉先生，“逻辑很重要”“从经济入，从文化出”等教诲言犹在耳，常念常新。位于七教的旅游学系拥有全国最好的专业文献库，同学们会想方设法与管理员老师套近乎，只是为了晚自习的阅读时间能够再延长会儿。常去阅读、抄写、复印的地方还有方圆大楼的经济学院图书分馆和马蹄湖畔的校图书馆。等到所有的馆室都闭门了，才会踏着如水的月光走回21斋。待同宿舍的人睡了，再打开小台灯整理一天的学习笔记，撰写总也写不完的课程论文。多想和同学们一起再读几年书，再听几节课啊！总觉得做教员，当身正为师，学高为范，决不可有猥琐失节之事；做学生，当尊师重长，悬梁刺股，除此而无它，更不可私议师长同窗之是非。言行一致，光明磊落，如同工人做工、农民种地、干部为公，都是自然而然的事情。

君子如玉，如切如磋。参天大树的长成需要阳光、雨露和土壤，需要一棵树去摇动另一棵。我们前行的道路上也需要越来越多的志同道合者，需要一个灵魂去撼动另一个灵魂。教学讲究有教无类和因材施教，交往的境界则在思想碰撞和润物无声。回首来时的路，我们该是多么感谢这座校园有如此众多的老师和同学，有如此不同专业、不同背景、不同学位层次的朋友。犹记经济学系研究制度的贾根良博士、研究企业的沈天鹰博士，我们会喝着啤酒聊科斯家的牛跑到诺斯家的地里该怎么样赔偿，用整个周末的时间去讨论工厂和商店等市场主体如何监督监督者，也会为陈寅恪先生的最后二十年和弘一法师的天心月圆而将栏杆拍遍。会与余书炜同学在《旅游学刊》上公开争论旅游学的概念及其展开；会去参加国内旅游交易会，欲索酒店、旅行社和景区的宣传册而不得；约上刘赵平同学难得有一个周末去看小百花越剧团的演出，花钱买了演员的定妆照挤上前去要签名，却被告知不是本主而施施然离开。很难说这些校园交往和日常互动的哪一个人、哪一件事，对于个人学术的哪个方面起了具体的作用。然而我知道，如果只是待在教室、图书馆和宿舍的话，面对繁荣增长的旅游产业，自己的文字应该会少些应有的实感与灵性吧。如果时光能倒流，我愿意和同学们一起花更多的时间参加校园活动，去问物理系的同学薛定谔教授的猫到底是死了，还是活着；去东艺楼感受寻常生活的诗意，或许刚好碰见范曾先生在作画，陈丹青先生在讲《局部》；去找历史系的博士们，虽不敢飙圈《史记》《左传》，一起侃侃《古文观止》还是可以的。

有理想、有良师、有益友，如是南开，吾今生忆之，愿永世延之。

谢谢！

2019 年 9 月 12 日

南开大学旅游与服务学院开学典礼

旅游学术共同体：进程、目标与任务

随着文化和旅游融合发展的深化与广化，政府对旅游教育和旅游科研的支持，业界对旅游教育和旅游科研的期待，都达到了新的高度。无论是中长期规划、年度工作计划，还是专项工作部署，都注重发挥学术研究和统计数据的基础支撑作用，都注意提升旅游学术机构的影响力和专家学者的话语权。文化和旅游部已经把旅游领域的课题研究纳入国家哲学社会科学基金艺术学资助范畴，支持中国旅游研究院继续办好旅游科学年会、旅游集团年会、旅游宏观决策课题立项和研究成果评奖工作。更加重视基础性工程建设，积极推动文旅智库、重点实验室和中央级科研事业单位建设。积极鼓励旅游学术共同体开展基础性、前沿性和对策性研究，重点开展文化和旅游融合发展、“十四五”旅游规划、旅游数据、全域旅游、高质量发展和当代旅游发展理论研究。继续执行旅游业青年人才和万名英才培养计划，在日常工作和专题调研中更是广开言路，不断培育旅游学术界的新空间、新动能和新主体。业界苦于职业技术人才和面向产业的研发成果之匮乏，更加直接地介入旅游教育教学过程，设立公共政策研究机构和产业研发中心，来自实业界和媒体的研究机构和专业人员已经成为旅游学术共同体的重要组成部分，在产业发展格局研判、投资策略和公共政策等方面积极发声，影响力日渐彰显。面对融合、转型与变革的伟大时代，我们需要反思历史，需要直面现实，更需要自觉肩负以人民为中心的旅游发展思想，坚持与实践同行，在服务和引领产业发展的历史进程中，把旅游学术共同体建设推向一个全新的高度。

一、文化和旅游融合发展是旅游理论建设和学术研究的时代背景，也是历史使命

改革开放四十年来，以南开大学为代表的旅游学术共同体为我国从旅游资源大国到旅游大国，再到旅游强国的发展进程提供了坚实的理论支撑和广泛的智力支持。李天元教授的《旅游学概论》对基本概念的梳理和基础理论的普及，杜江教授在旅行社产业创新和旅游企业跨国经营的实践推动，邱汉琴教授对旅游话语权的国际建构，齐善鸿教授对酒店服务标准化和管理现代化的行动研究，特别是申葆嘉教授“从经济入，从文化出”的学术观点，无不有力地推动了旅游理论创新和实践发展。一代又一代旅游学人的殚精竭虑，理应获得历史的记忆和后人的敬意。与此同时，受益于繁荣增长的产业实践，旅游教育和学术研究在政府决策、产业发展和国际交往中得到了较高的认可，实现了理论与实践的良性互动。如果没有国民旅游市场的持续繁荣，没有丰富多彩的产业实践，很难想象我们会提出“大众旅游”“景观之上是生活”“主客共享”“从美丽风景到美好生活”等与时俱进的创新观点。如果没有出境旅游人次和花费的高速增长，没有“ADS”“自由行”“旅游年”等双边和多边框架下的旅游交流合作与制度创新，如此众多的中国旅游学者在国际期刊发表论文，也同样是不可想象的。

一个值得关注的现象是，随着以国民消费为基础的大众旅游时代的到来，旅游学术研究的价值取向开始分化：高校更加强调所谓的学术范式、基金、人才和国际发表，以便看上去显得“科学 Style”，并在现有的学科评价和资源分配中获得更好的位势；专业研究机构和产业界则借助专题报告、会议演讲和互联网平台，广泛传播其源于实践、基于数据和应用导向的研究成果。更多的数据报告、评价榜单、虚拟平台和国际组织被创造出来，以求快速收获行业影响力和社会关注度。虽然从“老四所”到“新八所”，从“五星联盟”到“旅二代”，旅游的学术江湖此起彼伏，甚至连一个全国性的学会都没有，但是旅游学术共同体在过去十年里还是在健康有序地发育和成长。经由中国旅游协会教育分会、教育部旅游管理本科教育指导委员会、《旅游学刊》、中国旅游研究院学术委员会与外设研究机构，以及中国旅游科学年会、国家旅游局科研立项与学术成果评奖等平台，旅游学术共同体在价值取向、科研活动、文化生活和内在精神等方面，依照英国哲学家坡朗依在《科学的自治》中提出的“学术共同体”的内涵与特征，已经具有明显区别于本领域一般社会组织和社会群体的可辨识性。

与地理、经济、管理的传统学科相比，与文化、艺术、遗产保护等特色学科相比，旅游研究还是有待进入主流视野的新学科。从学科层次上看，在学位授予和人才培养学科目录中还不是一级学科，目前核心期刊仅有《旅游学刊》《旅游科学》少数几个学术阵地，不少“双一流”大学还不承认这个目录。博士点、博士后科研流动站和工作站也比较少，交叉研究特别是文化和旅游融合方面的研究还显得不足。旅游院校领导者和教授、博士为主的学术共同体因此普遍存在学科边缘化的焦虑。为化解这一焦虑，大家受路径依赖的影响倾向于将更多的学术资源导向科学层次提升这个指挥棒，而有意无意地忽略了旅游业发展的国家战略和行业需要。这个问题解决不好，旅游学术共同体就很可能会因为价值取向、研究范式和成果评价方面的根本分歧而走向分崩离析。

二、以人民为中心，推动旅游业高质量发展是学术共同体的初心所在和使命担当

我国旅游研究队伍是旅游业发展的重要力量。改革开放四十年来，与旅游业快速发展相适应，我国旅游研究机构和队伍得以持续增长和良性发展，在标志性成果、学术平台、人才队伍和应用推广等方面取得显著成就。据统计，我国共有 2600 余所院校设置了旅游管理相关专业，在校学生近 70 万人，形成了成人教育、中等和高等职业教育、本科生、硕士研究生、学术型和专业型博士、博士后科研流动站和工作站等完整的人才培养体系。中国旅游集团、华侨城集团、携程旅游集团、美团大众点评、人民网等大型企业相继设立了研究开发和公共研究机构，各类政产学研合作平台也在不断涌现。随着旅游业发展方式的转变，“大众创业，万众创新”深入推进，资本、技术、创意和人才成为当代旅游业主要推动力，来自体制外的旅游研究机构和专业人才队伍还将进一步增加。

今天的旅游业已经进入以国民消费为基础的大众旅游新时代，社会各界广泛参与的全域旅游新格局，文化和旅游融合发展的新阶段。旅游学术共同体需要面向教育教学和学科建设，以论文著作发表为己任的科学家；需要面向实践和服务产业，并提供现实解决方案的工程师；也需要服务国家需要和引领时代发展的战略学者。以科研院所和高等院校为主体，以民间智库和市场化研究力量为补充的旅游学术共同体，更加自觉地肩负历史使命，不断修炼自己的静、静二气，培本固元，在教学、科研、产业和公共政策等领域进行耐心细致的思想建设和理论创新工作。为此，有必要重新思考当代旅游发展的理念、目标和动能，以美好生活链接文化建设和旅

游发展，以大数据链接资源供给和市场需求，以充满生机的新型市场主体满足主客共享的美好生活需要。用文化的养分滋养旅游，丰富旅游的内涵，推动旅游的特色化、品质化和效益化。依托旅游的产业化、市场化手段丰富文化产品的供给类型和方式，进一步提升文化的吸引力、竞争力、影响力。

当代旅游发展理论和思想建设，必须也只能是以人民为中心，自觉服从和服务于国家旅游发展战略需要。无论是法语传统，还是德语传统，欧美发达国家的旅游学术研究都是在旅游产业发展到一定时候，社会分工比较完善的环境下，着眼于现象解释和理论建构。在上个世纪八十年代创汇导向的入境旅游发展阶段，我们学习洛桑、康奈尔、萨里和夏威夷，借鉴和吸收了世界旅游发展的理论和实践成果，初步构建了共同的知识谱系，如艾斯特定义、旅游目的地生命周期模型、凝视、体验等。进入新世纪以后，为了学科竞争的需要，投入了越来越多的学术资源以获得国家自然科学基金、国家社科基金、在国际C刊发论文，在满足了填表需要的同时，也存在片面追求所谓的理论自洽和学者自我精英化的倾向。历史一再证明，旅游学术研究不仅要有学理基础和研究范式，还要有立场、观点和价值取向，更要主动接受产业实践和社会实践的检验。哲学和社会科学的学术研究者、理论建设者得有自己的立场和态度，理想和价值观才是我们飞多高和走多远的最终决定力量。如果为学术而学术的思维定式不打破，旅游研究队伍的视野、格局和气度就不能从理论和实践两个方面切实推动文化和旅游融合发展，自身的成长也会受到极大的限制。只有与千千万万的游客和从业人员在一起，想国家之所想，急产业之急，以知识分子的才情和科学家的努力让国民大众享受美好的旅游生活，才能在科研实践中建设不负时代不负旅的发展理论。否则，再多的学术和行政头衔、再多的荣誉和称号，也终将为历史所忘却。

旅游学术共同体要多向文化领域的专家学者、文化名家、艺术大家和基层文化工作者学习，不断提高自身的综合素质和专业能力。国家和地方的旅游行政主管机构和市场主体都在深化融合，文化系统在了解旅游、研究旅游，旅游研究的学术机构也要努力向文化学习。客观地讲，无论是对戏曲、舞蹈、音乐、美术、文博等艺术表现形式，对党和国家的文化政策和文化自信的理解，还是对文化事业、文化产业的研究范式，许多研究人员都还了解不够。只有以高度的文化自信，秉承社会主义核心价值观，承载人类命运共同体的文化创造，旅游研究也才会真正做到“见物见人见未来”。要坚持围绕中心大局、服务大局，加强战略研究和顶层设计，破解发展难题。自觉将旅游研究与国家重大战略对接，找准旅游发展定位。在此过程中开展重点研究，形成重点成果，加强转化利用。

三、旅游学术共同体要自觉强化基础工程建设、青年人才培养，实现关键领域的重大突破

加强跨学科研究、复合型人才培养和数据、文献等科研基础工作，具有十分重要的现实意义。党的十八以来，中央就繁荣发展哲学社会科学、繁荣发展社会主义文艺、中华优秀传统文化传承发展、深化文化体制改革、推动文化大发展大繁荣、建设新时代中国特色文化软实力等一系列决定和意见，为新时期文化和旅游研究指明了方向。面向层出不穷的养老旅游、研学旅行、房车旅游、邮轮旅游、定制旅游、文化与时尚旅游新需求，特别是目的地生活方式的深度体验需求，面对资本、文化、科技和创业等旅游发展新动能，面对融合发展、全域旅游、高质量发展等新课题，我们要有理论探索的勇气，更要有学术话语的底气。底气从哪里来？从丰富的历史文献、档案资源、地方和企业发展案例中来，从旅游统计、大数据和实验室中来，从自主开发的学术推广和业界互动平台中来。文献、大

数据和推广平台不是什么新鲜事，但是真要做到自主性和有效性，并不是件容易的事情。不能搞花架子，要有耐心和积淀，经得起同行和时间的检验，能为决策机构和市场主体带来切实的效益，为产业融合发展提供全新动能。在建设思路上，要以问题为导向，形成切实可行的数据生产和文献支撑体系。在文化和旅游融合发展的进程中，充分依托已经形成的客源市场和产业基础，加强文化活动规律、文化资源开发和产业发展、文化工作的宏观和战略研究，在促进文化体制改革、丰富人民文化生活、构建社会主义核心价值体系和对外文化宣传战略体系中发挥更大的智库作用。

加强对旅游与文化融合发展的宏观政策和产业发展战略研究。学术共同体要主动提高政治意识，自觉肩负引领行业发展的责任。文化建设和旅游发展都是为了满足人民的美好生活，主客共享的美好生活已经成为旅游业高质量发展的新动能。文化和旅游既不是并列关系，也不是上下关系，而是共融共生的一体。随着大众消费的兴起和市场供给的多元，可能会出现去意识形态化的趋势，个别地方和一些项目为了经济效益而出现媚俗的低层次产品。在大众化和消费主义时代，旅游发展要不忘初心，牢记旅游发展的使命感，坚持文化自信，弘扬社会主义核心价值观。在文化和旅游研究的融合过程中，要始终围绕为国民大众谋求旅游和文化福祉，为百姓提供优秀的文化产品和服务以及优质的旅游产品和服务这个核心。要把历史文化和现代文明融入旅游发展研究中，使旅游学术共同体成为宣传中华文化和现代化建设的成就窗口，成为传播科学知识和先进文化的重要阵地。

文化和旅游部党组书记、部长雒树刚在中国旅游研究院调研时说：一群人、一件事、一辈子，为建设以人民为中心的当代旅游发展理论而努力奋斗，为资政建言、引导产业和讲好中国故事而努力工作。这是对中国旅游研究院全体干部职工的要求，也是向各分院、数据分中心、研究基地、旅游数据合作网络，以及全国旅游学术共同体提出的殷切希望。在习近平新时代中国特色社会主义思想指引下，文化和旅游系统坚持以人民为中心，统筹推进大众旅游新时代、全域旅游新格局和优质旅游新战略，开启旅游与文化融合发展、高质量发展的新时代。这个是主基调和大方向，旅游理论建设和学术研究不可能偏离这个主基调和大方向。当代旅游学术研究已经不再是书房中的顾影自怜，走进生动活泼的生活场景和日新月异的产业实践，真实触摸美丽中国旅游梦，才会有持续前行的力量和原创思想。旅游研究者需要走出图书馆和实验室，到现实生活中去，用学到的理论、知识、工具和方法，分析研究人民对美好旅游生活的现实需求，与行政主体、市场主体一道去切实增进国民大众的旅游和休闲获得感。只要坚持把论文写在旅游实践的大地上，理论建设、学术研究和学术共同体的成长就会有无限的成长空间和不绝的动力源泉。

2019 年 9 月 20 日

百年南开大讲坛（天津）

重归教员主体地位，重构旅游教育导向

自九年前辞任中瑞酒店管理学院院长，就没再系统谈论过高等教育的主题。这次专程来沪，因为王苗同志，因为她是我指导的博士生，更因为她对教学工作全心全意的投入。读了四年书，不是整天想着发C刊、拿基金、填表获名声，而是与万豪家族基金会和旅游职业院校、应用型高校的志同道合者矢志于产教融合，致力于教学水平的提升和学生的成长。在这个每个人都忙着发表的时代，还能如此坚持者，不多喽！作为一名至今有着大学校长梦想的国家旅游智库的领导者，掉几句书袋与大家共勉吧。

一、王谢堂前燕，飞入百姓家

对当前旅游业发展形势的把握，我们可以列出一堆数据，也可以说大众旅游、全域旅游、主客共享、文化和旅游融合发展等新词来。近期应邀为《前线》《人民论坛》《紫光阁》等理论刊物撰写评论文章，以及地方党委理论学习中心组授课，越来越感觉人民旅游权利意识的觉醒及其实现过程，是我们梳理历史的理论硬核，也是谋划未来的实践指针。

中华民族自古以来就有“读万卷书、行万里路”的传统，出国旅游尤为人民所向往。尽管我们可以从二十四史、诗词曲赋和明清小说找出帝王将相文人雅士的游历记载来，但是对于多数人而言，“诗是他们的，远方也是他们的，除了讨生活，我什么也没有”。真正近距离接触旅游、了解旅游，还是伴随改革开放而来的入境旅游。主要客源来自欧美日韩等发达国家和我国港澳台地区，无论是宏观经济背景、文化心理，还是消费能力，都远高于普通民众。如何服务好海外游客，以赚取宝贵的外汇，是国家旅游行政主管部门和教育科研机构亟须解决的现实问题。为了突破贫穷对我们想象力的限制，国家引进国际酒店品牌和旅游饭店星级评定标准，派出留学生和业务骨干“西天取经”。在解决行业人力资源不足问题的同时，也形成了南开大学、杭州大学、西北大学、北京第二外国语学院等本科院校，以及上海旅游高等专科学校、南京旅游职业学校等高职高专为代表的专业教育重镇，以及陈钢、庄玉海、余炳炎、邹益民等一批在理论和实践两个领域自如切换的专家学者。

1999 年国庆“黄金周”开始，国内旅游和出境旅游同时起步，国民逐渐成为旅游市场的主体，国民出游率的指标每五年增加 1 次。2009 年 12 月，国务院发布文件“把旅游业培育成为国民经济的战略性支柱产业和人民群众更加满意的现代服务业”。2016 年，总理在《政府工作报告》中明确提出“迎接大众旅游的新时代”。2017 年提出“全域旅游”，2018 年则把出境旅游人次列入民生部分加以表述。在国家机构改革的进程中，撤销文化部、国家旅游局，组建文化和旅游部，文旅融合一时成为热词。预计今年的国内旅游市场和旅游总收入将分别达到 60 亿人次和 5.5 万亿元，一个大众旅游、主客共享、文旅融合的新时代已经来临。伴随着过去二十年国民旅游的蓬勃发展进程，资本和技术也在推动旅游领域的创业创新，如家、七天等经济型酒店，携程、去哪儿等线上旅游代理商，海昌海洋公园、长隆野生动物园等本土主题公园，以及港中旅、华侨城、首旅、锦江、岭南等旅游集团，已经成为产业竞争力和社会影响力日益上升的市场主体。

大众旅游市场的持续发展和本土旅游企业的强势崛起，对旅游教育、科学研究和理论建设提出了新要求，也赋予了新动能。2008 年，在新组建的中国旅游研究院和全国学术共同体的共同努力下，国家旅游局决定启动省部级科研立项和评奖工作。加上中国旅游协会教育分会、教育部的旅游管理教学指导委员会、MTA 教指委等机构的协同努力，旅游教育应当迎来一个创新发展的新机遇。从可以填进各种评价表中的人才、奖项、基金、论文等科研成果，“双一流”“双万”“专升本”、精品课程、博士点等学科建设成就来看，似乎也颇有可圈可点之处。抚去繁华和炫丽的数据，我只看见学者的光环和学术的江湖，却听不见教员的声音和教育的理想；只看到一篇又一篇的论文、一本又一本的专著，却听不见导游、计调、外联、店长、经理和创业团队中旅游管理专业毕业生的声音；只看到高职中专技校对国赛、省赛中摆台等可以量化的“硬技术”的重视，却感觉不到教学团队对沟通、社交、态度、创造性思维等“软技能”的培养。直到，遇见你们。

二、业精于勤，行成于思

韩愈先生写在《进学解》的两句名言，是要学习者思考学习的意义和生活的方向，明确自己要什么，并为这个目标而持续精进自己的综合素质和专业能力，才能从必然王国走向自由王国。有了理想和责任，还得有担当的能力和长期的坚守，否则大学就会在社会互动和历史大潮的冲击下失去定力。这是我在高校二十年执教于一线和管理于高层的领悟。

现在的旅游管理、酒店管理、翻译导游等专业的培养方案和教学计划，虽然层次有所不同，在假设前提和培养目标上却是出奇地一致。我们一厢情愿地认为学生就像洛桑酒店管理学院那样，都是热爱本专业，将来也是愿意留在本领域发展的。殊不知欧美发达国家的职业院校是为酒店、酒庄、米其林餐厅等家族培养传承人，我们是要通过读书实现阶层流动的。因此，高考志愿是沿着双一流、985、211、一本、二本、民办独立学院、高职高专的选择梯次下来的，怎么可能会有自然的专业认同感呢？大学又怎么可能不将学生对行业认同感放在培养方案的基础位置，并在教学计划、课程和教材建设中置于基础地位呢？专业认同和职业规划缺位的情况下，教育机构又拼命拉升培养目标，专科要培养总经理，本科要培养企业家和创业者，研究生则要培养成名成家的院士、杰青、长江学者，都要做旅游领域的哈佛和中国的洛桑。事实上，3.9 万家旅行社、2 万家景区、数百万家旅游住宿机构，它们真正需要的却是有认同感、有情商并能够坚守的专业人士。在前期讨论和文稿写作的过程中，晋中学院的柴焰同志跟我说，人才培养方案的设置，不能只有知识、能力和素质的表述，更要注重对学生专业兴趣的培养、对行业发展的认可，以及未来的信心。之所以能有这个认识，应得益于她做过大学生村官，对国情有切实了解所至。

今天，无论旅游还是教育，都已经进入了权利普及的大众化时代，大学生早已经不是什么“天之骄子”，甚至也不是“社会精英”，而是经由 2~4 年的专业学习和生产实践，成为合格的公民，成为旅游业创新发展所需要的专业人士。虽然都曾经有过白马西风的公主梦和仗剑天涯的“中二病”，并为此而付出过全部的青春与才华，绝大多数的学生毕业多年以后，还是会活成油腻大叔和广场舞大妈。就是现在的“青椒”和“青稞”，都能成为全国优秀教师、长江学者和院士吗？多数人终其一生，可能都得不到教授的学衔。那么多的校园讲座都是 C 刊主编来说怎么发论文，科研基金、学科建设、教学成果评审领域有话语权和影响力的学术大牛来讲怎么拿项目，却没有人来讨论如何讲好一门课，如何指导学生在生产一线的实践，如何与业界同行互动。这不正常啊，同志们。无论是中国的书院、意大利的博洛尼亚大学、德国的洪堡大学，还是美国、日本、澳大利亚的现代大学，都是把人才培养放在科学研究和社会服务之前的。现在大学把科研和发展看得太重了，教员把成名成家和名利双收看得太重了。事实上，有些梦想是我们如何付出都无法实现的，有些目标是我们怎么努力都无法达到的。那又如何？吐槽或者不吐槽，生活都在继续，社会还是要发展的。还是要回到教学中心上来，回到生活本身上来，才能真正找回教员的主体意识、职业尊严和生活的快乐。

三、温而厉，威而不猛，恭而安

这是弟子对孔子的赞誉，也是孔子对自己和教员的要求。身正为师、学高为范，那是可以天、地、君、亲相并列的师者形象啊。大家都是在高校做教员的，教员是大学的教学主体，我们的一言一行，包括网上吐槽，聚会说段子，都会潜移默化地影响学生，影响旅游业者，不可不察也。

前段时间收拾旧物，打开二十多年前负笈南开时的读书笔记、课程论文和教授们的评阅意见。无论是洋洋洒洒数十万字的作业，还是百余字的评语，都是手写，区别只是墨水的颜色吧。那时大学很简单，没有本科教学评估，没有“双一流”“双万”“精品课程”计划，除了填写学生的成绩单，基本上也没有表要填写。没有动不动冠以“中国”的什么研究院，外出开会交流，填写登记表和通信录，就老老实实地写安徽财贸学院贸易经济系旅游管理教研室。平常的日子，就是一本书接着一本书读，一门课接着一门课教，一篇文章接一篇文章写。总觉得吧，农民种地、工人做工、教员教书，都是再自然不过的本分。至于多年以后能否像毛竹那样，前三年只长几厘米，之后六周就长到十几米去经风历雨，那是时代、人民和组织的事情了。

包括今天在座的各位同仁，全国有数万名旅游管理、酒店管理、导游、餐饮、礼仪的大中专院校的专业教员，绝大多数人终其一生，无非认真教书、认真备课、认真指导，做个学生认可、自己心安的教员。这就很好啊！教员的职责本就是好好教书，培养好学生的专业认同感，让他们成为现代社会的合格公民和旅游产业的专业人员，而不是千方百计地让自己成名成家。真想做研究或者经商办企业，就去科研机构，或者直接去创业就好了。又何必顶着大学教师的头衔，却成了各个场子蜻蜓点水的华威先生呢？作家张爱玲的一句“出名要趁早”，不知激励了多少人，也害了多少人。

如果要做科学研究和理论建设工作，也要走进丰富多彩的产业实践，和生产、经营、管理第一线的从业者在一起，与他们同行，为他们服务。自觉践行习近平总书记的要求，把论文写在祖国的大地上，把科研成果应用到经济建设的第一线。哪怕只是帮助一个村子、一间民宿，一个家庭因旅游而受益，也是极好的。只要我们发自内心地认同以人民为中心的旅游实践，自觉献身党的教育事业，尽心尽力地教好学生，心平气和地活得像个读书人的样子，就完全不必为那些除了编辑和作者就没几个读者看的所谓 C 刊论文而焦虑。

希望同志们退出职场的那一天，可以无愧也无悔告诉后人：那时我们年轻，我们平凡，也不富有，可是那些认真教书的日子，努力前行的样子，真的很美！

2019 年 7 月 18 日于上海
第六届教学研讨年会

旅游发展理论重构与学术共同体再定义

各位学界同仁，媒体朋友，

下午好！

谢谢大家听了两天的会议还坚持到这个时候。在全国旅游学术共同体、携程旅游集团、中国旅游集团的大力支持和共同努力下，第十一届中国旅游科学年会暨第二届旅游管理博士后论坛顺利完成了全部议程，即将胜利闭幕了。本次会议经文化和旅游部批准，得到了各司室和直属单位的大力支持，特别是党组书记、部长雒树刚的主旨讲话，深刻阐述了文化和旅游融合发展新时代的理论建设目标、任务和方法。各位代表做了富有学术洞察力和建设性的发言，深受启发。借此机会，循例放几幅图，与青年学者谈谈心吧。

伴随改革开放的伟大历史进程，我国旅游业也走过了可圈可点的四十年。从近几年陆续发表的回顾文章看，有政府视角，也有教育和研究的视角，总体上还是回应产业发展进程和个体叙事为主。值此大众旅游时代，只有将旅游科学研究和理论建设放在消费主体、市场主体和行政主体互动演化的大框架中，遵循历史进程与逻辑相统一，才可能把来时的路看得更清楚，才能在文化和旅游融合发展时代完善当代旅游发展理论。

不论是上个世纪后二十年政府主导、创汇导向，还是本世纪前二十年市场驱动、创新导向，旅游学术界在每个阶段都对产业实践提出的问题给予及时回应和系统解答。1987—1990 年，来自中国社会科学院、国务院发展研究中心、国家旅游局等机构的研究人员和业务骨干，在孙尚清先生牵头下，完成了 46 万字的专著《中国旅游经济研究》和专题研究报告《面对 21 世纪的选择：中国旅游发展战略》。这一重大国家课题的研究成果，为国家明确旅游业的性质、制定国家旅游的目标和战略奠定了理论基础，并为中央制定旅游发展战略提供了决策依据。包括旅游饭店星级评定标准的引进、研发与推广，饭店集团化，旅行社改制，旅游立法，大众旅游，全域旅游，游客满意论和旅游经济预警等，产业实践每一次重大创新都有旅游科研和理论工作者的努力付出。从服务国家旅游发展战略和产业创新的意义上说，旅游研究从未落后于实践，而是一直在与实践同行，并努力引领产业发展的前行方向。任何未经论证就脱口而出“旅游理论落后于实践”的判断，都不是科学的态度，更缺乏对历史的尊重。在历史和人民面前，旅游学者需要保持谦卑之心；直面时代的拷问和实践的出题，我们却也不必妄自菲薄。一代又一代旅游科研和教育工作者就是这么走过来的，他们的身影将会闪耀在历史的星空，他们的思想将为后人记忆和传诵。在此，我们要向申葆嘉教授、朱玉槐教授、张广瑞教授、郭来喜教授、魏小安教授、李天元教授、杜江教授、谢彦君教授、保继刚教授等几代旅游学人在科学研究、人才培养、社会服务和资政建言所做出卓越贡献，致以深深的敬意！

回头看四十年所走过的路程，特别是理论与实践的关系，汤因比意义上的“挑战—回应”脉络清晰可见。开始是入境旅游的卖方市场，为了响应国家的创汇战略，我们到处找资源。当然，主要是山山水水的自然资源和历史社会和文化资源，还能弄出个旅游资源分类和评价体系出来，也是够难为大家的了。后来转入买方市场，我们又去做国别研究、消费者行为研究和购物、签证、航权等消费政策研究。再后来国民旅游兴起了，我们研究假日制度、立法与规制、创业创新等。与此同时，有的学者开始贴标签、做规划、开公司，直接介入旅游产业实践，形成了若干“场子”里叫座的作品。更多的学者或者自觉，或者被动地回归体制内的高校评价机制，追求更多的论文发表和学术声誉，积淀了一批“圈子”里叫好的成果。围绕政府需求的资政建言，加上走向市场的商业研究和复归象牙塔的理论研究，共同构成了当代旅游研究的学术图谱。

在新的历史时期，没人给我们出题目了，甚至在众声喧哗的自媒体圈子里，也没有清晰可见的评价体系了。而是需要自我设问“旅游发展为什么”“旅游发展依靠什么”“旅游发展要做什么”。说实话，仅仅是提出这些设问就需要巨大的理论勇气和思想力量。因为在回答的过程中很可能会导向柏拉图的“哲学家—王”的古典范式，也很容易让学者和知识分子陷入二律背反的思想痛苦。纯粹的哲学世界可能在我们还没有走出应用研究、理论研究和哲学研究的丛林时，就已经建构完成了。随着秦始皇的一统天下和汉武帝“罢黜百家，独尊儒术”，孔子周游列国，梁惠王、齐宣王问政于孟子的故事，早已经成为历史的绝唱。从“天地君亲师”到“太子太傅”，再到旧时官衙的“师爷”“门客”，中国历史上就没有柏拉图范式的容身之地。崔健和罗大佑都成了怀旧的对象，“为中华之崛起而读书”的大学生开始从“夸夸群”中寻找安慰与温暖了，旅游学术共同体又将怎样从产业互动中重新寻找自己的定位？从这个意义上讲，今天的旅游科学研究和理论构建，已经没有人给出明确的题目、判卷子和给评价了，得需要我们自己从产业和自身两个角度去回答车尔尼雪夫斯基的“怎么办？”

为此，我们需要高度的理论自觉，不断增强体系建构的能力，自觉承担“历史托命之人”。

理论重构离不开对产业实践的温情注视，在这一点上，大家应当是有共识的。问题是谁的实践和什么层面上的实践？是国民大众的小康社会旅游梦，是创业创新的美丽中国旅游梦。围绕新时代旅游实践所提出的系列重大现实问题，当代旅游发展理论的产业土壤日渐一日地厚重起来。

自去年国家机构改革明确了文化事业、文化产业和旅游业融合发展，组建文化和旅游部以来，文旅融合就成了显话题。中国旅游研究院组织了三个专题小组，就理论建构、现实突破和主体建设等方面分别展开研究。理论建构主要为了回答为什么要融合，为什么现在提出融合的问题，主要结论是美好生活连接文化建设和旅游发展。无论是发展旅游，还是建设文化，都是为了满足人民对美好生活的向往。城市和乡村的品质生活，也是旅游发展的新动力。从国际发展经验来看，世界级旅游目的地和世界文化地标往往也是统一的。这个命题及其理论阐述实际上是过去十年游客满意度调查的自然延伸。作为旅游目的地城市，应当也可以是主客共享的生活空间。在罗马街头漫步的时光，总是喜欢打量那些随处可见的书报亭、露天的咖啡馆、建筑墙面的画儿与鲜花，以及人们不经意的休闲。《星际穿越》的男主说，我们这一代的使命就是陪子女长大，让他们将来有回忆的人生。而所有的记忆都是具体的，具体的场景、具体的人物、具体的话语与温暖。因为具体，所以无法由精英事先设计，也无法由专家控制过程，甚至也无法精准地评价。我认同马克思的“每个人的自由发展是所有人自由发展的前提”，也喜爱哈耶克的“如果……我们必须像学会如何驾驭自然力量那样学会如何驾驭社会力量，那他们就错了。这是通向我们文明的毁灭的道路，一条必然阻碍未来进步的道路”。之所以把美好生活置于文旅融合的底层支撑，是希望在普罗大众的日常生活和幸福感受面前，所有的科学和全部的理论都要保持必要的谦卑。

接下来的问题是要找到文旅融合的现实突破口，大数据正在重构旅游市场和文化资源。从已经开业的迪斯尼，正在兴建的环球影城，到刚刚签约的上海新世界项目面积9200平方米的《火影忍者世界》，“国际文化IP+国内消费市场”的组合高潮起伏。在此进程中，旅游学者在做什么？主要还是围着金主唱赞歌，做一些调研，收集些数据以发表论文吧。可是本土的市场主体需要了解市场，需要研发产品，需要政策促进，需要我们把论文写进他们的生产实践中。《芝麻街》看上去是个影响美国几代人，具有世界影响力的系列动画节目，事实上从一开始它就是个研究项目。无论是项目启动，还是后续跟踪，都离不开持之以恒的数据采集、生产和应用。需要指出的是，旅游大数据绝不是起个高大上的名字、弄几块大屏幕、跑几个互联网公司的消费数据那么简单，而是需要扎实的团队建设、平台搭建、模型构建和场景应用。一个月以前，我们与大业漫奇妙合作共建亲子文旅实验室，就是想把文化和旅游融合研究成果、文化娱乐和旅游休闲大数据，应用到企业生产实践中去。

培育充满生机和活力的文化和旅游融合发展市场主体，是各级党委和政府的责任，应当也是旅游科研和理论界的关注重点。为游客提供品质服务，为居民提供就业，为国家贡献税收的，是各级各类市场主体，而不是机关公务员和专家学者。在体制内的科研院所平台上，和大专院校的象牙塔内静心做学问的人，不可以不接触产业实践。但是我们不得不承认，读书和发论文成长起来的旅游学者再努力，总体上也不如经济学者和管理学者那般对市场有感。学者再睿智，他对市场的判断能力和商业的决策效率也比不上企业家基于经验和理性的直觉，但是这并不妨碍我们与旅游企业家、职业经理人，以及千千万万的导游、计调、讲解员、厨师、服务员等一线从业人员在一起。尤其是大量的小微型企业和创业创新者，他们所付出的努力和不为人知的艰辛，更需要旅游学者在“了解之同情之”的基础上，为他们鼓与呼，并尽可能把自己的才情奉献给他们。旅游学者与市场主体的关系，偶尔是引领，常常是服务，总是与之同行。对此，必须要有清醒的认识。

在这个科学年会上，每年都会为一名企业家颁发“旅游思想者”。曾经多次被问及，为什么是企业家而不是学者，似乎后者更应该有“思想”才是。在我的心目中，思想从来就不是虚无缥缈的冥思，也不是佶屈聱牙的文字，更不是故作高深的模型，而是溯知行合一的历史长河而上，向现实生活中漫寻。梁建章、王正华、陈妙林、罗军、洪清华诸君，以其才情和努力把自己的思想化作了满足国民旅游福祉的现实，以超前的产业思想把旅游发展推向一个又一个全新的高度，难道我们不应该以承载中华文明的正统文字为他们树碑立传吗？正如同志们所看到的那样，每年的颁奖辞是以文言文撰写，不少获奖同志也是尽量以类似的文风回应。之所以采用如此风格和庄重仪式，是希望为商学两界的互动增加相应的历史感，而不是将之视为随随便便的事情。还希望年轻一代的专家学者对传统文化有必要的敬畏感，能更好使用我们的文字。说实话，每当看着旅游内参和研究报告的花脸稿，我都会很痛苦，读完博士、评完教授，难道连中国话都不会说了吗？写下的文字除了发论文、评职称，难道不需要考虑实际用途和读者感受吗？如果当代旅游学者研究成果确实推动了时代的进步，学术思想真正经得起历史的检验，那么终有一天，政商各界的朋友们也一定会将思想者的桂冠戴在我们的头上。

无论是研究旅游、研究文化，还是研究文化和旅游融合发展，从来都不是为了个人的成名成家，而是为了“更多的国民参与、更高的品质分享”，为了“人类在大地上更加自由地行走”。这份理想要求旅游学者和将要从事理论研究的“青稞”“青椒”们，从一开始就要树立信念：把论文写在旅游产业实践的大地上，一切为了人民，一切归于时代。没有信仰的学术，没有思想的理论，是走不远的，也做不大的。很多人从读书的那天起就在算计，如何读个名校的热门专业，找个名师做博导；如何发论文、拿基金、升教授、做博导，如何最大限度地利用平台的价值，然后通过不断的跳槽以获得最高的交易价格。梁遇春先生为纪念诗人徐志摩写下《吻火》："人世的经验好比是一团火，许多人都是敬鬼神而远之，隔江观火，拿出冷酷的心境去估量一切，不敢投身到轰轰烈烈的火焰里去，因此过个暗淡的生活，简直没有一点的光辉，数十年的光阴就在计算怎么样才会不上当里面消逝去了，结果上了个大当。"我和中国旅游研究院的博士团队倒是经常在一起谈书论文的，有厚德载物的《论语》，有行云流水的《古文观止》，也有孤独时反复诵读的《门槛》："这是无名的牺牲，你会灭亡，甚至没有人……没有人知道，也没有人尊崇地纪念你。""你知道将来在困苦中你会否认你现在这个信仰，你会以为你是白白地浪费了你的青春？"甚至，走进之后也无法听到背后响起的那两句话。就这么走过来了，也会走下去的，也希望有更多的人加入我们的队伍。因为，这么多年冷暖自知的坚守和殚精竭虑的奋斗，都只是为了告诉未来：这代人付出了所有的才情和努力，并不只是为了自己的功名利禄。

多年前在教育部行政学院学习和中瑞酒店管理学院任职期间，我的大学校长之构想是"大学者，非大楼之谓者，而大师之谓也""独立之精神、自由之思想"。每每诵读，遥想百年前的中国大学教育，激动到夜不能寐。后来宦海江湖经历日久，回过头来再审视学术，便问反问自己：自己是梅贻琦先生所说的大师吗？真有经世济民的能力吗？真的会"贫贱不能移，威武不能屈"吗？说实话，有时真的没有底气说出真实的答案来。怎么办？还是得把学术之根深深扎到产业实践的土壤中，把自己的才情和努力贡献到人民所需要的地方去。有了这份历史自觉和理论自信，才能战胜来自方方面面的压力和挑战，才能义无反顾地负重前行。这口气一旦泄了，就无法于夜深人静的独处时光面对灵魂的拷问，也无法抵抗光环加身的无穷诱惑。只有真正忘记那些所谓的功名利禄，方可修得净、静二气，做出不负时代不负旅的大学问来。

前不久读《张国华将军在西藏》，毛主席和中央决定进军西藏，刘邓首长接见张国华和第 18 军领导。邓小平第一句：“今天谈话凭党性。”将军回答：“一切听从党安排。”直接提要求：“××× 不去西藏，你指挥部队去。”没二话：“坚决完成任务。”在一线做过主官的人都知道这句承诺的含义，个人和集体都要付出巨大牺牲的，但还是义无反顾，因为上面有国家，心里有人民。摘了几幅老照片发到了微信了，有评价“将军意志坚如铁”，我回复了句古诗，“莫道书生空议论，头颅掷处血斑斑”。

文之大者，为国为民。学，亦是。共勉。

2019 年 4 月 22 日于北京

中国旅游科学年会

暨第二届全国旅游管理博士后学术论坛

旅游学术共同体的主体性建设：意识、地位与能力

同志们：

经文化和旅游部领导批准，中国旅游研究院分别依托青岛大学等高校成立了乡村旅游等 4 家研究基地。刚才文化和旅游部党组成员王晓峰同志为新进成员授牌并做了专题讲话，充分肯定研究院和旅游学术共同体在过去一年所取得的成就，对理论与实践相结合，推动旅游业高质量发展提出了任务与要求。会议还传达了部办公厅对 2019 年中国旅游科学年会与会代表所提意见与建议的办复情况，传达了文化和旅游部党组书记、部长雒树刚 6 月 19 日赴研究院专题调研的讲话精神，通报了文化和旅游科研立项、成果评奖的有关情况。同志们在典型发言和书面发言中，既总结了成就与经验，围绕国家旅游发展和高等教育改革的战略要求谋划了明年的工作，也感谢了文化和旅游部党组对旅游教育和科学研究的高度重视，以及对学术共同体建设的大力支持。在征求院学术委员会的基础上，我就新形

势下的旅游学术共同体的主体性建设谈几点意见。

坚持以人民为中心的主体意识

学术共同体的主体意识，首先是要解决学术为什么的问题，然后才是怎么做的问题。历史一再证明，也必将继续证明，文之大者、侠之大者、学之大者，都是要为国为民。无论居庙堂之高，还是处江湖之远，“为国为民”这四个字都要念兹在兹。

国民的、大众的、当代的旅游消费，是学术研究和理论建设的现实土壤。1999 年国庆“黄金周”开始，旅游发展就不可逆转地走向大众旅游的新时代。我们既看到国民旅游权利的普及和市场的下沉，也要看到旅游需求的变迁和消费的分层。不能只盯着梁朝伟为了去海德公园喂会儿鸽子，就买张机票去伦敦打个来回，还要时刻想着十亿人没有出境证件，没有坐过飞机，甚至没有住过七天酒店。更多的国民参与和更高的品质分享，是我们前行的动力，也是奋斗的方向。研究对象必须，也只能以最大多数的国民旅游者吃住行游购娱的现实消费，而不是少数人的高端体验和想象中的凝视。那么多中老年人不是不知道“便宜没好货”的道理，还是在“会销”人员的话术下，交上 999 元就去云南或者泰国七日游了。那么多城乡居民不是不知道迪斯尼和环球影城，还是会喜欢去“她奶奶的庙”。那么多的小镇青年不是不知道五星级酒店和米其林餐厅，还是会对 OYO 趋之若鹜。为什么？旅游教科书没有答案，*Tourism Management* 没有探讨，眺望远方和上接天线的各大研究基金也没有关注。只有眼中常含着泪水，对这片土地爱得深沉的学者，才会将学术资源和时间精力投入国民旅游市场，投入当代旅游消费研究进程中去。分院和研究基地的首席专家和研究团队，是国家旅游学术共同体的中坚力量。中坚不仅体现在发表论著的数量和质量上，还应体现在研究领域的开拓和学术方向的引领上，更要承担

“长太息以掩涕兮，哀吾民生之多艰”的人文传承。

旅游领域的创业创新和市场主体的成长，是学术研究和理论建设的实验场域。从旅行社、线上旅行代理商到旅行服务商，从星级酒店到旅游住宿业，从旅游景区到主客共享的美好生活运营商，旅游产业的边界正处于前所未有的分解与重构中。旅游集团二十强的入围门槛越来越高，意味着产业集中度越来越高。华为、科大讯飞、大疆无人机、字节跳动等科技企业，美团点评等生活服务业的跨界进入，马蜂窝、海昌、方特等创新企业的快速成长，以及 Hi China Travel、LETS 等深耕入境市场的小微型企业的崛起，都是当代旅游学术共同体的同行者。它们在推动旅游业高质量发展的同时，也保证了微观层面的创新活力和竞争张力。无论是大型旅游集团的领导人，还是小微型企业的普通员工，都需要我们投以关注的目光。我们不能只围着资源搞调研，盯着政府做规划，也不能只是研究途易、洲际和迪斯尼，更要研究中国旅游创业创新的现实案例，想他们之所想，急他们之所急。改革开放四十年，旅游业改革创新发展的四十年，给了学术界太多的观察对象和分析资料，给了我们国际话语权的产业支撑。学术研究、理论建设和思想战线要抓住时代机遇，创造旅游研究的中国气派、中国风格，展现旅游研究中国力量。对此，要有学术自觉，也要有理论自信。

国家在旅游领域中的治理体系与治理能力的现代化，是学术研究和理论建设的全新动能。党的十九届四中全会提出“法理体系和治理能力现代化”，中央经济工作会议提出“推动旅游业高质量发展”，要建设好国家文化公园，推进文化和旅游融合发展，要大力发展入境旅游，释放国内旅游消费潜力。随着这些任务的实施和目标的实现，旅游领域的法律法规、工作体系和工作方式都将面临巨大的变革压力。旅游学术共同体要围绕中央和地方政府的战略部署，围绕文化和旅游行政主管部门的工作要求，出高水平的资政建言成果。高校有人力资源优势，有经世济民的传统，建设新型智库有比较优势。但是有两个倾向性的问题值得关注：一是太着急了，十几二十来个博士的学院，居然弄出了几十个中国字头的研究平台来。整天忙着发报告、上新闻、迎来送往、找关系要批示，静不下心来，也没有积淀，怎么可能出高水平的研究成果？二是自以为是，看到中央文件或者领导讲话中有自己写过文字的影子，就觉得了不起，政府是英明的；某项建议没有被接受，就断言官员没水平，甚至以对着干的心态，语不惊人死不休的样子，以博取眼球。做学问要有净、静二气，做智库又何尝不是呢？功成不必在我，功成必定有我；不求说了算，只求说的对。没有这样的心智和定力，做不好公共政策研究，也无法引领社会舆论。

建构旅游学术共同体的主体地位

马克思主义哲学的普遍联系观否认了孤立的个人，强调人的社会属性。“人的本质不是单个人所固有的抽象物。在其现实性上讲，它是一切社会关系的总和。”个人总是与社会，与其周围的事物有着这样或那样的联系，正在相互作用和相互定义中，人的本质和某一群体的主体性才会得以确认和发展。

学术共同体是旅游发展理论建设者，是旅游思想的供给者；政府和公共部门是理论成果的使用者，是发展思想的实践者。在国家旅游发展战略体系中，学术机构和政府部门、专家学者和政府官员都是在习总书记中国特色社会主义思想的指引下，贯彻落实习总书记关于文化和旅游工作的重要指示。官学之间只是岗位不同，任务不同，没有什么高低贵贱，决不能见到官大的就不理官小的，见到当官的就对不当官的视而不见。“我们都是来自五湖四海，为了一个共同的革命目标，走到一起来了。”（毛泽东，《为人民服务》）有人喜欢说“从理论上讲，如何如何”，似乎在社会分工体系中，理论变成了我们的专属，浑然忘却了“立德、立功、立言”，功在言先呢！有人在开公司、做咨询过程中走向另外一个极端，片面强调生产实践和感性认识，有意无意否认概念、命题、逻辑、论理的价值，并在本质上否认了列宁的“一切科学的（正确的、郑重的、非瞎说的）抽象，都更深刻、更正确、更完全地反映着自然”的论断。没有理论指导的实践是盲目的实践，没有经过实践检验的理论是空洞的理论，建议同志们重读《实践论》《矛盾论》等经典著作，才能妥善处理好理论与实践、官场与学界的关系。

旅游学术共同体与市场主体之间，是服务，是同行，然后才是引领的关系。现在很多学校都在办论坛、发报告、评榜单、发聘书，不是说不可以，但是一定要有深刻的理论建设、系统的数据分析和长期的产学互动，否则提不出前瞻性和引领性的思想。与旅游企业界和企业家的互动，不能简单理解决成发几份软文性质的报告，聘一些产业导师和兼职教授，更不能将校园变成名利场。大学要有大学的范儿，学者要有学者的劲儿。见了官大的腿软，见了钱多的气短，长此以往，可怎么行？行走江湖，得有学养护身，只会对现象做简单的罗列和浅显的归纳，甚至用网络语言代表深刻的理论思考，那么学者与新闻记者、与行业专家就没有区别了，就等于放弃了自己的阵地。了解之同情、深邃之思想、优美之文字，应当是我们与业界互动过程中始终坚守的原则，也是增强学者和学术共同体辨识度的内在要求。

旅游学术共同体与国际同行和国内其他学科，是合作互鉴、开放共融的关系。时代在发展，产业在开放，学科在融合，经济、管理、文化、传播、工程、科技领域的专家学者对旅游有兴趣，国外同行对中国有兴趣，愿意研究中国旅游的理论与实践问题，是好事情，我们都欢迎。中国学者、外国学者，都是旅游学者，要有这个胸襟和气度，但不能对外国学者和外文期刊无底线地捧着，还是以学术的名义平等交流、自然交往为好。

旅游学科还处于无限可能的少年期，学术共同体还处于孕育形成期，一定要搞个一统天下的理论体系，现在看来没必要，也不现实，尤其不能故步自封，非要分出个嫡系庶出来。地理学、管理学、经济学等学科，有范式成熟、平台固定、组织稳定的优势，但是也有产学分割，难以进入决策主体和商业机构观察实验的劣势。旅游领域还没有完成这样一个由内而外的学术分工过程，应当是件好事。国际影响力和学术声誉当然是学术共同体追求的目标，这个目标是学术团队在实体平台上长期努力的结果。没有实体平台和核心团队，却想着建个虚拟的研究平台，找些名人来兼职，那是协会和学会的建设路子。一直念着电影《梅兰芳》那句台词："我有个长辈，临终之前跟我说，婉华，你以后成名了，能不能给咱们唱戏的，提拔提拔啊？我说好啊。"学者和士子更应如此，"男儿当自强"。这个梦想，是要以毕生的才情、努力和坚守，以"不疯魔，不成活"的劲儿做支撑的。功力未到，就像华威先生那样游走于会议论坛之间，到处点卯站坑，是不可能持久的。须知，德不配位，必受其累啊。

提升知中国、为旅游的主体能力

有了主体意识和主体地位，还要持续提升主体能力，旅游学术共同体才能与时俱进，实现宋代大儒张载先生的理想：为天地立心，为生民立命，为往圣继绝学，为万世开太平。

传统意义上的"士"既是知识分子，也是政府官员。在皇权和治权分离的治理结构中，知识分子参政是一种常态，也是一种历史文化积淀。几千年来，面对国家的统一与分割，社会治理的建构与失范，知识分子群体总会"忍不住的关怀"，也有建言建策的渠道和建功立业的平台。随着社会分工和知识分工的越来越细化，学者和知识分子不再是官员，多数人没有机会实际参与到政治实践和社会实践中。从好的方面讲，可以静下心来思考学理，可以立足大历史，谋划未来发展。然而，学者既不用考量资政建言的现实制约和次优的演化路径，也不用对结果负现实的责任，学用之间很容易产生越来越多的疏离感，甚至对立。不少学者会把自己从书本上学习和接受的西方文化、发展理论、学术范式和世俗价值，当作信仰推送给执政者、业界和社会，一旦没有被接受，就怼天怼地或者自怨自艾。不管原有的学科背景是什么，都建议同志们多读些文史哲方面的书籍。《诗经》《论语》《资治通鉴》《古文观止》《唐诗》《宋词》《红楼梦》等，要反复读，那里面有传统的中国，也有当下的中国啊！有人说“半部论语治天下”，可能有些夸张了，几千年的文化多在经史子集里，倒是真的。与年轻学者交流时，这种感觉越来越强烈：毕业的博士和出站的博士后，对怎么写论文、拿基金，包括自我设计，很是精通，可是对于为什么做学问这件事却很少去想。

2016年5月17日，习总书记在京主持召开哲学社会科学工作座谈会并发表重要讲话，为包括旅游研究在内的哲学社会科学的繁荣发展指明了方向，提出了要求：着力构建中国特色哲学社会科学，在指导思想、学科体系、学术体系、话语体系等方面充分体现中国特色、中国风格、中国气派。2017年，中共中央印发《关于加快构建中国特色哲学社会科学的意见》。习总书记的讲话和中央文件，我们结合大众旅游新时代、全域旅游新方位、推动旅游业高质量发展的新要求，全面系统地学习，深入扎实地贯彻。不了解中央的部署，不了解中国的国情和旅情，做不出大学问，搞不好还会成为“学术殖民地”，甘心做学术买办。对“坚持马克思主义为指导，是当代中国哲学社会科学区别于其他哲学社会科学的根本标志，必须旗帜鲜明加以坚持”这句话一定要学深悟透。对新时代文化和旅游融合发展的体制机制创新、数字经济与旅游业高质量发展、全面建成小康社会与入境旅游发展、国内旅游市场下沉与消费升级、新型旅游市场建设、区域旅游协调发展等事关全局的重大战略课题，学术共同体一定要有扎实的研究和务实有效的贡献。

对重大理论问题的研究和发展思想的建设过程，也是学术共同体自主能力持续提升的过程。过去二十年，旅游研究在数量增长和群体扩大的同时，似乎也存在自我设计、自我精英化和泛媒体化的倾向。越来越多的年轻人参加会议似乎就是为了发论文和拿基金，越来越多的专家学者在赶场子和做场子。学术分工和评价机制让学者聚焦科学问题，提升科研能力的同时，也在限制学者的注意力、想象力和思想空间。旅游研究不仅是科学，还有人文，就是发论文也不能总是盯着所谓的核心期刊做“学八股”。现在有的学院连人民日报、光明日报、人民论坛、前线、紫光阁等党媒党刊的理论文章，都不计入科研成果。每做一件事，都要想是否会计入“学术工分”，是否会在学术市场上“报酬递增”，怎么可能有大学问？怎么可能有大师？须知，重大理论突破是需要时间积淀的，思想是不可专利的，需要“读书不为稻粱谋，但开风气不为师”的精气神。为人民做学问，做人民所需要的学问，把论文写在祖国的大地上，写在旅游业发展的实践进程中，旅游学术共同体的主体能力就一定能持续提升。

这么多年冷暖自知的坚守，都是为了告诉后人，这代旅游学人付出了所有的才情和努力，并不都是为了一己的功名利禄。必须承认，不论我们多么努力，总有些能力是无法提升的，总有些梦想是无法实现的。如果给不了市场主体资金、土地、人力资源和政策的帮助，给不了消费主体行政、法律和媒体监督的保证，给不了行政主体以三分天下的《隆中对》和教化世人的《陈情表》，那就和他们站在一起吧，无论阳光，还是风雨，于无声处给予理解与同情。

2019 年 12 月 25 日

做好文化和旅游融合新时代的理论研究和数据建设工作的几点思考

同志们，

值此云南师范大学 80 周年华诞之际，请允许我代表中国旅游研究院和旅游学术共同体，向饶书记和全校师生致以热烈的祝贺！希望云南师范大学师生员工秉持“艰苦卓绝”的西南联大精神，在人才培养、科学研究和社会服务方面做出更大贡献，持续推进国家和地方旅游业发展。

贺以丽贵同志为首任厅长的云南文化旅游厅，这么短时间就取得了旅游市场治理整顿的阶段性成效！会见的时候，我说云南“旅游革命”不只是云南自己的事情，也是全国都在关注的事情，其一举一动都会引起包括北京在内的各方面的关心关注。近半年启动史上最严厉的整顿以来，云南的旅游面貌发生了很大的变化。这次整顿不仅没有拖云南旅游的后腿，反而为云南旅游的发展割除了不应有的陈旧，焕发了新的生机。

借此机会，我想就“理论研究与数据建设”这个会议主题谈几点个人看法。

理论研究首先要明确为谁研究。改革开放40年来，伴随着中国旅游产业发展实践，理论建设、人才培养、学科范式、学术共同体都取得了令人自豪的成就。关于理论研究和产业实践的关系，应当说不存在谁领先谁，也不存在谁落后谁的问题，而是相互促进、共同成长。在文化旅游融合发展的新时代、新形势下，旅游研究要更加注重与实践的结合，特别是与产业实践、行政实践和教学实践的有机结合。中国旅游研究院自成立的那天起，重视学术研究，更重视产业研究。我经常和院内的研究人员说，做研究之前要先弄清楚三个问题：为什么要立这个题目？文章是写给谁看的？演讲是说给谁听的？这是旅游科研的基本立场、方法和价值观。大家都受过从学士到博士阶段完整的学术训练，确定选题时自觉不自觉地就会去做文献综述，却有意无意地忽略了理论应该从丰富多彩的社会实践、生产实践和教学实践中来，要回答实践中发现的问题，更要接受实践的检验。今天，我们的研究要牢记习近平总书记的教导，坚持把论文写在祖国大地上，写在旅游产业发展的实践中。

上周召开的2018旅游集团发展论坛上，文化和旅游部党组书记、部长雒树刚发表主旨讲话，充分肯定了中国旅游研究院在过去十年坚持的中国特色智库建设的模式，即“理论与实践相结合，理论来源于实践、理论接受实践检验”的道路。这不仅是对中国旅游研究院的肯定，也是对旅游学术共同体的期待和要求。只有从实践中来的、到实践中去，想人民之所想，急人民之所急的选题才可以做出大块文章。事实上，无论从经济学、地理学，还是从历史学、社会学的角度来看，科学的选题往往都是要回应时代需要的。我一直关注昆明分院主办和参与的系列活动，比如对中国－东盟旅游合作的研究，对澜湄合作机制（GMS）的研究，这样的选题就是云南旅游所需要的，也是国家旅游发展所需要的。你们新出版的云南红色旅游研究、自驾游研究等丛书，直面地方旅游发展的现实问题，尽最大努力提出解决方案，尽到了学者应尽的时代责任。饭店研究基地的团队办了一个《酒店学人》的微信公众号，发表的每一篇文章我都有看。相对于核心期刊的高头大章，这些文字也许只是“小块文章”，但是它吸引了大量的酒店从业人员的关注，并有广泛的传播。我看这样的文章就是好文章，这样的研究就是好的产业研究。学术共同体就是要坚持这样的价值取向，而不是总想着拿基金、发论文、做博导。在学者成长的初期当然需要这些，但是我们必须要有高度的历史自觉，特别是要回答为谁做研究这个原则问题。

明确了为谁做研究之后，接下来的问题是如何做研究？社会科学发展到今天，无论是研究方法还是研究工具，都已经很完善了，关键是学术共同体是否愿意并始终与实践主体，特别是产业实践在一起。如果不能发自内心地与产业实践主体在一起，就不可能知道他们所思、所想、所忧虑的事情。我经常说，在学术共同体与商业共同体的关系上，有时是服务，偶尔是引领，常常是同行。多年政策研究和智库建设实践告诉我，真正能够打动高层领导心坎的，反而是那些朴实的语言，是那些来自一线的数据和基层的信息。很多类似“一个中心、两个统筹、三个兼顾”这些文字本身就是领导讲出来，通过媒体宣传以形成社会共识的，不需要再变个法子说给他们听。在做研究的时候，如果没有想明白这个道理，就很可能追求面面俱到，而不是一针见血地指出问题并提出解决方案。学者总喜欢说这样有问题，那样也不行，而实践者需要的不仅是解释世界，而是改造世界。有些问题不是领导和实践者看不到，而是解决的时机或者解决的条件没有达到，只能放在一边。如果不是始终与行政主体和产业主体在一起，是不容易想明白更不容易接受这个道理的。希望我们的学者在做研究，特别是产业研究和政策研究的时候，一定要把理论和实践紧紧联系起来。我们做研究、写文章不是为了写给外国同行看，也不是仅仅为了发论文，而是要解决现实问题的。

明确了为谁做研究，如何做研究的问题后，有了好的理论研究成果，又该如何表述是好呢？我自己常被人问，作为一名政府智库负责人和理论工作者，有时会去写网络阅读量过百万的讲稿和科普文章，动机和目标是什么？事实上，我是有多个标签的学者，公开演讲是一个状态，写内参的是一种状态，向领导报告或者个别沟通时又是另外一种状态。比如在给上级写专业报告的时候，字数和标点符号都有一定之规，如何在规定的字数和规范的格式里把意思表达清楚，并不是件简单的事情。有次被问节假日旅游人次和收入的数据是怎么得来的，我能说随机抽样、方差检验之类的专业名词吗？不能。真实的情况是，我只说了三句话，依法统计、大数据测算、专家组研判。在这种情况下，我没有办法说段子，也不必长篇大论地写论文，这时候需要我们简明扼要地快速回应，快速判断他问这个问题是为什么。当然，这个前提是以信任为基础的。在新的历史时期，数据生产和信息报送也是一种权力，甚至是一种越来越大的权力，因为这些数据和信息会影响决策。既为公权力，务必慎重待之。

无论是在专业领域的学术报告，还是舆论场的公共表达，都要有理论基础和可靠的工具。每个人掌握的信息和数据是多元的，有时是相互冲突的。如果没有理论基础、逻辑进程和价值理性，信息和数据就可能会被选择性发布，并可能误导决策。从这个意义上说，哪怕是所谓定量化的纯粹学术研究，也是有意识形态的。其次要有可靠的数据支撑。数据表达呢，千万不能搞成非常复杂的图形。对于关键的数据，当期绝对数、同比和环比增速、先行指标变动等，要像熟悉掌心的纹路一样随时掌握。千万不要别人一问，你马上就是查统计年鉴，这就不好了。数据采集要有稳定可靠的来源，要有交叉核验和科学研判，经得起别人的追问。按照古人“义理、考据、辞章”的说法，学术成果的表达还得有文采。今天的学术成果传播的对象已经很多元了，既有经过学术训练的博士，也有高中毕业就参加革命工作的老同志；既有庙堂之高的一言九鼎者，也有江湖之远的风闻言事者；有文化人一言不合就读诗吟词，也有经济学者上来就是模型和数据。都是我们的听众，都得打交道啊！我们要学会面对多元诉求群体，进行学术成果的多样性表达。

关于数据建设，需要关注几个问题。一是文化和旅游领域的统计基础建设。就目前来看，文化的统计数据主要是供给侧为主，旅游的数据主要是需求侧。从未来发展需求而言，面向需求的文化数据和面向供给的旅游数据都需要进一步加强。二是数据采集渠道的建立问题。现在高校和研究机构纷纷建旅游智库、建大数据中心，我不反对，但不要老想着走捷径，得扎扎实实地把基础工作做好。大数据不能代替传统统计，也不能什么都搞成全样本数据。可以从微观层面入手，建立自主掌握的数据来源。如果我们的学者能像费孝通先生的《江村经济》那样，把一个村子旅游统计问题搞清楚，把指标建立起来，再辅以公开的宏观数据，就能够把很多问题说清楚了。三是要做好数据的应用。包括但不限于文化效能评价、游客满意度评价、游客需求分析、自驾游、边境旅游等专项市场报告。只有把理论和数据应用到实践中，切实地指导实践才能不负时代不负旅。

没有理论自信就没有道路自信，没有数据基础就没有发展新动能。在文旅融合的过程中，我们会面临前所未有的历史机遇，也会面临前所未有的复杂形势。希望旅游学术共同体的同志们努力向文化系统学习，积极践行雒树刚部长代表文化和旅游部党组所提出的“宜融则融、能融尽融，以文促旅、以旅彰文”的工作思路，在新的一年里，努力做好新时期文化和旅游融合发展的理论研究和数据建设工作。

2019 年 1 月 10 日于昆明
2019 中国旅游研究院机构年会

文旅视野中的科技：价值与价值观

谢谢主持人小田，让我有机会用您拿来的《时间简史》和鲁班锁，就推销了自己的新书《旅游 & 文化》。对于一名长期从事旅游理论研究和数据分析的学者，就承担党建和行政主责的机构负责人而言，阅读科普书籍、做个手工活，确是难得的休闲。不过，在丁洪教授这样的物理学家面前，断是不敢显摆奇点、视界、黑洞、量子纠缠什么的，还是聊聊电视吧。

中国首部全景展现人类与疾病抗争的科学纪录片《手术两百年》近日在央视一经推出，就拿下了豆瓣 9.4 的高分。和网友一样，"虽然是文科生，看完第一集就被震撼了"。震撼的是医学，更是医生、护士，以及 3D 打印、手术器械、生物工程等领域的科学家和工程师，"他们以非凡的勇气，大胆尝试的智慧，必胜的决心，将外科学从黑暗带进光明"。正是因为有他们，才使得医学一次又一次进步，把昔日那些几乎不可能实现的奇迹，变成了我们习以为常的今天。人类的平均寿命，从 100 年前的 31 岁，延长到如今的 71.6 岁。正如葛俊波院士所说的那样：每一个医生的初心，都是为了让病人有尊严地活着。

科技延长了寿命，也让人类走向更为遥远的远方。从屈原的《天问》、张若虚的《春江花月夜》，到魏源的《海国图志》，到被证明的引力波和被拍照的黑洞，人类知道的越多，不知道的边界也随着外移。是农业、水利和机械化，让我们丰衣足食；是物理学、生物学、地理学、天文学告诉我们人外有人，天外有天；是汽车、火车和飞机的发明，让“读万卷书、行万里路”的梦想照进国民大众的现实。今年上半年，国民对精神生活需要及其支出首次超过了衣食住行等物质生活，旅游人次和消费支出等市场数据继续领跑国民经济和居民的可支配收入。上半年，国内旅游人数预计30.8亿人次，国内旅游收入约2.8万亿元，分别比去年同期增长8.8%和13.5%。在可以预见的未来，已经行遍这颗孤独星球的人类还将走得更远。随着载人航天、可回收运载火箭、深海潜航Triton的技术进步，太空旅行和深海观光将不再是航天员、科学家和极少数富豪的专属。伴随着5G、增强现实、3D全息成像等信息产生和传输技术的进步，人类视界毫无悬念地被再一次延展。借助新型的可穿戴设备，我们可以触摸史前的恐龙，可以看见一个虚实相间的长安十二时辰，可以和哪吒、敖丙一起成长为心目中的自己。

科技把人们送到远方，可以看到美丽的风景，也可以享受美好的生活。随着旅游权利的普及，游客在欣赏美丽风景和凭吊历史人文的同时，对异国他乡的生活体验也提出了品质要求。游客去到大草原，沉醉于“天苍苍、野茫茫，风吹草低见牛羊”的同时，也不能风餐露宿，每晚都在《鸿雁》的歌声中不醉不归啊。梦想的尽头是科技，是基础建设和民生工程。无论是现代酒店的施塔特勒竖井、高山峡谷的游客索道，还是迪斯尼的梦工厂、夜间旅游的灯光秀，都是当代科学和工程技术日益精进的结果。在市场调查、需求把握、渠道分发和场景营造方面，大数据更是无所不在。在脸书等社交平台上点赞 70 次，它就可以给用户画像；点赞 150 次，它可能比父亲还要了解你；点赞 200 次，它甚至可能比你更了解自己。正是由于科学技术在文化消费和旅游服务过程中的广泛应用，游客的参与度、体验感和满意度逐渐提升了。今年上半年，全国旅游服务质量稳中有升，游客满意度综合评价指数 80.15，同比增长 3.8%。国内外游客对当地居民态度、网络预订、旅行社、住宿、餐饮等的评价较高。虽然无人酒店、服务机器人在友好、效率、人性化等方面还有较大提升空间，但是对未来的影响已经显现。事实上，大众旅游者之所以能够享受旅程中的岁月静好，是因为广大科技工作者的辛勤工作，我们才能够以较低的价格享受更丰富的商品，以及更高品质的服务。面对科学技术，作为旅游工作者的一员，请允许我致以由衷的谢意和深深的敬意！

科技让旅游业从传统走向现代。在公众的意识里，旅游是依赖山山水水和历史人文资源的劳动密集产业，是靠经验保障的服务产业。今天，伴随着虚拟现实、增强现实等技术在旅游领域的深耕细作，好山、好水、好声音与旅游业共同碰撞出科技之光。数字化进程正在从规模、结构和行为多个维度重构文化资源和旅游市场。没有科技的应用，我们很难想象携程和去哪儿、如家和七天、海昌和方特的创业成功，也很难想象旅游行政主管部门在每个节假日结束后的第一时间就发布市场数据。当然，如果没有随大众旅游时代来临的 6 万亿元的消费市场，也很难想象梁建章先生、庄辰超先生这样的计算机领域的精英人物会进入旅游领域成功创业，并发明了“小诗机”这样把诗、远方和科技结合在一起的产品。通过复盘所有取得巨大成功的互联网企业，我们发现科技用新的方法满足人的既有需求，也在发现和培育人的潜在需求，比如微信、脸书的社交需求，谷歌、百度的搜索需求，阿里巴巴、亚马逊的商业化需求，得到、蜻蜓、慕课的知识需求等。人类旅游需求的多维度细化和深度开发将是未来旅游的主要方向。前一段时间下载了一个小众APP叫片场，它收录了870多部电影，让用户跟着电影去旅行，形成了电影热门目的地。

国家科学中心是科学家聚集的研发中心和创新高地，也应当是伦理的示范者和价值观的引领者。基础科学研究是原始创新能力的源泉，也是满足国家重大战略需求的基石，但是只有基础科学研究和战略科学家是不够的。希望这片沃土能培养和造就像牛顿、爱因斯坦、图灵这样对人类文明有革命性贡献的伟大科学家，也要有“两弹一星”功勋科学家、“水稻之父”袁隆平这样的科学家，瞄准国家重大战略需求，把科技应用于经济建设和社会发展的实践中，将论文写在祖国的大地上。科学也要坚持以人民为中心，不断增强人民群众对科学的参与感、获得感和满意度，人民更企盼科学家能够带领大家了解科学、热爱科学、从事科学。不能在《自然》、《柳叶刀》上发高引值论文的国家肯定不是科技大国，但是不能唤起国民的科技意识，让物理学、化学、天文学、医学成为青年人最想报考的专业，这样的国家也无法成为可持续的科技强国。国家科学中心需要科研中心、创新中心、重点实验室，也需要科技馆、博物馆、科普基地，甚至是有市场价值的科学IP，培育研学旅行新高地。

国家科学中心需要科学家、工程师，也需要科幻作家和科普名家。如同教授给本科生上课有利于教学质量的提升，科学家给民众讲科学也有利于提升国民科学水准和综合素质。我不知道有没有“国民科技指数”这样的统计指标，如果有的话，应当可以清楚地表明科学普及还有很大的提升空间。事实上，鸡血疗法、绿豆治百病、粮食亩产万斤、头顶铁锅接受宇宙能量，诸如此类听起来如同段子的非科学、伪科学，甚至是反科学的做法，都曾经是真实的历史，距离现在并不遥远。为此，我们需要国民的、大众的和当代的科学普及。当年的《十万个为什么》在无数的少年儿童心中种下了科学的种子。前几年刘慈欣获得雨果奖的《三体》，拍成电影的

《流浪地球》，让我们的目光从“喂马、劈柴 / 关心粮食和蔬菜”，转向头顶的星空和心中的道德。从期刊《环球科学》到电视频道《探索》《国家地理》，再到网上的知乎、果壳、科学松鼠会等开微信公众号，重拾“赛先生”的大旗，提升国民科学素质和社会理性都是功莫大焉。现在央视的百家讲坛、国家图书馆的公益讲座、各级党委理论学习中心组的学习，不能都是历史和国学，还得有科学和技术领域的名家。科研工作不能都去盯北斗、探月、天眼、极地科考和海洋深潜，科研院所和高校也不能千军万马都奔着 C 刊，甚至是为发表而发表。为防止科学走向科学至上的功利化科学主义的泥潭，确有必要对现有的研发组织和成果评价体系进行系统反思。

国家科学中心就像一座花园，要有科学家的花朵，也要有科学家生长的土壤、水和阳光，还要有科学传承创新所必需的生生不息的生态圈。科学家不是不食人间烟火的神仙，不能一想到科学家就是陈景润、霍金，就是穿着白大褂摆弄试管，就是对着望远镜看星空。大牌如丁洪教授这样的首席科学家，除了专业工作，他们也需要主客共享的美好生活空间，需要照顾好子女教育。为此，我们需要建设实验室、图书馆、住宅等硬件设施，也需要建设文化馆、美术馆、电影院、戏剧场等文化空间，餐厅、咖啡厅、精品店、酒店、民宿等休闲娱乐场所，还要为后代准备高质量的学前教育和义务教育。共和国历史上的大三线建设，搞了很多大工程，去了那么多的科学家，为共和国的国防建设和经济发展做出巨大贡献，为什么后来很多又迁回了城市？项目没有内生性的消费、生产、就业、教育、生活和文化娱乐因素是很重要的原因。改革开放四十年来，上海、深圳、广州、合肥等城市之所以取得经济社会发展的成功，不完全是科学家、工程师的创新驱动，还有公共文化的完善、商业环境的优化以及主客共享的生活空间的营造。今天的科学城不能只盯着核心指标搞功能性建设，还必须引入负熵，形成开放、共享、生生不息的高品质生活空间。

我相信总有一天，随着社会发展和文明进步，人文和科技的边界会消解、会融合，旅游得益于科技的支撑和人文的滋养而自由地生长。更希望有一天，我们只是以生活的名义，相聚于美丽的雁栖湖畔，旅行于浩渺的星际空间，分享幸福，创造文明。

2019 年 8 月 8 日于北京怀柔

第四届雁栖湖论坛

旅游研究与文化建设：初心在哪里，使命怎么记

同志们，

结合党建和旅情、院情，每年确定一个工作主题，是中国旅游研究院自 2008 年建院伊始到今天的传统，也是组织文化建设和价值观塑造的有效载体。还记得第一次主题活动地点选择了河北乐亭的李大钊故居纪念馆，学习他“铁肩担道义、妙手著文章”的家国情怀，学习他为了传播马克思列宁主义而写下的《布尔什维主义的胜利》《庶民的胜利》，确定了“服务产业，报效国家”的建院思想和“1+8+X”的学术成果体系。后来我们又去了韶山、延安、淅川等地，缅怀中国共产党的革命、建设和改革开放的伟大历史进程，稳步推进研究院的学科建设、学术成果建设、人才建设、思想建设、国际化建设、数据中心建设等各项工作。以党建引领智库建设，寓党建于日常业务，培养一支党组放心、业界认可和具有广泛国际影响力的旅游研究团队，这是我们的特色和经验，要长期坚持下去。今

年的主题是文化建设，结合“不忘初心、牢记使命”主题教育活动，以及研究院（数据中心）转隶改冠后所面临的形势和任务，我代表党支部和院班子谈几点意见。

一、在习近平中国特色社会主义思想指引下，加快建设以人民为中心的当代旅游发展理论

过去四十年的旅游学术研究，在引进和解释方面做了不少工作，也因循“挑战–回应”范式，积淀了一批直面现实问题的学术成果，依托高校的研究生培养、科学年会、立项评奖、期刊阵地等平台和载体，初步形成了全国旅游学术共同体。研究院成立十年来所取得的成就，确有诸多可圈可点之处。但是回过头看，也有两个根本性的问题没有解决：一是学科建设上，分散的学术研究和非系统的学术成果还没有形成体系化的旅游发展理论；二是组织建设，旅游学者为了个人的功名利禄，旅游学术机构为了外在指标，而不是为了国民大众的旅游权利和旅游业高质量发展而做研究的倾向越来越明显。这两个问题不解决，既制约文化和旅游融合新时代的可持续发展，也影响研究院当下的理论建设、数据建设和队伍建设。

文之大者，为国为民。文化和旅游系统的专业技术人员，不管是文化创作者，文艺表演者，还是旅游理论工作者，都要自觉地把个人才情融入党和国家的文化建设中去，融入人民群众的文化需要中去。每个同志都要加强思想教育和文化修养，不断提高自己的综合素质。在强调人民群众是历史的创造者的同时，我们也要辩证地认识到文化创作者和理论工作者的主观能动性。文化是文化人说的话和做的事情，但是文化不能只为文化人服务。任何离开人民群众和人间烟火的所谓文化，终会陷入小圈子的自我欣赏和相互吹捧，而失去发展的动力和生命的源泉。旅游研究团队也有这种倾向，研究生毕业或博士后出站，总想沿着“论文—基金—职称—博

导—长江/院士—院长、系主任—做规划、开公司—名利双收做学霸”这条精致利己主义的路子往下走，稍微有些资历或者声誉就想着立马变现，就想做什么自由学者，全然忘记了研究院是为党工作的中字头、国字号旅游专业智库，全然忘记了我们肩负着以人民为中心的旅游发展理论建设的时代责任，全然忘记了为国民旅游权利而奋斗、为旅游业高质量发展和讲中国旅游故事的历史使命。历史一再证明，并将继续证明：离开了党的领导，没有了人民的需要，过于强调小圈子的相互欣赏、个体自由和单纯为了名利而做学问，是做不好、走不远、做不大的。

希腊神话的大力士安泰不能离开大地，文学家、艺术家和理论家也不能离开时代和国家，古今中外皆是如此。受益于十四年抗日战争期间美国对中国的关注，诺贝尔文学奖获得者赛珍珠的文学作品得到了广泛传播，其编辑发行的《亚洲》杂志也在全球得到了瞩目和尊重。但是在“二战”之后，这种关注消失了。被看作“中国作家”的她，必须重新把自己改造成一位“美国作家”，尽管后来笔耕不辍，但是从未超过其“中国作家”所获得的辉煌成就。如同《灿若锦霞》作者魏时煜先生所慨叹的那样：战争有时候赋予女性政治家、领导人和文化英雄的角色，但是这些机会会随着战争的结束而迅速消失。不是你不努力，更不是你江郎才尽了，而是时代不需要你，或者你主动脱离了赖以生存的土壤和持续前行的轨道。“二战”领袖之一的丘吉尔，以如此之高的声望还是被英国人选下首相之位，是时代的变化和人民的选择。令人欣慰的是，他很快调整心态，选择了向历史致敬的文学创作道路，获得诺贝尔文学奖而列世界级文学家之位。改革开放以来，北岛、顾城和舒婷的朦胧诗，崔健和魔岩三杰的摇滚乐、琼瑶的言情、三毛的灵性、金庸和古龙的江湖、罗中立的油画，甚至聂卫平的围棋都曾经领一时风气之先。无论我们如何追忆和不舍，它们终是在文化迭代的进程中遁入历史的星空，有的成为经典记忆，有的则成为思想化石，更多掩埋在层层叠叠的文化层，留待后人的考古发现。

文化和旅游部部长雒树刚在今年的中国旅游科学年会上发表主旨讲话，在充分肯定四十年来旅游科学研究和理论建设成就的同时，也提出殷切希望。特别是希望广大旅游研究者走出书斋、走出象牙塔、走出小圈子，立足旅游业的生动实践，聚焦热点难点问题开展研究。他还连续提出了十四个现实问题。篇幅不长，让我们再逐字逐句地学习一下：文化和旅游的最大最佳连接点在哪里？融合发展的路径有哪些？如何更好发挥旅游在培育弘扬社会主义核心价值观方面的积极作用？如何提升旅游公共服务水平、增强旅游便利度？如何开发更好更多适应境内外游客需求的优质旅游产品？如何推动全域旅游？如何推动民宿发展？如何推动旅游与教育、体育等领域的跨界融合？如何更好发展冰雪经济、邮轮旅游、低空旅游等新兴业态？如何加强对文化和旅游市场的监管？如何防范化解、妥善应对各类旅游安全事件？如何做强国内旅游？如何提振入境旅游？如何引导出境游客成为中国故事的生动讲述者、自觉传播者？有人说，这些问题具有明显的行政视角和现实导向，不是学者要关心的科学问题。那么请问什么才是科学问题？是抽象的旅游定义，还是“凝视（Gaze）”之类的学术想象？是基金资助的课题，还是发表在外文C刊上的学术八股？无视大众旅游初级阶段的时代需要，无视文化和旅游融合发展的政府需求，只想着躲进象牙塔算计着自己的那点儿功名利禄，隔岸望着日新月异的旅游产业实践之火，却不愿、不敢、不能融入其中。这在指导思想上是错误的，在科研实践和理论建设中是有害的。

作为文化和旅游部直属的理论研究和数据中心，我们必须坚持问题导向，坚定不移地走理论和实践相结合的发展道路。必须举全院之力，团结和带领全国旅游学术共同体和数据中心合作网络，系统回答“旅游发展为什么？旅游发展依靠什么？旅游工作的可持续发展目标和阶段性工作重点是什么？”等事关当代旅游发展理论体系建设的重大课题和现实问题。今后要更加重视《旅游内参》（含特别报告）、《中国旅游大数据》、专题报告等智库平台建设，更加重视智库成果的针对性、及时性、有效性和可读性，切实抓好党组和领导特别交办的事项。这些平台和成果可能不符合大家心目中的学术标准，不会公开发表也就没有人公开引用，甚至去了高校也没有办法评职称，但它们切切实实代表了我们资政建言、开启民智和引导舆论的真实水平。没有党组认可、系统采纳和产业认同，拿再高预算的规划合同，发表再多期刊论文又有什么用呢！商业机构也可以做规划，可能做得比我们还好，高校更是拿基金和发论文的主阵地，而且更懂得利用规则去发表，甚至是为发表而发表。我们不要去与它们比这些，而要做规划公司和高校不能做、不愿做，也做不好的事情。为此，我们在学术成果评价体系中既重视传统的基金项目、SSCI 论文、学术荣誉，更重视资政建言、服务产业和开启民智的内部报告、专题讲稿和党报党刊的文章等非传统学术成果。也只有把这些党组需要、产业需要和时代需要的实践项目做好了，把以人民为中心的旅游发展理论建设好了，中国旅游研究院这块牌子才算是立住了。

二、贯彻文化和旅游部党组要求，加强文化和旅游融合研究，既要有设计稿，也要有施工图

根据文化和旅游部的“三定”规定，转隶改冠后的中国旅游研究院（文化和旅游部数据中心）增加了两项职能，即文化和旅游融合研究、文化统计和数据分析。为此，我们新组建了统计调查所、数据分析所、政策和科教所，明确总规划师、总统计师的岗位设置。可是，同志们，从来都是庙好盖、和尚难请、经文难念，更不要说香火能不能旺了。怎么办？只有在继续做好既有旅游研究、旅游统计与大数据分析的基础上，以“三次

创业”的激情，明确指导思想、前行路径和研究方向，用五年左右的时间，再造一个文化研究院和文化大数据中心。

作为文化和旅游部直属的科研事业单位，我们要想党组之所想、急党组之所急，重点做好文化事业和文化产业的政策研究、工作研究和规律性问题研究。经过十年探索，研究院已经形成了一套理论和实践相结合的研究范式，有大数据做支撑，而且熟悉市场和产业。这些经验和优势要继续发挥。在探索的初期，可以先从现实热点问题着手，比如公共文化效能评价、文化遗产利用、《文物保护法》修订等。我们既要从高位看规律，也要从低位看现象。以《文物保护法》的修订为例，我们不是法律专家，也不是文物学者，但是我们可以像 2012 年配合起草《旅游法》那样，从人民群众对文物的需求出发，从国民文化权利出发做研究啊。过去是文物保护不足，国家要抢救性保护，现在是利用不足，是人民群众对文物事业的无感。从历史唯物主义的观点出发，我们已经走出了一条有别于资源导向的旅游研究之路，同样可以探索一条不同于本体依托的文化研究新模式。

在文化研究方面，我们要勇于面向新需求、发现新动能、开拓新领域，而不是在存量领域与既有学术机构去竞争那么一点话语权和影响力。问题不怕小，就怕空。我们与创作发行《洛宝贝》等现象级动漫作品的大业漫奇妙合作，共建亲子文旅实验室，共同开展学龄前儿童文化休闲研究。这个切入口看上去很小，但却是一个全新的，可以不断拓展和成长的学术领域。影响美国几代人的动画片《芝麻街》，就是由研究机构发起并长期跟踪观测的。还有和上海创图、良业照明、海淀北部文化中心等文化企事业单位的合作，正在开启公共文化、文化产业、夜间休闲等文化与旅游合作研究的新空间，这些都是传统文化机构和理论工作者没有碰过的领域。采取类似路径与文化事业机构、文化市场主体和文化研究机构的融合，既可以接地气，掌握一手数据和鲜活信息，又可以形成“强理论、重数据、出政策”的智库产品。我们完全有理由相信，一个综合旅游、休闲、文化产业和文化事业的新型智库很快就会成型，并将在国家文化和旅游融合发展的历史进程中写下浓墨重彩的一笔。在此过程中，每一位研究人员、行政人员、博士后、访问学者和学术共同体的同志，都将是时代的见证者，也是历史的创造者。

我们还要有意识地将研究视野向大文化产业方向拓展，包括但不限于电影电视、新闻出版、图书发行、动漫电竞游戏等，甚至广场舞和卡拉OK。电影是国家形象，也是旅游目的地形象建构的重要手段。数据表明，2001 年到 2017 年间，全球上映排名前 200 部电影中，有 34 部的故事或人物源于英国作家的作品，超过 120 部电影的主演或者配角是英国人。不计动画片的话，有英国演员的影片高达 80%。在为英国带来巨大的海外商业收入的同时，也在不断强化精致、优雅、勇气、时尚的“英伦范”。借助电影的魅力，旅游宣传推广可以起到事半功倍的效果。政策与科教所你们可以“逆工程化”的思维方式，结合我国电影事业和电影产业现状，对旅游与电影的互动关系展开系统研究，从而形成全新的文化与旅游融合研究的理论增长点。1988 年，我国开始实施农村电影放映工程，村村看银幕、人人看电影，曾经为丰富农村文化生活做出巨大贡献。但是现在家家有电视了，智能手机也很普及，还是在露天的文化广场上放映那些老片子，就跟不上时代了。事实上，广大农村居民对电影的要求，早已经不限于“看到”，更希望“看好”。同志们如果能够沉下去，像费孝通先生写《江村经济》那样把基层的情况摸清楚，“勿以善小而不为，勿以恶小而为之”，积少成多，慢慢地就会在公共文化政策和文化产业研究方面有一定的发言权了。

除了物的文化和表演的文化本身，也可以从衍生的文化，以及文化的新空间和新载体着手。过去的艺术家以作品为中心，以舞台、剧院、报刊、博物馆为载体，通过创作演出和体制评定而成名成家。现在互联网原住民的一代成长起来了，他们通过线上打赏与众筹、线下包场与后援，形成了一套偶像养成和文化生产新模式。以前的角儿与座儿是给予和被给予、仰视与被仰视的关系，现在则是平视的关系，甚至有“你是我们养成的，别人不能批评你，你也要听我们的”群体心理。这就有话语权建构，甚至意识形态的问题了。为此，必须发现和培育文化领域志同道合的新型市场主体、企业家和创业创新者，完善学术研究合作网络、地方和企业发展案例库、数据库和文献中心，建构新型研究范式，不断丰富和完善我们在新领域的学术资源、人脉网络、平台基础。

文化统计方面，无论是人力资源，还是专业基础和研究范式方面，基本上还是空白。在统计工作和资源配置方面，在技术层面还没有清晰的界定和明确的说法，很多事情都需要我们自己边实践、边研究、边定型，从某种意义上说，就是个“三边工程”。这没什么，回顾研究院建院十年所走过的道路，也是这么过来的，就当是新建了个文化数据中心吧。在充分借鉴旅游数据中心建设经验和文化事业、文化产业的特点基础上，坚持问题导向，急用先建，大体上可以分三步走。第一步，需求侧着眼，小文化入手。需求侧就是国民大众对文化消费的需求，这方面完全可以借鉴旅游数据中心的建设经验；小文化是指文化和旅游部管的文化，包括音乐、戏剧、舞蹈等舞台艺术，文化馆、博物馆、美术馆、图书馆、非物质文化遗产等公共文化事业，以及对外演出、展览、交流等部分文化产业。把两者连接起来的是文化效能评价，特别是公共文化效能评价。第二步，供给侧着眼，大文化入手。党的十九大报告提出，满足人民过上美好生活的新期待，必须提供丰富的精神食粮。要将文化统计的范畴拓展至包括电影电视、新闻出版、图书发行、动漫电竞游戏等在内的大文化，这些都是和人民生活息息相关的精神食粮。通过对大文化的数据统计和分析，可以为文化领域的供给侧改革提供依据，进而促进文化事业和文化产业改革发展。

第三步，国际化视野，泛文化拓展。优秀文化必然承载人类命运共同体的未来，因其体现的共同价值而对不同国家、不同地区、不同民族、不同文明的受众产生自然而然的吸引力，进而形塑国家和地区形象。迪斯尼、好莱坞、NBA、麦当劳、可口可乐，加上无所不在的军事存在，一并构成世人对于美国的想象。正是通过这些文化符号和日常消费，美国的价值观在不知不觉中得到了传播。日本漫画已从供少儿娱乐的“玩具时代”，发展到与国外游客互动交流的“记号时代”。随处可见的动漫海报、漫画展和Cosplay，家喻户晓的漫画人物在润物细无声地教化下一代。我们的文化统计，从长远来看，还要考虑如何衡量中外文化的交互影响，如何对中国的文化软实力进行测度，甚至还可以考虑对世界各国的文化软实力进行排名。以此为文化交流互鉴提供参考，进一步坚定文化自信。在此过程中，尤其要加强文化统计和数据分析的理论研究，或者说理论先行。要将文化和旅游融合研究与文化统计工作有机结合起来，有意识地发表一批学术成果，经得起同行评价。要坚持务实的调查统计工作作风，不要高高在上，而要深入一线，特别是要加强随机的、互动的调查，以此形成直面事实的数据和样本。要参照旅游统计的“一体系、两手册”，分步骤完善文化统计工作成果体系，推进文化统计实践发展。

三、在文化和旅游融合理论建设中，坚守“一群人、一件事、一辈子”的组织文化

前不久，文化和旅游部党组书记、部长雒树刚到我院开展专题调研，亲切寄语：一群人，一件事，一辈子，努力把研究院打造成为具有国际国内广泛影响力、产业引领力、大家向往的学术重地和理论高地。领导是党内理论家，是知行合一的大知识分子，他的鼓励和期盼也是我们今后的努力方向。

从2008年6月6日揭牌到现在，研究院走过了十一个年头了。这些

年来，我们一直围绕中心、服务大局，在促进国民旅游福祉提升和旅游业高质量发展方面做了系列工作。现在文化和旅游部党组要求我们继续开展旅游研究、旅游统计和数据分析工作的同时，又把文化和旅游融合研究、文化统计和数据分析这么重要的任务交给我们，这是对机构的肯定，对团队的信任。党支部和院班子在系统分析内部条件和外部环境的基础上，有信心谋划未来并全面完成党组交给的光荣任务。与此同时，也要正视风险和挑战，特别是组织文化和人力资源方面的挑战：部分积累了一定资历，却对建院理念和价值不能完全认同的研究人员离开后，如何为有才情、有能力、有认同的坚守者提供更加宽广的成长空间？新引进的旅游和文化研究人员如何培养？如何建设协同创新的学术团队和生生不息的学术梯队？在高层次人才竞争中，我们没有高校的博导位子和房子，没有企业的票子，也没有机关的位子，怎么办？这个问题我想了十年了，觉得还是得靠理想，寻找志同道合者，构建基于共同价值观的学术共同体。只有在这个前提下，才能谈纪律，否则留得住人，也留不住心，天天猫看老鼠似的管着、看着，组织和学者就会不可避免地油腻和猥琐起来，还哪里有什么心力去做经世济民的大学问。

我们在资政建言、科学研究、社会服务、文化创造和人才培养方面的一切努力，从来就不是，将来也不可能是为了个人的功名利禄，更不可能是把同志们培养成为精致的利己主义者，而是为了建设以人民为中心的旅游发展理论，为了探索有中国特色的中国旅游智库发展模式。这是一份具有历史意识的崇高理想，也是需要我们用毕生才情和努力去印证的学术实践。在前行的道路上，有人跟不上时代和产业的发展而落后了，有人受不了清苦和约束而离开了，甚至有人为了个人的私利和外界的诱惑而背叛了最初的理想，对于我们的事业会造成暂时的和局部的冲击。但是放长历史的眼光，放在旅游产业发展和人类文明演化的进程中去看，这些暂时的困难和挫折实在是算不了什么。中国共产党“一大”十三名代表，最终走上天安门城楼的也就只有两名同志，照样领导人民建立了社会主义新中国。在研究院主题教育部署动员会上，我向全体党员提出了“两个决不允许，三个自觉认同”，即决不允许把博士、研究员或者其他什么身份凌驾于党员身份之上，决不允许以“工学矛盾”为借口影响主题教育活动的顺利开展。自觉认同不管是事业机构，还是科研机构，都是党的工作机构；自觉认同不管是研究员，还是管理员，都是党的办事员；自觉认同不管是博士，还是硕士，都是党的战士。这也是在新的历史时期对党员干部，也是全院同志的共同要求。

任何事业，只要坚守理想和信念，我们的队伍就会有大浪淘沙的过程，也一定会有更多的志同道合者加入进来，这是不以人的意志为转移的。过去十年，同志们付出很多，也成长很快；未来十年，还会有更多的责任、付出、冲击，甚至是委屈在等待我们。有文化和旅游部的坚强领导，有旅游市场共同体和旅游学术共同体的广泛支持，我们的理想一定要实现，也一定能够实现！我没有自己找过工作，所有的工作岗位的变动，都是组织调动的。自从离开高校到研究院的那天起，我就定下了退休时要说的话：报告党组，所有任务都已经完成，现正式移交，请党和人民检阅！今天提前说出来，与同志们共勉。

习近平总书记指出，“历史是人民书写的，一切成就归功于人民。只要我们深深扎根于人民，紧紧依靠人民，就可以获得无穷的力量，风雨无阻，奋勇向前”。让我们时刻牢记以人民为中心的理念，不忘初心，砥砺前行，在文化和旅游研究道路上，不断取得新的成绩！

2019 年 7 月 5 日

CTA 博士团走进海淀北部文化中心

联学联做主题党日系列活动

3

市场声音

数字化时代的旅游企业
应以思想的温度
现代商业的理性
满足更多人的美丽中国旅游梦
更要坚持社会主义核心价值观
培育文化、科技、教育新动能
做阳光下的生意。

以文化权益和旅游权利为中心　推进夜间经济高质量发展

同志们，朋友们，

经文化和旅游部批准，中国旅游研究院和芜湖市人民政府、名家汇科技有限公司联合主办的2019年中国夜间经济论坛，今天正式开幕了。本届论坛将以党的十九届四中全会为指导，贯彻落实习近平总书记关于文化和旅游工作的重要论述，研究有关夜间经济的重大理论和高质量发展战略，把方兴未艾的夜间旅游消费、夜间休闲、文化活动、相关产业和公共服务推向全面、协调、可持续发展的未来。

发展夜间经济是扩大消费、倒逼文化和旅游供给侧结构性改革的现实要求。去年春节过后，我们报出了第一份以夜间旅游为主题的内参，题目是《释放夜间旅游新需求，培育都市旅游新动力》。今年3月14日，中国旅游研究院在文化和旅游部南区正式发布了夜间旅游的系列研究成果，很快就成为政策面和产业面的热点话题。在那次会议上，我做了《夜间旅游正当时》的主题演讲，正式公开了我们的研究结论、学术观点、发展建议和政策主张，明确提出“夜间旅游是当代旅游发展理论体系的研究新领域、学术新成就，是文化和旅游融合发展的需求新潜力、供给新动能，是国家和地方高质量发展的政策新方向、效能新提升”。这不是研究团队有什么先见之明，而是我们在假日旅游统计值班和数据分析工作中发现：每到节假日和旅游旺季，热点城市和旅游景区拥堵难题总是得不到有效解决，而广大游客和城市居民的获得感、满意度也得不到有效提升。一边是入境和国内旅游者长期抱怨，“白天看庙，晚上睡觉，回去想想啥都不知道”。另一边是那么多的博物馆、文化馆、图书馆、科技馆、规划馆等文化场馆，以及兼有城市公园和郊野公园性质的旅游景区，下午 5 点就早早闭门谢客了。与此同时，从电信等大数据实验室对重点城市游客消费轨迹的数据监测可以看出，从重庆洪崖洞、成都宽窄巷子等夜间网上打卡地，到广州小蛮腰、北京奥运塔、上海黄浦江岸的灯光秀，从稳步上升的夜场电影上座率、24 小时书店，到受到高端游客欢迎的天坛夜宴、长城夜宴项目，不同年龄、不同文化背景和不同消费层次的游客和居民对夜间文化活动和旅游消费需求正在日渐增长。一开始主要是夜市餐饮、购物、K 歌，后来慢慢加入了观影、看戏、阅读等文化内容消费场所，现在公共服务和市政工程也加入了进来。国家博物馆延长了闭馆时间，北京地铁加开了夜间班次，上海、济南等地出台发展夜间经济的政策，一些城市还设立了“夜间区长”，这些都是在满足人民群众的夜间文化和旅游需求，从完善治理体系和提升治理能力方面解决供给侧结构性改革的一些深层次问题。

发展夜间经济是培育城市发展新动能、增强社会活力新元素的战略要求。有了天猫、京东、拼多多等网购平台，大家习惯了网购。有了美团、饿了么，大家习惯了餐饮外卖。有了盒马、T11，大家习惯了有人送菜到家。有了微信、微博，大家习惯了哪怕是面对面也要通过网络交流。在享受科技进步带来效率的同时，人们有意无意却忽视了那些承载人间烟火的商场、餐馆、茶馆、咖啡馆、菜市场等商业设施的衰败和消失。欧洲有句谚语，“街道就是一切”，这些商业设施不仅是消费场所，还是人与人交往的生活空间，社区之所以成为社区的生活支撑。正是通过见面时的微笑、问候、你来我往的讨价还价，人类才在漫长演进中建构起了从戏剧场到菜市场的社区和城市。如果人与人的连接只剩下人与手机的连接、人与机器的对话，那真是人民需要的美好生活和民族复兴的未来吗？马克思说过，人是社会关系的总和，人是目的而不是手段，每个人的自由发展是一切人的自由发展的前提。因此，现代社会应当，也必然指向人的全面发展，而不可能是单向度的效率。只有通过丰富多彩的夜间文化活动、商业项目和旅游消费，让白天没时间消费的年轻人、没有地方休闲的老年人、没有热闹可看的少年儿童，让愿意共享本地美好生活的游客重新回到街道上来，才应是数字化时代重构城市活力的必然选择。

发展夜间经济是发展和完善文化和旅游领域治理体系、提升治理能力、保障人民文化权益和旅游权利的政治要求。千百年前，人们就有“人生苦短，秉烛夜游”的愿望。盛唐时的长安就有了夜市，宋代都城和夜晚更是“鱼龙舞”“灯如昼”。很快我们就要实现全面小康社会的第一个中国梦了，在继续为第二个百年中国梦努力奋斗的同时，我们也必须正视人民群众的精神追求、文化休闲和旅游需求。这些需求有的是白天去满足，有的是夜间去满足。党的十八大以来，中国共产党向世界庄严承诺：人民对美好生活的向往，就是我们的奋斗目标。不断满足人民日益增长的文化需求和旅游消费的需求，则是旅游产业的发展方向，也是创新动力的基源所在。这就要求我们进一步扩大旅游供给，包括区域和空间的项目开发，也包括向时间要资源。夏季的避暑旅游、冬季的冰雪旅游、夜间旅游，都是满足新需求的新业态，由是出发，多开发几个夜市、适当延长公共文化场馆的闭馆时间、多几场演出，不要认为是什么“惠民工程”，是对市民和游客的恩赐，它只是政府保障人民夜间文化权益和旅游权利的政治责任而已。做好是应该的，做不到是失职。各级党委和政府对此要有清醒的理论认识，要有高位顶层设计，更要有扎实的底层建构。

夜间经济是一项广泛涉及城乡规划、公共服务、文化遗产活化、消费场景营造等内容的系统工程，需要各级党委政府和社会各界共商共建共享，才会有全面、协调、可持续发展的未来。

希望各级政府以更高的政治站位重视夜间经济，将夜间经济纳入“十四五”文化和旅游规划。文化建设和旅游发展都是为了满足人民对美好生活的向往与追求，美好生活反过来又正在成为文化建设和旅游发展的全新动能。事实上，从世界范围看，城乡居民的文化消费行为与游客在目的地的消费行为是相互影响、相互促进的。那些拥有世界、国家和地区文化中心，公共文化供给丰富和文化产业发育充分的目的地，往往也会拉动更高的旅游消费，产生更多的综合效益。纽约对全美的旅游贡献 2017 年就已经接近了 1/5，伦敦的文化和旅游业则为城市创造了高达 1/6 的就业机会。从最新的全球夜间灯光数据来看，东部沿海、沿长江、沿黄河区域和成都、西安等主要城市群在世界范围内算是领先的。武汉、重庆、成都等地的夜间文化活动是丰富的，商业氛围也是深厚的。但总体来看，城乡居民的获得感和满意度并不算高。有篇网络文章叫《随着路边摊的消失，北京正在变得越来越无聊，上海也是》为什么会刷屏，就是因为戳中了当代都市人的泪点：空间规划留给人们的生活空间越来逼仄了。好的城市必须有生活气息，不能仅仅是鸟瞰起来的宏伟壮观。因为人毕竟不是鸟，多数时间需要脚踩大地想世界。当前城市治理体系和治理能力，应当也必须与经济社会的现代化进程相适相应。我们对文化活动和旅游产业画红线、划底线很在行，对告诉人们不能做什么很拿手，但是对于如何促进产业发展，如何让人民生活得更幸福，说实话还需要一个持续理性学习的过程。我们需要统筹社会力量，在现有文化活动和旅游消费的基础上，因地制宜地探索文化引领、科技支撑、生态友好、主客共享等不同类型的夜间经济发展模式。本次会议，我们会发布夜间旅游专题报告，也会推出夜间经济十强城市和游客喜爱的夜市、夜间演艺、历史街区和文化场馆。这不是什么评比表彰，而是用普通游客与市民的视角去评价夜间经济的供给质量，是为在起步之初让大家有一些可观测、可检验和可供对比的样本，根本目的是为推动夜间经济的高质量发展。

希望广大科技、艺术和教育机构投入更多的资源，研究夜间经济发展的重大理论问题，从顶层设计和底层器件两个方面为夜间经济的发展提供智力支撑。发展夜间经济当然需要夜市满足人们的餐饮刚需，但夜市不是夜间经济的全部，更不是千城一面的终点。我们更需要通过市场导向的技术创新、内容创造和商业实践，满足不同人群对夜间消费分层分级的需求。对于中国这样一个拥有 14 亿人口、60 亿国内旅游人次的发展中国家来说，旅游消费不可能绝对扁平化，也不可能走向折叠化的平行空间。一个共商共建共享的文化消费和旅游市场，正在来临。大都市客源群体中 90 后、00 后亚文化群体，虽然暂时还不具备改变文化消费和旅游市场基本盘的力量，但是我们已经捕捉到消费分层的种种迹象和消费升级的暗涌动力。旅游消费作为生活消费的一部分，也正在空间与结构上悄然扩散一般性和特殊性交织一起的分层与分级特征。尽管层级之间也会相互渗透和相互影响，但那些高生活品质和高文化氛围的地方首先会对其他地区的居民形成消费落差，并转化为现实的市场势能，这点毋庸置疑。

理论之上是思想。发展夜间经济首先要弄明白坚持和巩固什么、发展和完善什么、依靠和引领什么等基本战略问题。2004 年夏季的某个夜晚，我走在布鲁塞尔的街头，听到哨声响起，接着看见黑压压的人群踩着轮滑，在消防、救护、安保等特种车辆和专业志愿者的协调下呼啸而来。询问后得知，这是该市定期举办、全民参与的公益活动，是为市民的夜间生活而非游客开发的商业节事。自那以后，特别是2009年我们开始做按季度监测的全国游客满意度项目，我越来越坚信这样一个学术观点和政策取向：城市是市民的城市，乡村是村民的乡村，政府和公共机构的首要职责是提升本地居民的生活品质和幸福感。只有本地居民生活幸福了，外来游客才会愿意到访并分享。优秀的全域旅游目的地一定是主客共享的美好生活空间，世界上断没有那种本地人不幸福，外来游客却很满意的旅游目的地的。

希望各级各类资本市场和市场主体扩大投入，研发新产品、培育新业态，让不同消费层次的城乡居民和外来游客在夜间有得游、游得起、玩得舒心。发展夜间经济，不能只有政府这只“看得见的手”在开大会、做讲话、发文件、颁牌子，得有市场主体，得让市场这只“看不见的手”在夜间经济的资源配置中发挥主导作用。只有把需求释放了，把营商环境优化了，夜间经济才会发展起来。我经常和地方的同志、企业界的朋友讲，不要老盯着什么风口，老念着什么是文化和旅游新政策，要研究那些没有被满足的需求和消费痛点。14亿人口的文化需求和每年60多亿人次的旅游市场，就是那个最大的，而且永不会消失的风口。创新夜间经济需要照明，需要灯光秀，但并不仅仅是用照明驱赶黑暗，把城市弄得越亮就越好，而是用光影雕刻夜晚，进化生活。由良业公司在北京建设的首个光影实验室，值得每个关注夜间经济的机构和个人去看看。既有机器人舞蹈的小型光影秀，也有温州瓯江两岸的光影瀑布；既有商用级的智慧集成路灯，也有实验中的城市级光影计划。巅峰智业在张家口、承德的光影秀，以及在安庆推出的《新天仙配》，也已经获得市场认可。我们相信，随着消费需求的累积和市场存量的增长，人们对夜间活动的内容将会进一步趋于个性化和碎片化，这就需要文化机构、事业单位和更多的市场主体加大内容创造的维度和产品创新的力度。从现在掌握的情况来看，这样有创新潜力也有商业能力的企业不是多了，而是少了。

希望芜湖抓住论坛契机，发展夜经济，做好江文章，推进文化事业、文化产业和旅游业高质量发展。上次在北京会见时，贺市长介绍了芜湖这座城市的地理优势、文化优势、资源优势和政策优势。如何把发展的潜力转化为发展的现实呢？文化建设和旅游发展是重要的路径，接下来要把市委和市政府的决心转化为全社会的共识，转化为城市发展的动力。有必要借此机会再重申一个重要观点：文化不是城市发展的成本，而是投资，是构建主客共享美好生活空间的软实力和硬支撑。旅游业是以游客到访为前提的，研究政策也好，制定规划也罢，一定要认真研究远方的需求和市场，不要只自顾自说本地的风景和资源。否则我们给的不是游客和市民所需要的，而游客和市民想要的，我们又给不了。城市形象建设好的，还需要专业的市场推广体系和营销专业队伍的建设，需要着力解决入境游客的可进入性和国内游客的可居留性问题，这又需要我们下决心完善涉旅接待体系、城市商业环境，以及行业监管与综合执法机制等，这是个不断迭代的系统工程。

值此大众旅游新时代、全域旅游新方位、文旅融合发展和高质量发展新要求，中国旅游研究愿意竭尽所能，助力芜湖成为夜间经济的思想策源地，文化和旅游融合发展的创新实验田，新时代旅游业高质量发展的区域引领者！

2019 年 11 月 16 日于芜湖

中国夜间经济论坛

夜间旅游正当时

同志们，朋友们，

从宏观层面的旅游经济监测与预警、游客满意度调查，到中观层面的避暑旅游、冰雪旅游和目的地知名度调查，以及微观层面的市场主体研究，中国旅游研究院公开发表的研究成果，一直都是强调“从产业中来，到产业中去”，都是为了推动产业发展。两年前，赵一静博士从韩国学成归来，她的学位论文就是关于夜间旅游。结合对地方旅游发展实践、市场主体商业创新的观察与思考，研究院以产业所为基础组建了夜间旅游课题组，并向文化和旅游系统提交了题为《释放夜间旅游新需求，培育都市旅游新动力》的专门报告。经过一年多的理论研究、数据收集和实践探索，今天是公开我们的研究结论、学术观点、发展建议和政策主张的时候了。

夜间旅游是当代旅游发展理论体系的研究新领域、学术新成果。改革开放至上个世纪末期，“创汇导向，入境为主；政府主导，适度超前”是市场化意义的旅游业发展主基调。与卖方市场相适应，旅游理论以山水人文的资源研究和产业规划为主。进入新世纪后，国民消费成为大众旅游发展的市场基础，市场和新型消费成为理论生长点。正是在这背景下，我们先后提出了“大众旅游”“品质旅游”“景观之上是生活”“旅游目的地是主客共享的美好生活空间”“既要美丽风景，也要美好生活”等观点，也推动了避暑旅游、冰雪旅游等产业创新实践。回过头来看，主要是从资源潜力挖掘和空间拓展上做文章，而夜间旅游这一时间概念的提出，无疑具有重大的理论意义，在学术演化的进程中，也是具有标志性意义的。虽然古时就有“去年元夜时，花市灯如昼”，今有自项灯市、哈尔滨冰灯节的实践，但是从经济社会现象、资源和市场多角度对夜间旅游进行系统分析和理论建构是开创性的。概念抽象和理论建构的过程并不只是有“概念—命题—体系”及其形式化的数学表达，当然还一如既往地充满了我们对现实的温情关注。对于很多工薪阶层而言，朝九晚五的工作节奏很容易让人感慨“阳光下的城市是他们的，月光下的城市才是自己的”。对于“躲得开对酒当歌的夜，却躲不开四下无人的街”的芸芸众生而言，一座充满人间烟火的城市，一座可以夜场电影之后接着在夜市吟唱《成都，成都》和《董小姐》的城市，才是真正意义上主客共享的美好生活空间。

夜间旅游是文化和旅游融合发展的需求新潜力、供给新动能。相对于白天的走马观光的景区打卡，夜晚的休闲调性更有助于游客对当地文化的感知与生活方式的体验。中国旅游研究院夜间旅游专项调查数据表明，当前游客夜间旅游参与度高、消费旺，九成左右游客有夜间体验的经历，2019 年春节期间游客夜间消费占目的地夜间总消费近三成。与银联、携程、驴妈妈等机构合作的大数据联合实验室研究表明：夜游消费数据稳步增长，观光游船、主题灯会、文化体验活动成夜间旅游热度风向标。在平均停留三天的国内游客样本群中，高达 53% 的受访者会有 2 个晚上去体验当地生活，而 18~35 岁间的中青年亲子游、情侣游的夜游热度最高。在多元化的夜游需求中，当地生活和文化体验成重要组成部分，游客对夜间文化节事活动、文化场所参观等活动的选择显著高于美食、购物、电影剧院等选项。数据表明，上海的夜间社会商品零售总额已经接近白天的一半，成都春节期间推出的“夜游锦江”吸引了16万人次参与。

夜间旅游是国家和地方高质量发展的政策新方向、效能新提升。发展夜间旅游有助于推动城乡目的地资源配置从空间拓展转向时间延展，有利于推进文化事业、文化产业和旅游业的深度融合。为了促进经济增长和推动高质量发展，不少地方特别是一、二线城市出台了发展夜间经济的政策，包括购物、餐饮、电影、灯光亮化工程。总体上看，已经出台的政策主要着眼于本地居民的夜间消费。如何把游客消费纳入其中，在本地居民的基础上增加一个旅游消费增量，国家和地方相关部门的政策设计亦是重要。当代研究早已证实存在“旅游者二元行为论”。即旅游者进入目的地这样的非惯常环境后，其消费行为与日常惯常环境下会存在显著差异。中国旅游研究院持续开展的中国游客出境满意度与国内游客满意度调查数据进一步表明，这种显著差异首先表现在消费总量上，受到时间成本、距离成本等强约束，游客消费支出总额会明显高于本地居民，关注夜间游客有助于进一步增强消费对地方经济的基础性作用，有效实现量增。而且这种显著差异还反映在游客消费支出结构上，尤其是近两年我国包括旅游在内的重点领域出现的消费升级新趋势，从夜间游客视角重构城市发展的新理念，正带动许多目的地以数字智能技术为触媒开展着令人瞩目的智慧城市创新实践与产业生态平台重构，实现城市质优发展。巴塞罗那夜间机场巴士提供免费的Wi-Fi、充电设备，以及市区夜间公交线路无缝衔接主要景点等一系列人性化的设计，就是对夜间旅游公共服务供给有益的探索。

同志们，朋友们，

从历史上看，中国早在汉代就有夜间经济甚至夜间旅游了，参与者主要官僚士大夫阶层。两宋期间出现了商圈夜市、流动夜市、餐饮和娱乐夜市，商人阶层和部分市民参与了进来。我们今天所倡导的夜间经济和夜间旅游，应当，也必须是以国民大众的广泛参与为指向的。无论理论研究，政策设计，还是产业投资，刚起步的夜间旅游都必须坚持习近平新时代中国特色社会主义思想，坚持以人民为中心的旅游发展理念，坚持“宜融则融，能融尽融；以文促旅，以旅彰文”的融合发展战略，坚持意识形态安全和生产安全两个底线。

无论是政策设计，还是产品研发，都要着眼于城乡居民和广大游客对夜间旅游的现实需求，不能搞小圈子里的自我欣赏和相互吹捧。专项调查数据表明，七成以上游客仍期待夜游市场品质的显著提升，八成左右的受访企业有直接或间接参与夜间投资的意愿，但消费主体和产业主体双方对夜游市场的判断仍有较大差异，夜间旅游供需匹配尚待专业数据和研究做支撑。

发展夜间旅游不要忙于出政绩，不要忙着发声音，政策和投资还没有落地呢，就忙着搞花里胡哨的颁奖盛典。夜间旅游需要中建、名家汇这样的灯光亮化，但是夜间旅游不仅只有灯光亮化，特别是在当前的国情、国力下，不能过于追求奢侈、豪华和震撼的效果。更不能有奇奇怪怪的灯光雕饰，要充分考虑公风良俗和受众感受。风物长宜放眼量，务必要理性而务实地做好理论建设、政策设计、环境优化和产品策划。只要我们尽心尽力地为老百姓做事情，人民自有评说，历史自有评价。

发展夜间旅游不能总是往后看，更不能只是在民间民俗的圈子里打转转，应以开放的思维汲取世界各国发展夜间休闲和夜间旅游的经验。夜间旅游项目和内容可以是民间民俗、餐饮酒吧，也可以融合人类文明发展到今的一切成果，如哥本哈根、伦敦、首尔等世界旅游城市，以文化艺术和城市空间为依托，融以光影秀、灯光雕塑、灯光交互装置，加入浸入式表演和休闲娱乐的互动，从而吸引了市民和游客的广泛参与。韩国的“夜行”、日本小樽的“雪灯之路”、美国亚特兰大植物园的“玻璃植物展”等，都是可资借鉴的夜间旅游创意案例。刚才来自荷兰旅游局的杨宇先生介绍的凡·高星空小道一公里夜间骑行项目，用设计师 Daan Roosegaarde 的话就是“采用一种独特的方式，把科技与人的情感体验融合在一起”。

是各级党委和政府思想上重视夜间旅游，实践上加强政策协调的时候了。游客到访世界一流或者国内知名的旅游目的地，不可能只是“白天看庙，晚上睡觉”的。特别是对越来越多的追求异地生活方式深度体验的休闲客人而言，晚上 6~10 时也是旅游消费的高峰期。我们一定要瞄准这个“黄金四小时”，让游客有得玩、玩得好，而不是回酒店睡大觉。除了众所周知的夜市、夜店和专场演出，我们应当，也可以向文化要资源，包括挖掘公共文化的利用潜力。博物馆、图书馆、书店可不可以延长开放时间到晚上 10 点啊？从国际经验上看是必要的，也是可行的。国民大众需要实体餐饮的宵夜，也需要精神文化的“深夜食堂”。需要指出的是，随着夜间旅游、夜间消费和夜间经济的兴起，必然会带来电力、自来水、地铁、公交、公共卫生、市政管理、安全保卫和应急救援等城市基础设施和公共服务的压力，需要城市管理部门加大相应的投入，并务实提升公共治理水平。

是各类涉旅市场主体培育夜间旅游品质，研发夜间旅游产品的时候了。从受访企业发展夜间旅游需要的支持条件看，除了资金和政策外，对技术、人才、专业咨询和数据服务的需求达到 42%、27%、17%，加快投资研发产业链，是缓解夜间旅游供需矛盾的有效途径。景观之上是生活，不能一说夜间旅游就奔着山水实景演出和大型主题公园去了，应在充分挖掘本地居民的夜间休闲资源、场所和项目的基础上，让游客参与进来，从而扩大消费基础。像苏州的评弹表演、北京的老舍茶馆、上海的彩虹合唱团、东北二人转，等等，都可以为游客所共享。北京新日国旅的天坛夜宴项目就很好啊！白天是大众观光客，美好的夜晚则是属于小众文化体验者，也是一种资源的错峰利用吧。要用好大数据聚合游客，那么多的过夜游客，不同年龄段的都有，职业背景和生活方式各异，不可能都去三里屯和后海泡酒吧。布丁酒店创始人朱晖先生三年前就在开发都市夜游的APP，用大数据连接游客需求和导游资源。

是教育、科研、媒体和社会各界共商、共建、共享美好夜间生活的时候了。总体而言，夜间旅游尚处于市场导入期和产业培育期，需要研究机构、大众传媒和社会各界的同心协力和精心呵护，不能放几头猪就把一块白菜地给拱喽。要培养灯光设计、城市亮化的专门人才，当代夜间经济不是打几束灯光就完事了，这里面有技术，更有艺术和审美。媒体要把时尚和审美品位带到旅游领域中来，受众和体验者的审美力提高了，就可以倒逼内容生产机构和公共事务管理机构持续提升自己的艺术水准，从而打造世界文化新地标。上个月，由《孤独星球》联合京东、OnePlus上线了手机夜拍旅行读物《夜·中国》，让游客模糊了消费体验者和内容者之间的界限，就是科技、文化和时尚的有机融合。

夜间旅游已经完成了从自发探索到局部自醒，正在走向战略自觉。在此进程中，离不开当代旅游发展理论的推动，更离不开市场主体的实践，以及国家和地方的主动作为，中国旅游研究院（文化和旅游部数据中心）愿意与各方探讨市场研究、统计调查、研讨会和节事展览等方面的合作，共同推动夜间旅游的健康可持续发展。

2019年3月14日于北京

夜间旅游系列研究成果发布会

旅行社的传统与传统旅行社的未来

无论是托马斯·库克这个百年老店的破产，还是凯撒旅游创始团队重获公司实控权，近期与旅行社有关的新闻很多。如果这些事情发生在三十年前，那一定是整个旅游业都要讨论，甚至要写入《中国旅游年鉴》的大事。那个年代，旅行社就是旅游业，旅游业就是旅行社，在国家机构和社会各界的心目中，两者本就是一而二、二而一的存在。而今，这些新闻只是在旅行社业者的朋友圈里议论几天，也就散了。至于酒店、景区、车船、航空、教育、传媒等构成的旅游圈呢，津津乐道的仍然是旅发大会、投资并购、文旅融合、大数据与人工智能之类的大词。我们认为天大的事情，在所谓的文旅圈子里也许只是茶杯里的风暴吧。有人由此感慨，旅行社不再是旅游的舞台中心已经很久了。有人以标题党惯用的语气说，旅行社已经死亡。更多的人则努力在理论和实践两个方面追问，传统旅行社还有没有未来？如果有，在哪里？如何去？

旅行社的未来在 180 年的发展历史中，也在“游客至上、服务至诚”的传统里。正是托马斯·库克先生 1841 年发起的火车禁酒之旅，以及随后成立的同名旅行社，才使得自古有之、自发的、个别的旅游活动演化成为大众的、市场的、专业的旅游产业。陈光甫先生1921年创立的上海商业储蓄银行旅行部，更是将服务国民旅行发挥到极致，连游客在转车过程中的行李接送都进入标准化作业程序。改革开放后，旅行社的规模扩张和市场化改革为我国入境旅游的黄金十年奠定了坚实基础。这一时期以"国中青"为代表的旅行社，由外事接待转向市场化运营，定义并诠释了国家级水准的旅行服务与接待标准，成为行业标杆。大众旅游的兴起，为旅行社产业的规模扩张和高速发展带来了全新机遇。1999年"国庆黄金周"有力释放国民旅游需求的同时，也引发国家、地方、集体、个人和外资"五个一起上"大办旅行社的高潮，而以互联网为代表的新科技曾让传统旅游业面临过生死存亡的挑战。在咄咄逼人的OTA面前，旅行社曾经无数次被追问，"to be，or not to be（生存还是死亡）"。结果呢？旅行社数量从当年的9000家发展至今天的近3.8万家，而提问者却一茬接一茬地离场，或者进入线下的门店。根本原因就在于人民群众需要旅行服务，旅游者在网上查信息、做预订、反馈和分享，最终还是要回到商务、政务、休闲生活的具体场景中来。只要旅行社的根在客源地和目的地生活场景中越扎越深，坚持为游客提供个性化、有温度的旅行服务，真正建立起与游客的情感连接，就会永远立于不败之地。春秋、广之旅这样的综合大社如此，上海老城隍庙这样的专业社也是如此。

旅行社的未来在国家旅游发展战略中，还在人民对美好旅游生活的追求里。习总书记近日在河南考察调研时指出，"一定要把我们制造业搞上去，把实体经济搞上去"。在大众旅游的初级阶段，不能搞去实体化策略，旅行社、酒店、景区、交通基础设施一个都不能少。事实证明，旅行社是旅游经济运行的主要引导力量，也是国家旅游发展战略可以依靠，也必须依靠的实体经济。从国际旅游产业发展来看，德国途易、日本交通公社、美国运通等旅行服务集团一直都是世界旅游强国的重要标志，也是各国各地区产业政策的重点领域。这些大型旅行社与所在国家旅游业共同成长，并日渐影响全球旅游业的战略格局。从大众旅游到全域旅游，再到文旅融合，每年 60 多次亿人次的海内外游客，没有旅行社的服务支撑和专业组织，是不可想象的。无论需求如何变化、信息渠道如何多元，游客对品质化旅行服务的需求始终存在，在全球更大范围内的自由行走也将越来越依赖旅行社的专业服务。从戏剧场到菜市场的主客共享生活空间，从 C919 大飞机到哈啰单车，从米其林餐厅到“苍蝇馆子”，从购物退税到安全保障，游客与目的地的接触界面越多，对美好生活追求越多，就越离不开传统旅行社的服务。希望同志们不要讳言自己是传统旅行社，传统意味着历史悠久的经典，意味着对美好生活的传承与坚守，意味着人间烟火的温暖与家长里短的关爱。

旅行社的未来在日趋活跃的创业实践中，更在业者生生不息的市场创新里。当且仅当企业家、专业技术人员、职业经理人员和所有旅行社从业人员有信心，才能让传统旅行社的可持续发展拥有可靠的保障。正如《国际歌》所唱，这个世界“从来就没有什么救世主，也没有神仙皇帝”。今年的热映动画大片《哪吒》的主人公也说，“我命由我不由天”。根植于日益深厚的需求土壤，经历了资本市场的冲击和新业态的洗礼，传统旅行社正不断革故鼎新，在文化、科技和旅游融合发展的新时代主动寻找自己的位置。

我已经看见旅行社业务正在从传统跟团游转向定制游、亲子游、老年游、深度游为代表的“新跟团”。作为包价旅行服务提供主体，团队游是传统旅行社的重要领地。近年来团游比例的下降经常成为专家学者判断传统旅行社衰亡的直观依据，却没有看到这只是反映了团队游产品与游客需求升级的错位，不代表着团队出游形式的过时，更不代表着游客不需要旅行服务，凡事都能自己来。在定制旅游、研学旅游、老年旅游、亲子旅游等快速崛起的细分市场中，游客需要的是更专业的旅行服务，团队游仍然是国民大众主要的出行方式。也会有越来越多的游客跟着黄晓明去游遍世界的中餐厅，跟着闺密去游迪拜，跟着说好不哭的周杰伦去品尝东京的别样奶茶。事实上，私家团、精致小团、目的地参团、品质团、定制团等一系列创新的“新跟团”产品，已经导入旅行服务市场且日渐流行。

我已经看见旅行社在资源掌控方面正在从传统地接，升级到当地玩乐的定制生产的“新地接”。作为集成目的地资源的地接社，也正在突破“来料加工被委托”的传统模式，转向“主动出击打品牌”。面对当代游客分层、分众、个性和碎片的非标准化需求，对市场和资源两端均有深刻理解的旅行社，通过对车辆、导游、餐馆、商场、度假村等“胜负手”资源的掌控，加上对小众化的日常生活场景的理解，直接介入产品研发和服务优化环节，重塑旅游价值链的供应商关系，甚至会重构旅游生态圈。那些控制了稀缺的应季食材、小批量的红酒和雪茄、游艇码头和文化演出的旅行社，则会通过合理的要素组合和服务增值，借助资本和品牌的力量，为市场提供多元化的产品、灵活的价格和创新的营销策略，进而实现与目的地的有机共生。

我已经看见旅行社的营销模式正在从传统服务链条的下游，走向科技和文创营造生活场景的“新零售”。在出游方式多元化、内容需求碎片化、决策时间缩短化的趋势下，从资源端到客源端中间的传统批零体系正受到挑战，因其链条长、反馈慢而制约了对需求的响应速度和创新能力。在定制游、小包价、碎片化预订等趋势的驱动下，传统旅行服务链正向着更短、更智能、更柔性的“新零售”模式转变。互联网技术的去中介化仍然在主导旅游业的变革，在全球“直客浪潮”的影响下，无论批发商、组团社、地接社都有更强的动力去直连游客，并且在获客成本不断攀升的竞争中，学会从简单“获得顾客”到全面“运营顾客”。

我已经看见行业协会的努力，配合政府主管部门开展线上与线下并重，约束与激励兼容的“新治理”。旅行社行业的发展需要健康的市场秩序和良性的营商环境，以往主要是行政主管部门发放许可证、制订标准和强化监管，现在行业协会也在创新组织形式，积极探索新型行业自律模式。在经历了零负团费的价格战，以及资本的攻城略地和互联网的高歌猛进等一轮又一轮的冲击后，旅行服务的需求与供给都在逐渐回归其应有的商业理性。头部企业开始探索如何从自身做起，通过发布企业标准、制度建设等方式，改善自身所处的微观生态圈，进而优化全行业的生态环境，并尝试搭建市场化的同业组织，形成与既有协会相互补充的新型治理模式。

希望通过我们的努力，在文化和旅游系统进一步统筹重视旅行社，为旅行社营造鼓劲加油的发展氛围。多年以来，从旅游投资、分等定级到全域旅游，我们多强调政府体系的作用，强调自上而下的动员。就是抓市场主体，也是抓旅游小镇、主题公园、旅游景区、旅游厕所等看得见、摸得着的项目，有意无意忽略了分散而灵活、小型而有活力、牵一发而动全局的旅行社业态，甚至将旅行社看成可有可无的存在。从《旅行社管理条例》修订，到一场接一场的市场整治行动，旅行社似乎成了旅游服务质量的“背锅侠”，从业人员的政治地位和社会声誉日渐下降。政府对旅行社的行业治理要加大专题调研的力度，走进各类旅行社企业，倾听一线业者的声音，了解他们的需求与痛点。旅行社如何重新成为旅游业高质量发展的火车头，应纳入“十四五”文化和旅游融合发展规划中统筹研究，召开旅行社创新发展专题会议，促进产学研结合，实实在在地推动产业创新。

希望通过我们的努力，推动政府主管部门改革旅行社管理体制，进一步优化有利于旅行社创新发展的顶层设计。作为连接交通、住宿、景区、餐饮、购物等单点资源的旅行社，本身就是在链条式的动态环境中为游客提供整合服务，在服务难度上比单体经营者要高，面临的不确定性和风险也更大。根据《旅游法》和《旅行社管理条例》，由于酒店、车辆、导游等任何履约辅助方的原因而造成的伤害和损失，旅行社都是第一责任承担人。作为直接面向游客的服务界面，游客也养成了在遇到问题时第一时间找旅行社，问题不能得到解决时直接投诉旅行社的习惯，造成了旅行社被投诉比例的常年高企。为此，我们建议在广泛征求行业意见的基础上，适时修订《旅游法》《旅行社管理条例》《旅行社责任保险管理办法》《导游管理办法》等法律法规，积极探讨旅行社资质准入、质量保证金、旅行社责任险、导游自由执业、外资旅行社准入等业界广泛关注的问题，以制度建设引导鼓励小微型企业发展，以创新性思路升级迭代原有制度设计，减轻企业压力，打造良性竞争的营商环境。

希望通过我们的努力，推动旅行社协会改革创新，持续提升产业影响力和社会话语权，引导传统旅行社不忘服务初心、牢记发展使命，共创旅行服务产业的新辉煌。行业协会的改革还在摸索中，官方和民间的平台搭了不少，但是内生动力、外在影响力和产业话语权并没有明显提升。协会与政府脱钩，表明已迈出了市场化改革的第一步。作为行业代言人，协会如何真正发挥积极作用，理顺政府、市场与社会三者关系，真正为企业服务，解决切实问题，规范企业行为，带领行业自治自理自律发展，还有很长的路要走。党的十八大提出“加快形成政社分开、权责明确、依法自治的现代社会组织体制”，明确了改革发展新的体制目标。行业协会要进一步适应市场环境，打通民选民办民治的制度路径和功能的市场化、民间化回归，切实解决行业痛点，实现符合现代社会组织特征和治理规范的自治管理、自律发展。

希望通过我们的努力，推动大型旅游集团和一线企业在旅行社未来发展战略中切实起到示范和引领作用。金融资本、产业资本、互联网和创业潮催生了在线旅游代理商的繁荣发展，一方面对旅行社的传统业务形成竞争，另一方面也拓展了旅行服务的新空间。大型旅游集团是整个行业的引领者和风向标，也是链接行业众多中小主体的关键节点。根据中国旅游研究院十年满意度监测数据来看，旅行社服务质量虽然已达到76.12分的满意水平，但仍然有较大提升空间。旅行社要重新成为旅游业高质量发展的火车头，需要中国旅游集团、携程、中青旅、广之旅、春秋、凯撒、众信、途牛、同程等市场领导者主动作为与积极担当，特别是在产品创新、服务质量提升、标准制定、产业转型、行业治理等方面发挥更大的引领作用。可以投入更多的资源到入境旅游市场中去，在规模、品质和绩效方面有实质性突破，与国家新时期旅游发展战略相向而行，涌现出更多国际化成长的百强旅行社。

2019年10月26日

2019旅行社行业发展论坛（福建南平）

定制旅行促进旅游业高质量发展

各位业界同仁，媒体朋友：

下午好！

党的十九大报告指出，“我国经济已由高速增长转向高质量发展”，这一判断既指出了包括旅游业在内的我国经济发展的鲜明特征，也为今后的经济工作指明了方向。习近平总书记在 2017 年 12 月 6 日的党外人士座谈会上指出：“实现高质量发展，是保持经济社会持续健康发展的必然要求，是适应我国社会主要矛盾变化和全面建设社会主义现代化国家的必然要求。高质量发展是我们当前和今后一个时期确定发展思路、制定经济政策、实施宏观调控的根本要求，必须深刻认识、全面领会、真正落实。”从市场态势和产业格局上看，在文化和旅游融合发展新时代促进旅游业高质量发展，党和国家有要求，游客和业者有期待。

回顾改革开放四十年来的旅游业发展进程，主要是由入境旅游的“封闭红利”、国民旅游的“人口红利”和资本、技术红利驱动的。近年来，随着国民旅游权利的普及和中产阶层、年轻人旅行经验的丰富，标准化研发、规模化销售的团队旅游产品已经很难获得市场青睐了。低价旅游、零负团费以及随之而来的强迫购物、诱导消费、卖团甩团所形成的低品质形象，已经让旅行社、OTA 等旅行服务商陷入了严重的行业信誉危机。从中国旅游研究院过去十年的全国游客满意度监测数据来看，虽然总体呈上升趋势，2018 年已经达到 76.12 分的较为满意水平，但是质量还不稳定，而且与交通（77.65）、餐饮（77.27）、娱乐（76.97）、景点（78.38）等商业服务和公共服务（77.65）相比，旅行社的服务质量仍然有明显的改善空间。从今年一季度的游客投诉数据看，旅行社占比高达 63.67%，其中降低服务标准占了 49%，其他投诉包括欺骗消费者，强迫或变相强迫购物、收费不合理，甚至侵犯人身安全。有游客对某国外行程吐槽："吃的一般般，这还是客气的。车差，特别是在几个国家公园的行程，车根本不是旅游大巴而是校车，30 个座位一个富余的都没有，行李都放不下，从没坐过这样的车，简单无语了。"再从供给侧来看，资本攻城略地和技术高歌猛进的时代正在过去。如果没有扎实的内控机制和高品质的服务界面，去内地的创业板、主板上市，去港交所、纳斯达克敲个钟，去与 BAT 嫁接导流，既无法打动旅游者的芳心，也无益于股东的信心、员工的认同和同行的认可。

上述困境的打破，固然需要各级旅游行政主管部门的依法监管和产业促进，需要行业协会的倡导与自律，而要真正实现旅游业的高质量发展，就必须发挥市场主体的关键角色和积极作用，特别是需要携程、凯撒、春秋、广之旅等市场领导者和鸿鹄逸游等新业态创造者的主动作为。这些企业本身就是在市场竞争中成长起来的，是千千万万的游客抬着轿子把它们抬到了国家旅业的第一方阵，对消费者主权有着清晰的认知。市场和法治是服务品质的保障，在一个竞争的市场上，无法让消费者满意的企业别说发展了，生存都是问题。对于那些既有创新能力，也有创业基因的大型旅游集团而言，捕捉介于团队旅游和自助旅游之间的商业机会是本能，也是愿景。

我们很高兴地看到，在过去的几年中，定制旅行已经成为市场主体促进旅游业高质量发展的成功探索和有效路径。无论是全包价、小包价，还是单项预订服务，旅行社的传统操作模式都是生产者主权，从踩线、采购、组装和分销到线下的门店和线上的OTA，都是供给侧在主导。游客看上去有选择权，但主要是在不同的旅行社品牌和有限的产品间选择，或者说游客的选择自由度是有限的。经济理论和市场实践表明，消费者的满意度与消费菜单的可选度是密切相关的。随着大众旅游时代的到来和国民旅行经验的成熟，选择自由行和自助游的人越来越多，但是游客用于信息搜寻、价格比较、目的地决策、小交通和目的地生活方面的成本也越来越高。有人说移动通信、大数据和便利支付有效降低了交易成本，人们有了更多的时间去体验生活的美好。对此，我们想一想洗衣机、微波炉、冰箱等家用电器是否减少了人们的家务劳动时间，想一想打字机、计算机和大数据是否减少了白领的工作时间，自然就有答案了。

分工与专业化是经济增长的本质要求，也是效率提升和服务品质的有效保障。商业从工业的分离是不可逆转的经济史进程，旅行社或者说旅行服务从交通、住宿、餐饮、娱乐、购物、主题公园等商业机构和自然遗产、文化遗产目的地资源管理者和公共文化机构中分离出来，也是大众旅游时代不可逆转的商业进程。无论我们如何强调消费者主权，已经认识到游客不再是纯粹的消费者，而是会介入目的地选择和产品设计中去，但是游客绝不可能变成普遍意义上的生产者，仍然需要旅行社的新型专业化服务。在市场主体的共同努力下，定制旅行正是从消费者主权出发，依托旅行商的专业化运营，在分众和分层基础上为旅游者提供品质服务的商业模式。

从这次发布的成果来看，携程定制旅行平台供应商管理标准已经自觉肩负起质量提升和生态圈培育的责任。这种基于流量和获客能力的市场契约，可以起到政府监管部门无法替代的作用。携程 C+ 定制师培训项目将会让更多业者可以成为定制旅行的行家里手，从职业教育角度为旅游业的高质量发展提供坚实的人才支撑。鸿鹄逸游对游客需求的透彻研究，对供应商和导游可以做什么、不可以做什么的细致要求，让我们看到了高端和奢华领域的中国服务正在成型，看到高质量发展的标准化支撑。值得关注的还有“定制美好旅行生活”这一带有形而上论证和产业趋势判断的成果，它是凯撒旅游集团的理念主张和商业探索。从其已经导入市场的日本文化之旅和南太岛国的邮轮旅游来看，确是一家有理念，更有行动力的企业。

定制旅行需要更加广泛的共识。以携程、凯撒、鸿鹄逸游为代表的市场主体已经成为定制旅行和旅游业高质量发展的关键角色，正在发挥越来越重要的作用。一花独放不是春，万紫千红春满园，为了更好地促进定制旅行理性、协调和可持续发展，我们需要在共识的基础上与更多的业者同行。定制旅行的时代已经到来，它是大众旅游从初级阶段向中高级阶段演化的必然要求，也是旅游业高质量发展的必然要求，因而是全民的和全行业的。决不能把定制旅行与大众旅游对立起来，团队旅游也有高端产品，定制旅行也有大众市场。这个观点务必要向行业说清楚，不然会误导市场。

定制旅行需要更多的企业标准。企业标准是在企业范围内需要协调、统一的技术要求、管理要求和工作要求所制定的标准。根据《标准化法》和 2016 年全国标准化会议精神，国家鼓励在已有国家标准（GB）、行业标准（LB）和地方标准（DB）的情况下，企业自行制定并无备案发布企业标准（QB）。企业标准在相应指标上应当比国标、行标和地标要求更高，更有个性化。在上述标准均不存在的情况下，市场主体可以自己的质量控制标准和生产流程为基础，发布自己的企业标准。企业标准的起草也需遵循一定的格式，包括但不限于适用范围、规范性引用文件、术语定义等。经过内部报审后，由企业法人代表或者法人代表授权的主管领导批准，通过企业标准信息公共服务平台予以公开发布。从公开信息来看，除航空公司外，旅行社、OTA、酒店、景区、主题公园、车船和目的地小交通等涉旅游企业很少发布自己的企业标准。这与国家旅游行政主管部门多年来对标准化工作的强势主导有关，也与旅游企业的市场主体意识不够强、科研和技术支撑不足有关。

定制旅行需要更多的产品品牌。鸿鹄逸游、碧山、赞那度、中青旅耀悦等主打奢华和高端的定制旅行商，已形成公司品牌效应。携程、凯撒、港中旅等旅行服务商也在此领域耕耘有日，并成立了相应的事业部或者业务单元。随着人民生活水平的提高和旅行经验的丰富，定制旅行市场将面临分层、分众的趋势，我们还需要更多的品牌线路和品牌产品。“非洲之傲”“东方快车”等代表品质的旅行线路，需要无二之旅、指南猫等定制旅游平台等让年轻人从一开始就了解品质、享受定制，也需要时尚引领定制旅游的未来。

定制旅行需要权威的第三方评价。餐饮界的《米其林餐厅指南》，旅游推广与自助旅行的《孤独星球》，旅游供应商的猫途鹰，每次发布都会引起有关国家和城市的目的地营销机构、餐馆、酒店、博物馆、购物店等公共和私人机构的高度关注，以及媒体的广泛跟进报道。中国旅游研究院发布的“欢迎中国”，携程发布的民宿推荐，已经有这方面的意义，但是总体上看影响力还不够广泛。由张杨博士牵头的旅行服务项目团队将会定期发布定制旅行研究报告，并以中国旅游研究院的名义对相关的企业标准、线路产品和服务品牌进行排序性评价。我们还将与有关机构合作，定期发布旅行服务业的年度关键词、目的地类型、新线路和新产品，并致力于打造旅行服务的风向标。

全国旅游市场共同体团结起来，以定制旅行为新起点，为旅游业的高质量发展而努力奋斗！

2019年7月9日于北京

定制旅行研究成果发布会

市场主体是海丝旅游的建设者和引领者

同志们、朋友们，

习近平主席于2013年9月和10月分别提出建设“新丝绸之路经济带”“21世纪海上丝绸之路”的合作倡议，得到了沿线国家和地区的积极响应。五年多来，参与共建“一带一路”的朋友圈越来越大，好伙伴越来越多，发展前景越来越好。在此进程中，包括旅游在内的人文交流扮演了日渐重要的角色，发挥了更加积极的作用。过去五年，中国与33个海上丝绸之路沿线国家和地区的旅游交流保持了31%的年均增长率。2018年中国与沿线国家的双向旅游交流规模达到创纪录的6423万人次，仅泰国就接待了超过1000万人次的中国游客。综合考虑经济、社会、市场和政策因素，我们有理由对海上丝绸之路旅游交流、人文交往和产业合作的未来保持更加乐观的预期。

正是看到了旅游市场的巨大商机，以及人文交流对于国家交往的民意基础日渐增长的重要性，旅游已经成为国家元首会晤、政府首脑互访，以及双边交往和多边交流的重要议题。到目前为止，中国与印度、老挝、柬埔寨、新西兰、太平洋岛屿国家等多个国家已经、正在或者将要互办旅游年，在“一带一路”峰会、亚洲文明对话、上海合作组织、东盟“10+3”、大湄公河次区域合作（GMS）等主场外交和多边平台上，旅游都是重要的主题。为了沿线民众之间更加自由地往来，各国政府持续扩大旅游宣传推广力度，完善旅游接待环境，实施便利化的签证政策和更加人性化的边境管理措施。受益于沿线各国在发展理念、产业政策和监管工作上的相向而行，游客对沿线各国了解加深了，好感度提高了。2018年，中国游客对海丝沿线国家的满意度总体上处于较高水平，对东盟国家和澳大利亚、新西兰满意度则稳定在80分左右的理想水平。有了相互了解、互鉴共容的民意基础，国家交往和产业合作都会更为顺利。

旅游发展为基础设施建设提供了新机遇，为互联互通注入了新动能。在丝路基金、亚投行及各大商业银行等资本平台的推动下，在中交国际、中铁建、中石油、华为、东航等市场主体的积极参与下，中国和沿线国家一道，在港口、铁路、公路、航空、电力、通信等基础设施领域开展了大量务实有效的合作。旅游发展，特别是远程旅游目的地市场的发展，离不开航空港、邮轮母港、高速铁路、高速互联网等基础设施的支撑，或者说正是由于这些基础设施的互联互通，人员往来的便捷性和人文交流的日常化才有了底层架构。与此同时，我们也要看到：相对于资源开发和商品贸易，沿线国家特别是那些拥有丰富旅游资源的城市、海岛和文化遗产地，更加欢迎中国游客的到访。更多的案例和数据表明，我国出境游客比较集中的目的地国家和城市，在接受来自中国的投资、技术和项目时，也会释放更多的善意，后续的商业互动也会更加顺利。

在看到21世纪海上丝绸之路与旅游市场协调互动的同时，我们也要看到：南亚、波斯湾、红海湾及印度洋西岸等绝大多数海丝沿线国家的旅游潜力仍然有待开发；中国与巴基斯坦、阿曼、孟加拉国、沙特阿拉伯等南亚和波斯湾地区的文化差异仍然是扩大旅游交流和深化旅游合作的障碍；相对于连接欧亚大陆的丝绸之路经济带，我们对海上丝绸之路的旅游发展，尤其是与沿线国家的旅游合作尚未有效破题。为此，需要政府、企业和社会各界力量的共同努力，更需要包括航空、旅行社、酒店等市场主体的担当与作为。

市场主体要满足既有的国民旅游需求，也要研究沿线国家等大尺度空间的旅游需求。目前我国出境旅游目的地主要集中于周边国家，受制于航线数量和直达航班的运力，很多愿意与我国合作的中远程目的地国家的旅游发展潜力还没有完全释放出来。在 5 月 15 日的亚洲文明对话大会上，习近平主席提出了“亚洲旅游促进计划”，获得了与会嘉宾的高度认可。包括东航在内的涉旅市场主体应当，也完全可以主动作为，通过与旅行商合作研发包机产品、与外航代码共享、联程行李直挂，甚至航空与高铁、邮轮的合作，让游客更加便捷地到达其愿意到达的目的地国家、城市和岛屿。理想的海外产业布局是，游客到哪里，航空港就建到哪里，酒店、餐馆和免税店就开到哪里。上个世纪六十年代日本出境旅游高速增长时代，全日空等航司就是这么做的。类似的案例还包括德国汉莎航空 + 凯宾斯基、泰国航空 + 风兰假期等。东航拥有航空客货运、地面服务、通用航空、机场酒店和上航旅游等相对完善的产业布局，可以联合上海、烟台这样的海上丝绸之路重要节点城市，服务和引领海丝旅游的发展方向。

市场主体在输出中国投资、中国技术，也要培育和推广“中国服务”品牌，还要吸引更多的海外游客来看一看美丽中国。1.6 亿的出境旅游旅行人次和 1300 多亿美元的海外旅游消费，不能仅仅是人民美好生活的内容，也可以是市场主体走出去的坚强支撑和创新动力。继“基建狂魔”“世界工厂”“买买买”等标签之后，“大国工匠”“创业创新”“中国服务”等代表品质内涵与时尚前沿的名词，也应经由市场主体的商业活动加以有效传播。今天的旅游已经不再只是简单的看山看水看风景，而是既要美丽风景，也要美好生活。市场主体服务好出境旅游需求和目的地休闲需求的同时，也承载了一个民族走向复兴和日渐强大的中国，展现了一个人民追求幸福和更加文明的中国。国家发展入境旅游的决心从未动摇，在“中国梦”正在成为入境旅游新动能的今天，希望东方航空既要载着国人去看全世界，也要载着全世界的人来看看美丽中国。

市场主体要做国家战略的承载者，也要做生活方式的创造者和文化走出去的推动者。目的地建设固然要利用既有的自然和历史文化资源，但是决不能把旅游开发简单地等同于开发海滨旅游度假地和建景区。昨天文化和旅游局的张祖玲局长介绍，烟台要新建十多万平方米的博物馆、图书馆和文化馆，这很好啊！世界级的旅游目的地不能只盯着美丽的海滨、美味的葡萄酒和凉爽的气候，还必须要有与之相适应的文化地标。为了满足远程目的地的休闲度假需求，我们需要建设不同类型、不同等级的住宿设施，需要兼容并包的餐饮体系，需要主题公园、免税店、百货商店、精品店、移动互联网、金融支付，需要与本地居民共享博物馆、美术馆、图书馆、戏剧场等文化空间和休闲空间。人是第二自然，也是最美丽的风景，到访的游客多了，目的地就会形成主客共享的独特文化空间。这个文化空间可以是自然形成的，也是需要市场主体主动设计和营造的。在践行“一带一路”倡议的过程中，市场主体要有文化自信，更要有文化创造的历史自觉。

2019 年 6 月 18 日于烟台

海上丝绸之路－启航烟台航空发展论坛

避暑本是寻常事，只为生活更美好

各位领导、同志们、朋友们，

上午好！

从昆明、安顺、长春、延边，再回到长春，避暑旅游峰会已经走过了五个年头了。从普及概念、撰写研究报告、发布避暑旅游城市名单，到避暑旅游被写入政策文件和国务院“十三五”专项规划，理论界、产业界、文化和旅游部、各地人民政府付出了艰辛的努力，做出了卓越的贡献。从贵州省暑期对游客减免飞机起降费、高速公路通行费和景区门票费，到长春的消夏艺术节，再到端午节假日提前开启避暑旅游模式“上山下海两相宜”，越来越多的城乡居民和游客“哪儿凉快哪儿待着去”，越来越多的市场主体加入进来，我们有理由为避暑旅游在短短五年时间所取得的实践成就而自豪。与此同时，我的心中也开始聚集一些隐忧与不安：高歌猛进的市场导入期过后，我们有没有准备好离开聚光灯照射的舞台而复归日常生活空间？面对主客共享美好生活的新需求，我们如何做好都市休闲和夜间旅游两篇新文章？文化和旅游融合发展的新时代，避暑旅游的角色和地位是否需要重新定义？事实上，这些问题不仅为理论和科研工作者所思考，也为消费主体、市场主体和行政主体所回答。

避暑本是寻常生活，相对于因地制宜的休闲，旅游只是后来者。大火飘光，炎气酷烈，我国自古就有“苦夏”一说，千百年以来，老百姓没有钱外出旅游，也是需要就地避暑的。何处堪避暑？林间背日楼。何处好追凉？池上随风舟，窗下有清风。还有竹席、摇扇、酸梅汤、绿豆水，甚至外国人调侃北京大爷的“比基尼”，老百姓的避暑方式看上去可能并不那么高端、大气、上档次，但这就是生活的本来面目吧。就像《菊次郎的夏天》，把荷叶插在头巾上遮阳，一样可以成为北野武对少年时光的美好记忆。近代以来，权贵和社会精英阶层的需求推动了庐山、莫干山、鸡公山、北戴河避暑度假地的开发。《延禧攻略》里魏璎珞制作的“水果冰箱”更是让我们见识了宫廷里精致玄妙、普通人家望尘莫及的避暑养生方式。而今天，避暑遇见大众旅游，一个全新的时代开始了。自 2013 年第一期发布算起，中国旅游研究院对避暑旅游市场的专项调查已经进入第七个年头。数据显示，2019 年避暑旅游市场需求又进一步增加。夏季消暑首选或具有较强意愿选择旅游的比例达到 84.5%，传统“火炉”城市计划暑期出游的受访者占比达到 93.66%，较 2018 年又高出约 10 个百分点。夏季来了，能够去气候凉爽、风景宜人、公共服务和商业环境完善的地方旅游当然好，但是旅游不可能，也不必是避暑的全部。老百姓不可能整天敲锣打鼓地过日子，也不可能天天盖房子娶媳妇，到头来总要回归日常生活的。也只有回归到日常生活场景，避暑产业的市场基础才会真正变得厚重起来，才可能承载创业创新和旅游业的高质量发展。

休闲是避暑的本底需求，读不了诗歌的夏天，也去不了清凉的远方。如果只是为了避免高温，那么钻个山洞或者挖个地窖就可以了。现在都市里每家每户几乎都有风扇、空调，可一到傍晚，我们还是能看到，爷爷奶奶们还是会拿着扇子、马扎围坐在家属院前，还会到商场、购物中心、地铁通道里论家长里短，阿姨们则依旧乐此不疲地去广场跳舞流汗，北京复兴门前的彩虹桥更是可以看到结对休整的夜骑年轻人。近日，河南、西安等地相继为市民开放人防工程作为避暑纳凉点，这些纳凉新场所还引进文化活动、义演和志愿者公益活动，吸引不同年龄段的游客前往纳凉休闲。究其原因，我想不仅只是防空洞凉快，而是那里有社交属性吧。

马克思指出，“人是社会关系的总和”，管仲强调“仓廪实而知礼节，衣食足而知荣辱”，孔子说“食色，性也”，无不在强调人的社会属性及其追求人世间美好生活的重要性。那么夏天的美好生活包括哪些内容，又该去哪里找寻呢？美丽风景和凉爽气候固不可少，完善而便利的公共文化空间、休闲场所和商业环境也是必需的要素。有没有博物馆、图书馆、文化馆，有没有电影院、戏剧场，有没有城市客栈、乡村民宿，有没有特色餐厅、咖啡馆，有没有购物店、美容美发美甲店，都可能会成为游客选择避暑目的地的影响因子，而且其权重系数日渐升高。理论研究和产业实践表明，从外来游客的避暑旅游到主客共享的避暑休闲，将是文化和旅游融合发展时代的必然演化趋势。这些面向城乡居民的空间、场所和环境存在于白天，也延展于夜间。从18:00到22:00的“黄金四小时”同样承载了人民群众对美好生活的向往与追求。今年3月，我们发布了夜间旅游的专题研究报告，引起政产学研各界的高度关注。可以说，夜间旅游，正当其时。无论是白天，还是夜晚，一个无法让当地居民幸福生活的城市，却想吸引外地游客旅居于此，没有这样的道理啊！

天下事天下人为之，避暑旅游的可持续发展离不开精英主导的顶层设计，更离不开民众自发的创业创新。2018年暑期旅游的10亿人次中，避暑动机占到了一半左右。按人均消费1000元计，也有5000亿元市场的规模。巨量的市场需求，吸引了各地以海滨、森林、山地、湿地、峡谷、湖泊、草原、高原的自然资源和气候环境，加入到了避暑旅游的市场供给中。在需求拉动和行政推动的共同作用下，更多的旅行商、旅游住宿业、旅游景区等旅游企业，航空、邮轮、网约车等交通企业，还有泳衣、太阳眼镜、防晒护肤品等生产厂家纷纷进入这一领域。对此，有人说好得很，也有人说乱得很。我看没有什么不好的，现在已经不是计划经济时代的生产。与生活有关的新生事物，还是少一些自以为是的规划为好，不要动不动又走到国家级、省级、市级示范区的老路子上去。

来长春的游客在选择住宿时，并不是围着净月潭国家森林公园、长影世纪城、长春世界雕塑公园，而是围绕人民广场、公园商圈，夜间购物也是围绕桂林路、东盛/劳动公园和重庆路，休闲娱乐消费则是吉大南校、东盛/劳动公园和八里堡这样的商圈，夜间电影消费也是围绕南关区政府、人民广场和红旗街，这些不是很能说明问题吗？尽管我们努力植入哈雷摩托、高雅艺术和时尚元素，美团大众点评给长春最多的标签还是撸串和夜啤酒。

这些来自城乡居民和外来游客自发选择的结果，及其为城市贴上的民间标签，才是真实的存在，也将是可持续的发展。5A级旅游景区、国家滨海度假区是业态，夜市和“苍蝇馆子”也是啊。进戏剧场看芭蕾舞、听交响乐、欣赏京剧是夜生活，捧着爆米花看3D真人动画电影《阿拉丁》、听彩虹合唱团、看绿色二人转、跳广场舞就不是吗？我们不能拿着书本上的概念和理论去丈量丰富多彩的生产生活，更不能为了刷机构和个人的存在感而仓促出台政策，或者说些语不惊人死不休的话。只要人气聚起来了，市场内生的创业创新自然就跟上来了。

市场和法治是避暑旅游可持续发展的有力保障，对待新需求、新供给和新模式，社会要有耐心，监督要有包容。希望在这个炎热的夏季，我们能够感觉到的不仅有避暑旅游的凉爽，还有法治的公平和社会的温情。

2019年6月24日

中国避暑旅游产业峰会

自驾远行的路上，我们都是追梦人

同志们，朋友们，

五年前，你和爱驾团队为了“中国自驾游路线评选”而奔走于京沪各地，我和中国旅游研究院的团队正在为“大众旅游”鼓与呼。五年后的今天，“大众旅游”已经写入了政府工作报告，“更多的国民参与、更高的品质分享”已经成为旅游发展的广泛共识，自驾游也成为业界和社会的显话题。

过去五年，是中国自驾旅游市场高速成长的五年。根据中国旅游研究院（文化和旅游部数据中心）的自驾游统计数据，2018 年，国内自驾游人次 5.8 亿人次，同比增长 35.6%。自驾游客市场规模不断扩大的同时，自驾游客也渐行渐远。网络大 V 纪先生驾着中国牌照的私家车穿越欧亚大陆，途径 25 个国家，从上海开车到伦敦走了个来回。2018 年 11 月 15 日，在中国汽车文化和自驾游领域深耕十年的爱驾传媒在纽约时代广场上打出了国民公路 G318 的 IP——“A road to know China”。从自驾游的视角，把公路作为了解中国的入口和国家形象建构的基点，就是从旅游市场推广和对外宣传的大视野来看，也是有战略创新意义的。

过去五年，是中国旅游产业创新发展的五年。移动互联网、大数据、人工智能等新技术不仅改变了游客的出行方式，更为产业创新注入了活力，旅游业俨然已成为跨界创新的热点领域，租车、房车、营地等相关业态都得到了快速成长。目前已形成了神州、一嗨、携程这样的全国性租车平台，PP 租车、凹凸租车这样盘活家庭闲置车辆资源的 P2P 平台，还有像租租车这样服务于中国游客海外自驾的租车平台。我们能看到越来越多像日光域这样以露营为基础的户外休闲一站式综合服务商，也能看到 T 享会这样的房车自驾游小程序进驻微信和支付宝了。市场主体也在通过大数据深入理解游客的出行需求，并通过新技术嵌入和商业模式创新为游客提供更加安全、便捷、优质的服务。

过去五年，是各级党委、政府和社会各界全力支持文化和旅游事业，并为市场培育和环境优化而殚精竭虑的五年。甘孜州旅发委的肖锋主任在当地工作 36 年，有近一半的时间用于发展旅游事业。在国家及各级地方政府的全力推动下，“风景道”作为一种新型旅游功能区，成为深受国内自驾游客喜爱的线型旅游目的地。2016 年 12 月，《“十三五”旅游业发展规划》正式提出“重点建设 25 条国家旅游风景道”。除川藏公路、香格里拉等耳熟能详的旅游公路外，海南滨海环岛等多形态公路也被纳入了“国家旅游风景道”建设。我们还欣喜地看到，顺应时代发展和人民日益增长的美好生活需要，中国积极倡导旅游领域的国际合作。在中国政府与各国各地区共同努力下，境外自驾游对中国游客而言已变得越来越安全又便捷。2017 年 2 月 17 日，中法两国达成《中法驾照互认协议》，成为当日的刷屏新闻，一些海外自驾发烧友感叹，“卢瓦尔河谷的宁静乡间、南法的蔚蓝海岸线，美美的法国自驾小梦想实现了”。

看着眼前的 2019 年和未来的五年，我对包括自驾游在内的文化事业、文化产业和旅游业充满信心，并将一直保持乐观的预期。

我的信心和乐观源于国民大众的美丽中国旅游梦。根据文化和旅游部最新数据：2018年，国民人均出游率从去年的3.7次提高到近4.1次，国内旅游市场超过55亿人次，出境旅游近1.5亿人次。越来越多的游客选择自驾远行，去过风一样自由的日子。他们欣赏沿线的美丽风景，也体验异国他乡的美好生活。国民大众对美好生活的向往，对品质旅游追求，任何时候都是我的信心之源，发展之基。

我的信心和乐观源于创业照耀旅游的星空。无论是2012年之前发起的“天马论驾”和“驾年华”活动，还是2013年的“全国自驾日”倡议，以及从2016年开始倾情培育的国民公路G318，都沉淀着爱驾传媒团队多年的心血与汗水。有人说2019年将是旅游业最冷的一年，也有人说2019年将是旅游业泡沫破裂的一年。事实上，哪年都有冬天，哪天都有人离场，可是我们在此早春二月的上海，莺飞草长的江南，看到的依然是旅游业旺盛的生机。无论经历多少艰难困苦和一轮又一轮的危机，民族复兴、人民幸福的中国梦，都激励着创业创新者，生生不息，勇往直前。

我的信心和乐观源于习近平总书记和中国共产党人庄严承诺：人民对美好生活的向往，就是我们的奋斗目标。在大众旅游时代，旅游已经成为城乡居民的日常消费选项，也是美好生活的重要组成部分。在文化和旅游融合发展的新时代景观之上的美好生活是城乡居民，也是广大游客的向往和追求，更是各级党委和政府共同努力的方向。文化和旅游部年初召开了全国文化和旅游厅局长会议，雒树刚部长的主报告绘就了以人民为中心的新时代旅游业融合发展新蓝图。政府的每一份努力，游客都能感受到。“有的游、游得起、游得开心、玩得放心”，正在成为小康社会旅游业发展的核心理念和治理方略。

在信心和乐观的同时，我们还需要对自驾游市场进行更加系统的分析研判，持续加强产品研发，稳步服务品质，自觉承担对沿线城乡居民、自然资源和人文环境的社会责任。在未来五年的国际化发展进程中，我们不仅要告诉世界中国拥有全球第一的汽车保有量、公路总里程和驾照拥有量，还要在产品创新、服务品质、可持续发展理念和产业实践方面贡献中国的智慧。安全而负责任的旅游，无论任何时候、任何地方，应当都是我们高度认同并身体力行的旅游伦理。

中华民族自古以来就有读万卷书、行万里路的传统，自驾旅游尤为人们所向往。在媒体宣传和商业运作下，“世界那么大，我想去看看”和“说走就走的旅行”的梦想正在越来越多地照进现实。希望大家传递美好体验的同时，也要提醒游客在行前做好信息收集、设施设备、金融预算、人身与财产保险方面的充分准备。无论是专业选手、发烧友，还是普通的自驾旅游者，都要把安全放在第一位。《流浪地球》在太空中都不忘提醒“道路千万条，安全第一条。行车不规范，亲人两行泪”。韩寒在《飞驰人生》中展示巴音布鲁克的美景的同时，也借赛车手说训练的重要性，“我每天在脑海里开二十遍，五年，三万六千多遍，我能记住每一个弯道”。

数据表明，国内自驾游仍然以短程为主。出游距离在 200 公里以内的自驾游约占七成，出游时间大都在 2~3 天的时间。与此同时，跨省、跨境、跨国和跨洲的自驾旅游活动也日趋增加。不管是短途，还是长途自驾，都有可能穿越一些自然和人文环境比较脆弱的地区。随着大众旅游的发展，国民旅游权利确实越来越普及了，但是部分地区的环境压力也是越来越大。备受网友追捧的拍照圣地茶卡盐湖在旺季经常垃圾满地，据说环卫工人一天要用四小时来清理垃圾。相对于徒步、自行车、旅游大巴等传统的旅行方式，大规模使用的家用轿车、越野车、房车、拖车、救援车等特种和专用车辆，对环境的影响会更大。如何从一开始就把可持续落在实处，需要政府的规划和引导，也需要行业协会、企业和媒体的主动作为，特别是自驾车旅游者的认同和参与。我们要关注旅游权利和服务品质，也要与沿线社区居民共商、共建、共享旅游发展的成果。

景观之上是生活。人们之所以自驾远行，不仅是因为远方有美丽的风景，更是因为远方有美好的品质生活。人们会记住美国最美的66号公路，也会去寻找加州旅馆（Hotel California）；《雨人》（*Rain Man*）打动我们的除了公路旅程，更有亲情；沿台湾岛最美沿海公路台11线自驾旅行时，打动我们的除了岛、海、路、景，还有原居民伐木和捕鱼的记忆，更有温情可触的人间烟火。我们的自驾旅游正处于市场导入期，在形象宣传、发展规划和项目建设上，对“人的连接是最好的旅游”“人是最美的风景”等现代旅游发展理念应有发自内心的认同和深入的理解。自驾旅游不同于长途货运交通，在安全、通畅和服务区保障的共同需求之外，还对移动通信与互联网、房车宿营地、汽车旅馆、旅游问询中心、集散中心、餐饮服务和安全救援有更高的要求。我很高兴地看到首家麦当劳迷你餐厅正式落户渝湘高速武隆服务区，这也是中西部第一家在高速公路服务区开设的麦当劳餐厅，游客因此待在服务区的时间由过去平均15分钟，提升至30分钟，竟然也成为婚纱照拍摄地。

国家和地方旅游主管部门应加强对自驾游市场的专题研究和专项规划，通过线路规划、项目配套和标准化建设，稳步提升服务品质和游客满意度。中国旅游研究院对出境自驾游客所做的专项调查发现了一个高频词——“Trail”。每个进入国家公园的自驾旅行者都会免费得到一份地图，在这张地图上会有Trail的地理位置、难度等级和需要花费的时间等。这种从消费需求者角度展开的细致入微的创新，让自驾旅行者预估在景点的停留时间变得简单很多。对国内自驾游市场的监测表明，“自驾旅游产品碎片化”问题一直没有得到有效的解决。除了《孤独星球》对我国国内华北、西北、东北所有片区推出了较为完整的自驾攻略外，市场上很少看到有效适用的自驾产品攻略，自驾出游不得不依靠社交平台的碎片化信息。

上个月和克崎先生沟通演讲主题时，你说大家很期待我讲一下产业政策。我说，支持克崎同志和他的团队就是最大的政策。说这句话，我是认真的。产业政策从来都不是写在文件上面面俱到的大话，也不是领导视察指导的场面话，而是必须让包括爱驾传媒在内的市场主体有感。这里所说的有感包括帮助企业发现新的市场、放松牌照和许可等管制门槛、降低税收、融资和用工成本、用国家力量提升企业在海内外合法权益的保护力度，当然也包括在市场主体的寻找、发现、培育和成长阶段为企业家和创业者站台发声。希望政府行政主管部门和社会各界要像爱护眼睛一样爱护企业家的成长，希望教育和研究机构要像熟悉掌心纹路一样熟悉本土成长的企业和企业家，与企业和企业家同呼吸、共命运、心连心。这个初心守住了，国家支持自驾旅游、文化和旅游融合发展的法律法规、财政政策、金融政策和行政管制就有了方向。

习近平总书记在2019年新年贺词中说，“一个流动的中国，充满了繁荣发展的活力。我们都在努力奔跑，我们都是追梦人”。相信会有越来越多的兄弟姐妹在这个心驰神往的春天里，沿着一条、两条、千万条国民公路，自驾远行于风景之上，去过风一样自由的日子。

2019年3月6日于上海
自驾游大会

传统景区的未来之路

各位旅游景区业界同仁、朋友们，

上午好！

自建院以来，旅游景区一直都是我们重点关注的领域，并组建了以战冬梅博士为核心的项目组，研究出版年度发展报告。三年前我们与蜗牛景区管理集团合作，共同组织未来景区发展论坛，在可以预见的未来，景区作为旅游活动的刚性需求和旅游经济的本底资源，迫切需要面向新时代的理论创新和实践探索。

旅游自古观光始，山水人文本常情。帝王封禅也好，文人游历也罢，多为名山大川和历史遗迹，辅以风俗民情的体验。清末民初时期，权贵和精英阶层为了避暑，在庐山、北戴河、莫干山、鸡公山等地开发夏季度假地，也是利用了气候气象和地质地貌等本底资源，这些也成为我国近代早期旅游景区的雏形。虽然中华民族自古以来就有"读万卷书，行万里路"的传统，但是在相当长的历史时期，耗时费财的旅游活动终究还是少数人的权利，绝大多数人终其一生与这些景区都是没有交集的。"飞流直下三千尺，疑是银河落九天”的庐山瀑布也好，“一生痴绝处，无梦到徽州”的黄山也罢，对普通大众而言都是与现实生活无关的遥远存在。伴随改革开放四十年的伟大历史进程，从初期的发展入境、创收外汇，到大众旅游时代的三大市场协调发展，旅游逐渐进入国民生活的日常选项，成为美好生活的重要组成部分。在此进程中，长江、长城、黄山、黄河、故宫、兵马俑等风景名胜和文化遗产构成的景区景点，扮演了关键角色，发挥了积极作用。历史已经证明，并将继续证明，景区是国家旅游的地理标志，也是创新发展的底层器件。无论我们如何强调景观之上是生活，强调都市旅游、乡村旅游和全域旅游，都不应当，也不可能忘记景区是旅游活动的刚性需求。任何离开景区谈旅游发展，就像离开大学谈高等教育一样，都是无知的表现。在此，谨以旅游者的名义，对所有为了国民旅游权利而付出努力和才情的景区人表达由衷的敬意，你们的名字和景区一道已经写入了国家旅游发展的辉煌史册。

大众旅游刚兴起时，游客既要异地观景，也要本地看奇。简陋的声光电技术搭起来的西游记宫，电影布景的大观园、三国城、水浒城也被老百姓当作了景区。八十年代中后期开始有了主题公园的概念，先是微缩景观如锦绣中华、世界之窗等，紧接着游乐园性质的欢乐谷、华强方特、恐龙园，还有规模不等的海洋公园、民俗村等。1999 年“黄金周”政策出台的那几年，也是我国主题公园的开发高潮期和各路资本的热捧期。据不完全统计，当时全国各地就有多达 3000 多个在建和运营的主题公园（其中，单体投资 5000 万元以上的就有 300 多家）。很多主题乐园“先攻城略地，然后再找游客”的计划还没有真正展开，美国的迪斯尼、环球影城、六旗，英国的默林娱乐等海外巨头就开始高调入场。在白热化的市场竞争面前，华侨城、海昌海洋公园、长隆野生动物园、华强方特、万达娱乐等，这些迎改革开放而生，因新时代发展而起，顺市场需求而为的“中国主题公园军团”脱颖而出，更多的项目却在残酷的市场竞争中消失了。在与主题公园等新业态的竞争中，自然和历史文化景区则通过引入山水实景演出以增加游客吸引力和市场竞争。从印象丽江到宋城千古情，再到又见平遥系列，等等，最繁荣的时候我国有300多台实景演出。同样的，这些实景演出也经历了市场与艺术的双重检验。曾开创中国实景演出先河的《印象·刘三姐》，最火的时候整个演出带动阳朔地区GDP增长了5个多百分点。“一将功成万骨枯”，多数实景演出还是退出了历史舞台。这再次证明了一个朴素的原理：市场是检验创新的唯一标准。这是市场的残酷之处，也是市场的魅力所在。在此，谨以旅游人的名义，对所有为了提升旅游品质而创业创新的景区人致敬，无论是否获得了最终的成功，你们的名字都将为历史所记忆。

景区的投资、管理和创新当然需要接受包括A级景区、国家和省级旅游度假区在内的政府监管和专家评价，但更重要的是接受市场检验和游客评价。我很高兴和大家分享几组数据：2010年以来，国内游客对景区满意度的评价一直高于交通、餐饮、住宿、购物、娱乐、旅行社和公共服务，而且处于持续上升的态势。2018年，景区游客满意度为78.38分，比十年前提高了6个分值。要知道这是千千万万的游客自发评价出来的，是景区人实打实地在环境、产品与服务品质提升的苦功夫换来的，而不是某个机构和少数专家评出来的，所以没法子勾兑。其中，结构性数据还进一步显示，入境游客的景区满意度比国内游客还要高，2017年给出了87.72的历史最高分。我国出境游客的景区满意度与国内游客的差距也在不断缩小，2018年首次反超境外景区0.27个分值。考虑到这些年我国出境旅游市场的持续高速增长，国民大众对境内境外景区的比较鉴别能力不断增强的这个前提，这组数据就更加地令人自豪。

2018年“两会”以后，在中央的政策引导以及地方价格和旅游行政主管部门的指导下，各大国有重点旅游景区开始下调门票价格，不少地方民营企业租赁国有资源开发的景区也在逐步执行相应的价格政策。对此，大多数旅游景区是在理解的基础上执行的，将之视为倒逼旅游市场主体转型升级的政策机遇，并着力围绕降低运营成本、扩大二次消费、提升重游率、开发衍生产品和服务等方面创新发展。与此同时，我们也收到反馈，有部分旅游景区尽管执行了价格政策，但是没有真正地去理解与认同，还有个别景区向产业链下游甚至客户端转嫁成本压力，导致服务品质短期内下降明显。如那些离核心景区远得让游客怀疑人生而又不得不坐的“换乘车”。世界旅游组织对国际旅游者消费结构做过分析，门票支出占个人旅游消费总支出在 7% 左右的水平，这一数据在我国却是高达 20% 的消费占比。我们知道，从资源形成及其产权的全民所有角度看，依托自然和历史馈赠的旅游景区既有市场属性，也有公共属性，尤其是涉及历史、文化和演出的空间，还有意识形态属性。在当前广大城乡居民的旅游权利还有待进一步充分实现，游客的满意度还存在很大提升空间的情况下，让老百姓有得游、游得起、游得舒心，应当是景区发展的价值取向和政策选择。

景区运营和发展离不开包括推广、销售、公共关系、社会责任等方面在内的市场营销活动。在相当长的历史时期内，旅游景区特别是依托垄断资源的头部景区是皇帝的女儿不愁嫁，不需要做什么营销，旅行商就找上门了。伴随着大众旅游的兴起，景区供给的类型和数量也进入了持续高速增长的新通道。扑面而来的竞争和引流的巨大市场压力，让越来越多的景区与 OTA 走到了一起，这些战略举措确实为景区注入了更多的市场意识和营销动能。但是从总体上看，包括 OTA 在内的旅行商并没有为整个行业带来新的需求增长，像“一元门票”之类的大战，只是让既有的需求在一定阶段向特定景区集聚。用稍微学术化的语言来说，就是为旅游景区做了增量的优化，让需求沿着需求曲线移动，并没有推动整个需求曲线向上移动。

当然，我们有理由为景区的游客满意度高于吃、住、行、购、娱等其他涉旅商业要素，并处于持续上升趋势而感到自豪，但也要看到游客对门票价格、产品创新和服务品质方面更高更新的那份期待。每到节假日，热点景区总是很容易上热搜，网上更是各种花式吐槽："各种热、各种挤、各种累、各种等，消耗了旅程中所有的兴趣和激情""长城实在太新，看不出任何古遗产的痕迹""逛这种皇家园林没多大意思，离生活太远""要看老北京人的休闲娱乐，你得到天坛的'供菜廊子'去坐一坐，那里才有你想要的那种人文气儿，能听到很多京剧京片子的"。中国旅游研究院连续 40 个季度监测显示，空间拥堵、体验感下降、人性化服务不足、纪念品和旅游购物同质化、娱乐项目不够丰富等，都是游客对景区负面评价的关键词。这些批评反映广大游客参与感、获得感和体验感不足的同时，也寄托了国民大众对景区创新、创意和创造的期盼。

当代旅游人要在习近平新时代中国特色社会主义思想指引下，总结实践经验、加强数据分析和理论抽象，创新和完善当代旅游景区发展理论。没有实践支撑的理论是空洞的，而没有理论指导的实践则是盲目的。从强调旅游目的地商业环境、公共服务和品质获得感的"景观之上是生活"，到"旅游目的地是生活环境的总和""既要美丽风景，也要美好生活"，再到培育旅游发展新动能的"美好生活是优质旅游新动力""从旅游景区到旅游吸引物"等发展理念，我们欣慰地看到，这些源于实践、尊重市场的当代旅游思想得到了地方政府和旅游业界越来越多的理论认可和实践呼应。基于对大众旅游、全域旅游、文化和旅游融合发展新时代的综合研判，我们坚持如下观点：景区观光游览仍然是旅游市场的刚性需求，但是会进入增长平稳、需求分类与消费分层的新阶段。景区开发仍然会是投资热点，但是单体投资门槛会越来越高、更多投资主体会跨界而来，进入到增量投资带动存量优化的新周期。景区还会继续驻留在旅游经济的舞台上，但不会像过去那样自动居于舞台的中心。

当代旅游人要对未来充满信心，也要适应高质量增长和可持续发展的新常态。随着国民旅游权利的普及和游客心态的成熟，上山、下海、策马草原或者森林漫步，都只是为了让自己有段放松身心的时光，而不是为了在社交圈里晒美图，更不是动不动就要发出“此景只应天上有，人间难得几回闻”的感叹。旅游心态的变化要求旅游景区得以“寻常心”对待投资、研发、管理和服务，这不是要同志们都去“佛系”，而是要清醒认识到环境的变化和新时代的来临：资本攻城略地、技术狂飙突进的时代已经过去，智慧、匠心和品质将是景区提升核心竞争力和可持续发展的关键要素。

当代旅游人要在美丽风景基础上，瞄准新需求，创造新供给，不断满足国民大众美好生活的新期待。旅游景区未来应进一步加强与目的地生活的有机链接，白天以空间平衡时间，夜晚以时间延展空间，通过新供给与新需求的互动培育更多高黏性客户群体。中国旅游研究院多年来致力于避暑旅游、冰雪旅游、研学旅游、定制旅游等新需求和新业态的研究，通过专题报告、数据发布和会议研讨等方式为旅游景区注入新动能，培育新市场。今年 3 月，我们在京发布了夜间旅游系列学术成果，11 月在芜湖召开了夜间经济发展论坛，得到了从中央到地方的政府部门，从城市到乡村的目的地管理机构的高度认同，一个夜间旅游创新发展的高潮期已经来临。无论是避暑、冰雪、研学、自驾，还是夜间旅游，旅游景区都应当是积极的参与者，而不是旁观者，更不是缺位者。

旅游景区还要敢于，也要善于向科学技术和文化创意要动能。文化可以丰富旅游景区内涵，也可以延展旅游景区的边界。文化创意一旦与旅游供给发生融合，就会发生质的化学反应。有了文化，旅游景区才不再只是美丽的自然空间，还是具有高贵灵魂和价值取向的人文场所。在文化和旅游真融合、深融合和有效融合的过程中，需要市场主体积极担当和主动作为，更需要科学技术的催化与推动。没有大数据、人工智能、物联网这些新技术的应用，文化创意也能够为旅游景区赋能。但是效率不会那么高，体验也不会那么好。大数据成功地将文化需求转换为旅游供给，人工智能给游客带来了便捷的服务和全新体验，5G时代的万物互联开始重构旅游景区的生态系统，一个旅游景区自我赋能、自我进化的时代正在到来。

当代旅游人要系统梳理政府与市场、行政与商业的边界，以刀刃向内的勇气推进旅游景区管理体制改革和治理机制的创新。在旅游行政主管部门的系统推动和景区分等定级，特别是高等级旅游景区创建的大力推动下，景区一直保持着内涵不断丰富、外延持续扩展的高速增长态势。当前我们要重点思考的问题是，如何基于“分类优先于分级”原则，让公益的归公益，市场的归市场？博物馆、美术馆、文化遗产地、非物质文化遗产传承与保护区、城市园林和社区休闲文化场所要回归其公共文化属性，扩大财政投入，完善公共服务，尽可能免费向公众开放。以购物、娱乐、餐饮为主要功能的空间，特别是商业街区和主题公园则应让其回归商业属性，由供求规律和市场竞争去决定投资、运营和价格。依托国家公园、国家文化公园、地质公园，能够也可以提供浏览功能的国土空间，则应通过多规合一的规划体制和管理体制创新，去承担同时满足广大游客对美丽风景和美好生活的双重需要。这就要求旅游行政主管部门要在旅游吸引物和资源普查的基础上，尽快出台旅游景区分类标准，提出以生产安全、意识形态底线和游客权益保障的准入要求，至于什么样的景区才是高质量的景区，以及如何提升景区的服务品质，则由市场去选择和配置。可能会有人对此不理解，可能会有一时一地的无所适从，甚至有人会反对甚至反抗，但是我们不能因为这些可能的阻力就不改革、不发展。在此进程中，旅游市场主体和中国旅游景区协会应当，也可以扮演重要角色，发挥积极作用。

2019 年 12 月 12 日于莫干山

非典型住宿业态与传统酒店的未来

OYO，酒店消费是升级还是降级?

从传统饭店业特别星级酒店的视角看，肯定会给出消费降级的判断。而从旅游住宿市场的需求基础来看，毫无疑问会得出消费升级的答案。过去务工、看病、求学的普通人外出旅行，由于预算非常低而对价格又极其敏感，他们可能会选择地下旅馆、路边大车店、洗浴中心，甚至就在病床外面的走廊里搭个地铺睡一个晚上。现在呢？有了统一的标识，有了明确的清洁卫生和安全方面的标准，有了方便的预订渠道，让原本住不起如家、七天的客人，也有能力去消费入门级的现代商业住宿，从而扩大了整个旅游住宿业的市场基础。这哪里是消费降级，明明确确的升级啊！原来上唯品会的消费者去了拼多多，那是降级；而对原来去集市上买地摊货的消费者来说，那是再明显不过的消费升级。我们不能只盯着乘飞机头等舱、坐高铁商务座出行，住五星级酒店行政套房，吃米其林餐厅的游客群体，更要看到我们作为14亿人口的发展中大国，那60多亿游客的市场基本面，那么多小镇青年和普罗大众在异地他乡的住宿需求，总得有人去满足。

旅游住宿业的高质量发展必须是宏观的而非微观的、整体的而非局部的、系统的而非结构的进步。就像本世纪初横空出世的经济型酒店之于高星级酒店一样，遍布城乡各地的社会旅馆一旦被现代商业模式改革，就会爆发出的巨大市场力量。当代旅游业的发展水平并不取决于对强势群体的服务力度，而是对大多数人尤其是对弱势群体的关注。这句话不仅是伦理意义上的，也是经济意义上的。当且仅当商业模式的创新能够带来市场的下沉和需求的扩大，旅游住宿业才可能具备可持续发展的能力。现在看来，入境旅游和星级饭店的思维还在主导很多业者的现实判断，却不知现在是国民消费为基础的大众旅游新时代，新的需求、新的技术、新的业态日新月异。酒店人该醒醒了，不要总是向后看，更不能九斤老太似的念叨什么“一代不如一代”。不然就会在错失经济型酒店、民宿客栈和共享住宿以后，再一次失去引导产业发展的历史机遇。

至于 OYO 以及类似的连锁模式能否取得商业意义上的成功，那是另外一回事。商业模式从概念提出，到市场导入，再到上市融资和消费者认可，是一个漫长而挑战的过程。这涉及存量资源的获取、市场推广、公司治理，还有下游的渠道和平台等诸多环节。哪个环节没有把握好，都可能让一个完美的理论模型被残酷的现实击得粉碎。这是市场的逻辑，也是创业的激情所在。

从途家到斯维登，罗军先生在做什么？

罗军先生是旅游思想者，也是非典型住宿业态创新的实践者。他敏锐把握了“自由、多元、体验”这条国民休闲和度假旅游的需求主线，创造性地将睡眠空间变成了生活体验场景，有效拓展了旅游住宿的市场基础。

从国际化大都市到历史文化名城，从美丽乡村到古老村镇，游客越来越倾向与本地居民分享日常生活的美好，而不是任由一堵无形的墙将自己隔离在旅游的世界里。游客希望分享目的地那些散落于戏剧场到菜市场的一切美好，希望能够从白天延伸到夜晚，从公共场所延展到住宿空间。对于常年与机场、出租车和酒店相伴的商务客人来说，如果能够有一家酒店让他“梦里不知身是客”，该是多么美妙的体验。也正是为了让休闲游客，也包括一部分商务游客获得更好的住宿体验，斯维登将自己定位为“美好时光运营商”。

罗军先生是企业家，他成功探索了“地产 + 金融 + 旅游”的存量资源整合创新的分享住宿发展模式。无论是政策导向还是价格信号，“房子是用来住的而不是用来炒的”，正在得到越来越多的认可。但这么多年“炒房热”下来，市场还是沉淀了大量的闲置不动产，都用来自己度假或者拍卖交易吗？显然不现实。房子闲置久了，不仅资产收益不划算，而且维修保养也是大问题。斯维登没有建造一间产权属于自己的酒店，没有用一家旗舰店向业主去证明自己的商业成功，而是运用运营和管理模式输出激活了新的市场。因为所有可以通过市场交易而获得的生产要素，都没有必要一定内部化。在一个分工与专业化的酒店领域，在一个存量资源创新空间远大于增量投资的时代，无论是“投资—加杠杆—再投资”的重资产模式，还是“旗舰店—品牌化—管理输出”的轻资产模式，早就被上个世纪郑南雁和季琦先生一次又一次的创业证明是经典。从途家到斯维登，罗军先生沿着市场演化的逻辑，适时地将住宿业态创新所依赖的底层器件从商业地产向住宅地产延伸。相对于传统的工业和商业地产，近亿套的第二、第二住宅和居民投资房产，一旦进入旅游住宿市场，才是对传统酒店业从低端到高端消费基础的颠覆性冲击。

罗军先生有力证明了“游客要美丽风景，也要美好生活”“旅游目的地是生活环境的总和”“主客共享美好生活新空间”等观点，不仅在理论上是成立的，实践中也是可行的。经历了创收外汇、拉动消费、促进经济增长、扩大就业等功能主义阶段，进入到融合发展、高质量发展新时代的旅游业，越来越具有民生内涵，成为人民对美好生活的重要组成部分。与此同时，我们看到，城乡居民的美好生活、现代化的接待体系、时尚的商业环境，以及完善的公共服务，已经开始取代传统的自然景观和历史文化遗产而成为旅游目的地的关键竞争要素。如果继续坚持自然资源和历史文化遗产是旅游吸引物，酒店只是附着其上的接待设施，我们的思想就还没有走出二十世纪。终有一天，人们除了会因为一家米其林三星的餐厅而到访一座城市，也会因为一座“欢墅”或者“家蜓”而选择决定是否去某个地方旅行。等这一天到来的时候，人们可能才会感慨今天的分享住宿做了件多么伟大的事情：因为经由分享经济，中国的酒店行业走入了更加广阔的旅游住宿产业空间。

民宿，从小众的情怀走向大众的商业

民宿是旅游领域日益显化的话题，从丽江束河沿街客栈、大理洱海沿岸的院子，到厦门曾厝垵的民居，再到一线城市的四合院、弄堂，话题流量让民宿一次又一次冲上热搜，甚至成了网红打卡地。随着文化和旅游部组织的民宿发展会议的召开，关于民宿发展过热的言论，与鼓励民宿发展的政策一样多了起来。最新的动态是专家组依据推荐性的行业标准（LB/T，而非 GB/T），启动了“国家级民宿”的评选工作。在没有充分的调查研究，尤其是规范的统计调查的数据支撑出来以前，我无法对如此众多的民宿发展态势和财务状况进行专业化的判断。事实上，价格是判断民宿行业是否过热的最好信号，市场是供求结构最好的调节者。民宿不是食品、药品等人命关天的商品，也不是卫星上天、深潜下海等事关安全的领域，为什么不让它先发展一段时间再说呢？希望政府和专家不要像心急的人做米饭那样，总是忍不住揭开锅去看看熟了没有。就是要下指导棋，也可以先分类再分级。现在都是 9012 年了，消费者还会因为你是“国家级”或者“五星级”就埋单吗？事实上，年轻的一代的消费者远比官员和专家想象的聪明，他们只会为那些投射了情感的设计和有品质的服务埋单。

随着大众旅游时代的到来，分散的、小众的住宿需求已经汇集成了集中的、规模化的住宿市场。移动互联网和大数据技术的发展，以及线上旅游代理商的兴起，更是加快了这一进程。不管我们愿意还是不愿意，资本和技术都会沿着市场的逻辑对方兴未艾的民宿业态进行现代服务业导向的改造。就像过去四十年资本和技术对高星级酒店、经济型酒店的改造那样，这个进程是不以人的意志为转移的。真正能够影响和制衡资本，并将形塑民宿未来方向的，只会是需求市场的演化，而非职业经理人的坚持。至于不问商业、只为情怀的小业主，在旅游住宿业发展历史中能够留下的，终将不过是一声叹息罢了。

经过携程、去哪儿、途牛、美团等 OTA 二十年的冲击，国旅、中旅、中青旅，以及广之旅、春秋，凯撒、众信等不同时代的旅行社，不管愿意还是不愿意，都被冠上了传统的前缀。传统旅行社的未来在哪里？经历了困惑、上线、资本化等实践探索之后，开始以传统形塑未来。越来越多的业者回归“游客至上，服务至诚”的初心，向工匠精神和经典品质致敬，并在此基础上稳步走向现代服务业。以高星级酒店和品牌酒店为代表的传统住宿业态也正在经历这个过程，希望我们既不要贩卖焦虑去收取业者的智商税，也不要故步自封做井底之蛙，而是致敬经典，走向未来。

2019 年 10 月 31 日于北京
第十二届 AHF 国际酒店及旅游业投资峰会

旅游住宿，从异乡的生活走向社区的链接

同志们，朋友们，

有些日子没有参与酒店业的活动，甚至没有对旅游住宿产业发表相关言论了。受大会组委会的邀请，为撰写讲稿而专题收集了些业界消息，倒也热闹得紧：从华住人文大赏、铂涛风尚周、亚朵321生活节，到十里芳菲的沉浸式剧场发布；从金星奖、金光奖、金马奖、金枕头奖、星光奖、口碑奖，到各平台和媒体发布的花式奖项，还冠以“中国”“亚太”“全球”“奥斯卡”之名，反正有人敢发，就有人敢拿；从上市、重组，到私有化；从智慧酒店、人文酒店到无人酒店。面对这些秀场和热闹，感觉真是遇到了最好的酒店时代。

可是统计数据和理性研判告诉我，事情并不是这么简单。中国旅游研究院定期监测数据显示，今年第一季度的住宿业景气指数有所回升，但与旅游集团和旅游景区相比仍处于较低水平。八成受访企业认为2019年住宿业发展形势会好于去年，七成左右受访企业认为今年本企业的经营状况会有所改善，对行业投资、客流量和营业收入普遍看好，同时也普遍感到

在员工招聘难、成本高和利润薄的经营压力。近五年来，游客对住宿业的满意度稳中有升、达到75分左右，但是对设施、卫生、服务、性价比、舒适感等方面仍有较大期待。住宿类上市公司总体估值仍处于近几年历史底部区间，企业综合治理水平和社会责任能力仍有较大提升空间。

到底哪一面是真实的，大家可以自行判断。唯一能够确定的是，不管我们承认还是不承认，传统的酒店时代即将过去，新的时代就要到来。而且这个时代的变化并不是由酒店产业所内生，而是由旅游需求和旅行市场发展推动的。

改革开放四十年来，我们经历了小众旅行和大众旅游时代，正在走向文旅融合和分众旅居的新阶段。过去四十年是经济社会快速发展的四十年，也是国民旅游权利日渐普及的四十年。上个世纪八九十年代，是外国人、港澳同胞、台湾同胞和海外侨胞负责旅游消费，旅游人负责接待。虽然我们也有公务差旅、也有求学务工的国人借机会去异国他乡看风景，但终究是少数人享有的权利。1999年国庆“黄金周”开始，每五年我们的国民出游率就增加一次，2015年我们达到了发达国家国民旅游权利普及人均3次出游率的门槛水平，2016年《政府工作报告》明确提出“迎接正在兴起的大众旅游时代”，旅游自此进入国民大众的日常生活。从2018年的数据看，我国入境和出境游人次分别达到1.41亿人次、1.50亿人次，国内旅游人次达55亿人次，人均出游率超过4次，接近发达国家平均水平。通过对统计指标和大数据的分析，我们得出结论：大众旅游已经走过“有没有”的初级阶段，开始走向“好不好”的中级阶段。

初级阶段的游客主要是“看山看水看历史”，中级阶段的游客则要“见物见人见未来”，他要享受品质服务，也要深度体验目的地生活方式。今年春节期间全国接待的4.15亿游客中，参观博物馆、美术馆和科技馆的比例均超过40%，观看各类文化演出的游客则达到34.8%。文化和旅游融合发展不只是官方倡导，而是可触可感的现实。

初级阶段的游客跟着权威机构的标签走，世界八大奇迹、5A 级景区、五星级酒店，还有上过中央电视台什么的，都可以成为地方旅游宣传的形象支撑。中级阶段的游客不再仰视这些高高在上的光环，“我的行程我做主”，如果有什么要听从的话，那也是消费者口碑和互联网上的旅行攻略。初级阶段的游客重旅轻居，与城乡居民的生活空间是割裂的，中级阶段的游客重旅也重居，他们愿意分享本地居民的生活方式。深圳沃亚旅行的姜滨先生到院里，说他们最受欢迎的项目是邀请海外游客到居民家里就餐，有人会为此等上三个月。

人是异国他乡最美好的风景，最好的旅行从来都是人的连接，是主客共享的美好生活。美好生活从来都不是规划出来的，而是市场演化和社会发展共同作用的结果。如果说过去是权威机构和专家定义什么是好的旅游，地方就去规划和供给，人民就去打卡消费，而现在的游客呢，往往是通过读读马蜂窝上的攻略、看看美团点评上的评分、比比携程上的价格、刷刷朋友圈上的信息来规划自己的旅行生活，这些都是人民自己定义的美好生活，是人民自己筛选出来的美好生活，这样的背景下，各地的网红小吃、网红小店、网红景点一波接着一波出现，也就不足为奇了，而公共和私营机构能做好的，就是去满足这样的美好生活。从这个意义上说，源于入境、观光时代的旅游资源评价及其分等定级，已经完成了其历史使命。一个更加依靠市场、商业和技术的时代已经来临。

随着文旅融合和分众旅居时代的到来，旅游者对目的地的需求将从景区走向社区，从单一功能走向复合体验。这将对包括住宿、餐饮、娱乐和小交通在内的旅游业态带来革命性的变化，也会对旅游供应商的市场思维和商业能力带来前所未有的挑战。以前，团队旅游者按照既定的行程观山看水品历史，一天下来比平常上班还累。天黑了，随便找个酒店或者招待所，倒头就睡下了。即便是商务客人的早餐、宴会、娱乐、健身、会议等延伸需求，也是以功能和效率为导向，主要是在酒店空间范围内解决。今天的游客，特别是年轻人旅行在异国他乡，已经不再只要美丽风景，还要美好生活。哪怕只是过客，他们也想到融入旅游目的地的休闲场所，与城乡居民共享这一份美好和品质，感受那一份触手可及的温暖，而不是沿着规划好的线路，“热闹是他们的，我什么也没有”。哪怕到了夜间，游客也不会早早入睡。电影院、戏剧场、书店、夜市，越来越成为游客探寻目的地美好生活的空间载体。从18:00到22:00的“黄金四小时”，是居民的，也是游客的。

在一个市场需求牵引商业创新的时代，酒店业还能旁若无人地唱着过去的歌谣吗？就是年长者愿意守着逝去的辉煌过余生，年轻人也不愿意，他们还没有到痴迷江蕙《家后》的年纪呢。当游客不再被动地接受标准化的供给，当酒店成为社区的有机组成部分，经理人员就需要以更加开放的视野去思考未来。历经国际品牌攻城略地、国内管理公司蹒跚生长、经济型异军突起、中端酒店突围、主题酒店与情怀民宿，以及OTA渠道掌控、OYO野蛮生长，以及资本、技术和创业的轮番洗礼，酒店业者和经理团队开始认同一个朴素的道理：我们不可能每天都站在聚光灯下接受后辈的仰视，最终还是要回到平凡的服务场景，回到日常的管理岗位上去。创业创新和创造是一个艰辛的过程，需要耐得住寂寞，别总想着上头条、上热搜、上舞台领奖什么的，除了把人心弄得很浮躁以外，没什么好处。在旅游住宿的生态圈里，无论是资本、技术，还是管理，没有谁可以永远居于食物链的顶端。进化是一个缓慢的进程，只有面向市场需求，付出自己的才情和努力，持续增强自己的不可替代性，才能够在残酷的竞争中生存下来，发展下去。

希望旅游住宿业者牢牢把握大众旅游发展阶段的市场基本面，让游客有得住、住得起、住得安全而品质。无论什么样的商业模式，只有与国家战略保持一致，肩负责任，才能走得更远。这需要旅游思想的引领，也需要饭店产业的理论自信。住宿业应围绕文化和旅游融合发展这个阶段性中心工作，按照“宜融则融，能融尽融；以文促旅，以旅彰文”原则，坚守意识形态和安全生产两条底线。不能为了标新立异，就去搞那些奇奇怪怪，甚至引起客人观感不适的客房设计和床上用品。不能为抢工期，连基本的消防、卫生、特种设备检测都没做好就忙着开业。应以更加开放的视野推进“住宿 +”，为国民大众提供更好的旅游住宿体验而努力创新。游客在目的地不断增长的休闲需求不可能全部由酒店提供，有限的空间范围和上升的边际成本支撑不住。事实证明，小而全不行，大而全也不现实。怎么办？到社区去，让酒店成为城乡生活空间的有机组成部分。Airbnb 在上海的“社区 + 住宿”，通过将房间钥匙放在周边的咖啡馆，借此为外国房客与当地社区提供交流机会的同时，后续很多房客会在这些为他们提供当地旅游咨询的咖啡馆开展活动。因此，不管是“酒店 +”，还是“+ 酒店”，如同超市、报刊亭子、花店、书店、咖啡馆、图书馆、街边广场等功能场所和空间，都应该成为城市商业环境不可分割的部分。好的酒店还应该成为城市和社区的地标，并能够提升城市调性和社会品位。中国旅游研究院专项调研发现，在“为何旅行选择住好的酒店”问题上，很多人认同“好的酒店重构了自己对于舒适和方便的认识，也建立起了对好酒店的敬意”“好酒店是无数心思和细节堆砌起来的，是严肃的”。“它不是家，却提供了家的属性，它承载了每一个城市不同的美景，又总能够带来最放心的体验。”

希望旅游住宿业的领导者和管理层努力提升员工的获得感、尊严感和幸福感。过去二十年，是互联网高歌猛进和资本呼啸狂欢的二十年，还是一线员工尊严几乎消失殆尽、产业发展的底层器件严重短缺的二十年。为什么蓝莓测评的一份报告和“花总丢了金箍棒”的一篇微博，就可以严重动摇公众对高星级酒店的品牌公信力？不要再甩锅给星级标准和行业监管了，要多从业界自身找原因。高楼大厦不可能建在流沙上，感觉不到尊严，也看不到未来的一线员工是不可能保证酒店服务品质的稳定性的。只有千千万万的一线保洁、保安、客房和餐饮服务员薪酬有保障、工作有尊严、人生有价值，才会有旅游住宿产业真正的未来。任何时候，任何地方，任何商业模式，都不能为了客人的满意而无底线剥夺员工的尊严。如果没有相应的工资报酬、继续教育和发展空间，仍只靠胡萝卜加大棒，还有习以为常的心灵鸡汤或者打鸡血，谁能保障服务界面的最后一公里呢？现在会议论坛和行业文章说概念的多，说应该做什么的多，都想着做网红，拉流量，可是说怎么做的少，耐下心做事的更少。过去两年，我连续以《没有导游的职业尊严，就没有品质旅游的未来》《诗和远方的日子X砥砺前行的样子》《因为有你，万卷诗易读，万里路不难》等主题连续为导游群体发声。今天我想把这些话语同样送给PA、门童、行李员、客房和餐厅服务工、工程部万能工等千千万万的酒店基层员工，没有你们的才情与付出，酒店将只是一座冰冷的建筑与设备集合体。

希望旅游住宿业能够重归经典价值，践行中国服务理念，有效满足人民对美好生活的向往。包括酒店、饭店、民宿、共享住宿、短租公寓在内的旅游住宿，固然需要资本、技术、互联网平台的加持，方能跟上时代的步伐。然而无论科技如何进步，就是机器人可以送餐、陪聊，也无法代替人的交流。因为科技是效率导向的，人文则是有温度的，甚至会为了那一份精致与优雅而浪费时光。很是喜欢《东邪西毒》和《罗曼蒂克消亡史》两部电影的英译，“Ashes of Time”和“The Wasted Time”，都是与时间的反功能和非效率有关。我也相信无论资本的力量如何强大，都代替不了经理人员的现场管理、专业技术人员的业务精进和一线员工的爱岗敬业。越是技术进步，越有资本运作，经典意义的服务越是稀缺并彰显价值。中国服务并不意指，也可以说不必指向那些针对权贵和精英阶层的极端个性化服务。我心目中的中国服务，应兼有欧美酒店人对平等、优雅、从容的生活方式的坚守，而不是动不动就列队鼓掌、花样翻新地折腾床上摆设，还要手写个卡片放在枕头上什么的。要知道，游客特别是年青一代的客人可以接受有瑕疵的真诚，却不会欣喜于无瑕的表演。我心目中的中国服务，还应承载自古以来的君子之风，可以是“桃花潭水深千尺，不及汪伦送我情”，抑或是“你走，我不送；你来，风里雨里去接你”，内心是真诚的，怎么做都是对的。

协会和主办方希望我讲旅游业的宏观形势和住宿业的发展趋势，最好能有些新概念或者金句，抱歉只说了这些家常话和平常语，可能让大家失望了。历经庙堂，阅尽江湖，归来再看自己学术起点的住宿业，还是希望在这个众声喧哗的时代，智慧耐心些，淡定从容些。期待往来穿梭的行程中，给我一间酒店，梦入异乡，醒来社区。

2019 年 4 月 11 日于长沙
第八届中国饭店文化节
第二届中国饭店业发展大会

无障碍旅游：共享的权利和共同的责任

尊敬的中国残联吕世明副主席，

同志们，朋友们，

今天是中国旅游日，也是全国助残日。406年前，徐霞客先生“自宁海出西门”，开启了其载入史册的旅行。四年前，我在宁海做了《何以徐霞客》的纪念演讲，然后去陕西参加秦岭与黄河的对话。今年今日，我们以“无障碍旅游”的名义在成都隆重集会，是因为大众旅游时代的发展目标已经超越了单纯的经济功能，走向了旅游权利的社会层面。让更多的国民大众在大地上自由而有尊严地行走，是所有公共部门、私营机构和非营利组织的共识，也是努力奋斗的目标。为此，我们提出了“更多的国民参与、更高的品质分享”“有得游、游得起、游得舒心”“要美丽风景，更要美好生活”“主客共享”等当代旅游发展理念。上述理念和目标理所当然包括残疾人和出行障碍者的旅游权利，当务之急是为那些有能力并愿意出行的残疾人旅游者提供便利的、有感的、日渐完善的无障碍设施与服务体系。

我们知道，改革开放四十年的旅游发展进程，无论是前二十年的创汇导向的入境旅游时代，还是后二十年强调消费和增长的国民旅游时代，功能而非权利，效率而非公平，一直都是国家旅游发展体系的核心价值取向。2001 年，原国家旅游局组织修订《旅游饭店星级划分和评定标准》（GB/T14308—2003），不止一次听到业界对残疾人设施要求的议论“正常人还照顾不过来呢。再说了，就是按标准设计了残疾人坡道、客房、厕所和电梯触摸按键，一年到头又有几个人使用？”。尽管我们坚持按国际惯例和相关精神将越来越严格的标准写进了标准，可是从未停止过对无障碍旅游这个问题中关于权利与责任的思考。

在党和国家的关心支持下，我国残疾事业取得了持续快速的发展。习近平总书记格外关心残疾人事业和老龄事业，强调重视无障碍环境建设，要让导盲犬进入公众场所。今年春节前，总书记在北京看望基层干部群众路过一个坡道时指出：这个坡道一定要安全，要让老百姓出行便利。据统计，党的十八大以来国家已出台数十项有关无障碍的政策法规。2012 年国务院颁发了《无障碍环境建设条例》，2016 年无障碍环境建设被列入“十三五规划”，列入民航、铁路、交通、住建、文化和旅游等经济发展和民生领域的相关文件。今年的《政府工作报告》再次提出要支持无障碍环境建设。地方政府和社会各界也为此做出了切实的努力，取得大量可圈可点的成就。与此同时，我们也要看到当前我国残障人士保守估计有 8500 万，其中 2400 多万的听障人士、1700 多万的视障人士，除此之外，还有 2.5 亿 60 岁以上的老年人，深度老龄化形势很是严峻。到目前为止，无障碍设施和服务还没有实现对上述群体，特别是重点人群的全覆盖，广大残疾人朋友对无障碍环境的参与感、体验性和满意度还不够。

在旅游已被看作国民基本权利，并成为人类长存的生活方式的今天，希望以下观念会为越来越多的人所认同，会有越来越多的组织、机构和人员将共识付诸日常的实践。

残疾人有旅游的权利，国家和地方有无障碍通行的责任。根据纪寻及其团队对我国残疾旅行者所做的调查，认为目的地没有无障碍设施、没有无障碍产品和无法获得无障碍服务者分别有61%、41%和27%。这意味着在国民大众的旅游消费已从“有没有”转向“好不好”的今天，在小康社会旅游梦越来越成为现实的今天，残疾人朋友依然还会因为环境、设施和服务的障碍而无法在这片美丽的国土上自由地旅行，尽情地分享。今年五一假期，路上“堵堵堵”，景区“人从众”，以至于有游客上传视频“我不想玩了，我想回家”而成网红。可是约占全国人口的7%，也就是每15个人就有1个人是残疾人朋友，别说外出旅游，就是小区周边转一转都倍感不便。让老百姓有得游、游得起、游得舒心，是文化和旅游融合发展新时代的价值取向和全新目标。如果不能让更多的残疾人朋友加入大众旅游进程中来，以人民为中心的当代旅游发展理论就不是系统的，文化和旅游融合发展的社会实践就不是全面的。在我的心目中，成都是一座平等、善意和包容的城市，也应当是无障碍旅游的样本城市。事实上，一个愿意并有能力为本地残疾人群体提供无障碍休闲环境、设施和服务的城市，一个愿意并有能力最大限度向外来残疾人群体释放包容和善意的城市，才是真正意义上的国际旅游目的地。当代旅游的标志从来就不取决于对强者的力度，而是取决于对弱势群体的温度。

残疾人有旅游的权利，市场主体有无障碍服务的义务。全球旅游市场数据显示，更多的企业愿意履行无障碍旅游服务的义务。英国国家旅游局对线上旅行代理商的200多万家酒店搜索统计表明，那些在产品介绍中标明有无障碍设施的酒店，要比其他酒店多出26%的预订。这是因为随着经济发展和社会进步，确实有更多的残疾人与老年人外出旅游，也正因为提供无障碍设施服务，这些酒店获得更多预订者的理解、信任和尊重。我们非常高兴地看到，包括世界园艺博览会在内的重大活动都为行动障碍者提供免费的轮椅、专用通道和志愿者服务。尽管还没有全面覆盖到视力、听力和智力障碍者，尽管在讲解、如厕、购物等服务环节还有进一步改进的空间，但是与过去相比已经有了巨大的进步，总体上值得肯定。

值得关注的是，科技在无障碍环境建设中开始扮演越来越重要的角色。上个月在京召开的科技无障碍发展大会上，阿里巴巴、腾讯、华为、谷歌等企业，清华大学等高校，互联网协会等行业组织带来了大量产品化的科技应用。人工智能、移动互联网和大数据在无障碍旅游中有了更高效率的场景应用，比如有的APP可以专门对城市、景区、酒店、餐饮等休闲娱乐场所的无障碍程度进行点评，比如WheelNav不仅提供静态的位置标志，还可以为轮椅使用者提供包括速度、高度、平稳性和通行辅助设施在内的点对点通达信息的导航服务。我们也看到，随着企业社会责任意识的强化和能力的提升，许多巨型企业不可避免地会进入到公共服务领域，这就意味着政府、公益机构和企业在无障碍环境建设扮演的角色将日趋重叠，协同创新成为当下亟须解决的现实课题。天下事天下人为之，但不能让抱薪者冻毙于冰雪，关心他人者理当享有他人的关心。对于关心支持无障碍旅游的企业，我们要给予荣誉，也要给予税收减免和研发专项等实实在在的支持。

残疾人有旅游的权利，社会各界有无障碍教育的义务。包括旅游在内的无障碍通行，是走向文明之路的公民承诺，更是社会各界的共同责任。中国残联、文化和旅游部研究明年的旅游日或者助残日主题，可以沿着“无障碍：旅游的权利与共同的责任”这个方面思考。报纸、广播、电视等大众传媒，大学、中学、小学等教育机构，居委会、共青团、妇联等群众组织，行业协会和非营利组织，等等，全社会的每一个机构和每一个人，都有必要教育与提醒彼此：为残疾人旅游休闲提供无障碍环境是中国梦的有机组成部分，为残疾人群体提供力所能及的帮助是社会主义核心价值观的具体表现。在无障碍环境建设和无障碍旅游发展进程中，我们不能忘记自己还是发展中国家，对女性、老年人、贫困人口和残疾人群体的关注，从权利意识的提出、立法与教育，到企业社会责任和全社会参与，再到特定群体的切实有感，是需要时间、智慧和持续以恒的努力的。为此，政府和社会须下大力气研究那些有意愿并有能力出行的残疾人群体，切实弄清楚他们的现实需求，从日常生活和一公里社区休闲做起，而不是一开始就引入最高标准，建设那些看上去很美的设施，提供那些只能听不能用的服务。事实上，我们从来就不缺理想主义者，更不缺乡愿、清流和说风凉话者，稀缺的是那些在认清现实的困难后还能为共同的理想而砥砺前行者。

十年前访问西班牙巴塞罗那，有一个行程是尚未完工就列入世界文化遗产的圣家族教堂。当看到一列大巴车队缓缓驶至入口，随着前后车门的打开，缓坡道自动连接地面，数十名行动障碍者由志愿者推着轮椅鱼贯而下，再由教堂工作人员上前引领游览并做一对一的讲解。尽管有的尚为中年，有的垂垂老矣，有的看上去有智力障碍，但是坐在轮椅上的他们无不衣着整洁，面容干净，努力聆听着志愿者的每句话。那一刻，我伫立在南欧阳光灿烂的天空下，真真切切地感受到旅游的权利和生命的尊严。专业交流的环节，欧洲的同行告诉我：无论身心是否有障碍，都有自由旅行的权利，并纳入社会福利的保障范畴。那一刻，我想到万里之外的祖国，正在进入大众旅游的祖国，残疾人数量超过8000多万的祖国，心中隐隐作痛。直到今天，我们在残疾人的旅游平权方面与欧美发达国家相比仍然有不小的差距。令人欣慰的是，这个差距正在不断地缩小，特别是让残疾人平等、自由而有尊严地参与到旅游进程中来，获得了越来越广泛的社会共识，并成为国家意志的有机组成部分。

旅游工作者、残疾人工作者、专业志愿者，以及所有关注社会平等、人民幸福和国家进步者，携起手来，为无障碍旅游的美好明天而努力奋斗！

2019 年 5 月 19 日于成都

亲亲洛宝贝，守护家国梦

鞠萍姐姐，您好！

“我是看着您主持的七巧板和大风车长大的”，这是研究团队的小伙伴要我转达的。自己倒是没有这个福分的，小时候在淮河边村子里，都不知道电视是怎么回事，能从话匣子里听孙敬修爷爷讲故事就不错了。事实上，很多人的艺术启蒙和社会认知往往来自“拉大锯，扯大锯 / 姥姥门口唱大戏 / 请闺女，接女婿 / 外孙女，也要去”的儿歌，来自滚铁环、丢沙包、过家家的游戏，来自婶婶大娘们口中的牛郎织女天仙配、十八相送祝英台的民间传说。直到有一天村子里放露天电影，上海美术电影制片厂的《渔童》，打开了新世界的窗子。这是多么美丽的新世界：从年画里走出的渔童，在鱼盆里一边跳舞一边吐出珍珠的金鱼，让白胡子的老爷爷在睡梦里都笑醒呢。后来，《大闹天宫》的猴子王真的变成了齐天大圣，《小蝌蚪找妈妈》长大后变成了青蛙，我的少年时代也就结束啦。后来，又陪伴孩子看了《天线宝宝 Teletubbies》《火车宝宝 Chuggington》《查理和罗拉 Charlie and Lora》《爱探险的朵拉 Dora the Explorer》《小猪佩奇 Peppa

Pig》。直到有一天，她开始在《火影忍者》等日漫中建构属于自己的世界，我知道该是目送的时候了。再后来，我以旅游的名义走遍了这颗孤独的星球，才发现：无论任何国家和地区，不分任何种族和肤色，对外面世界的好奇、对爱的渴望、对未来的幻想，都是学龄前儿童与生俱来的天性。正是《洛宝贝》这样的动画片，正是《大风车》这样的电视频道，陪伴着都市和乡村一代又一代的婴儿、幼儿、少年，让他们心里有爱、眼里有光、肩上慢慢有了责任，健康自信地成长。

如果时光可以倒流，我想和文学家一起回到学龄前，看一看成年人看不到的世界，说一说婴幼儿说不出的话语。在绿野仙踪般的世界里，天空、大地、海洋、沙漠、仙人掌是真实的，白雪公主和七个小矮人是真实的，小英子的城南旧事也是真实的。安徒生的童话为什么能够得到那么多国家和地区儿童的喜爱，并在世界文学史上拥有那么高的地位，因为它真啊。这个真不是成人世界的理性和真实，比如“豆荚里的豆子，整整齐齐地排着，他们觉得整个世界都是绿的”，真实吗？真实。这是儿童世界的感性真实，是孩童眼里的世界，甚至是没有绝对的善和恶，就是随心所欲的想象，就是可以胡来的。童化了的艺术家拿起彩色蜡笔，“能在心爱的白纸上画画/画出笨拙的自由/画下一只永远不会流泪的眼睛”（顾城，《我是一个任性的孩子》）。我想和大业漫奇妙的小伙伴们一起，陪着洛宝贝去看东城街边的报刊亭、春天溪水里的小蝌蚪、非洲草原的小狮子，还有法布尔笔下的昆虫。等你长大了啊，还要陪你去看全世界。

苏总、小田，你们好！

第一次与大业漫奇妙团队见面的时候，就有莫名的亲近感，就像邓丽君的《甜蜜蜜》，“在哪里？在哪里见过你？”直到双方的团队坐下来才发现创业的经历如此相像，人本价值观如此接近。是啊，无论是皮克斯、芝麻街的创作团队，还是宫崎骏和斯坦·李，没有一颗哪怕历经人性的黑暗却依然不可救药地爱着这个世界的美丽心灵，没有那份守护如此柔弱之真的创作能力与商业体系真挚磅礴的自觉热情，又怎能够创作出让中国学龄前儿童如此喜爱，还打动艾美奖评委与九故事（Nine Stories）全球推广团队的《洛宝贝》呢？过去我们讲中国的，也是世界的。今天也要讲世界的，也是中国的。在文化事业、文化产业和旅游业融合发展的今天，在小康社会旅游梦越来越成为现实的今天，为了推动文化服务效能和旅游业的高质量发展，包括大业传媒在内的民营企业是国家战略应该培育，可以依靠的市场主体。

我和中国旅游研究院的学术团队，愿意与企业家站在一起，共同研究学龄前的文化和旅行需求，用人工智能和大数据支撑文化产业的创新发展。过去一年里，文化和旅游融合发展已经成为系统、行业和社会的显话题，大家对融合发展的必要性、可行性做了大量的理论研讨和实践探索。历经了太多的宏观尺度和庙堂叙事，我更愿意和大业传媒这样的文化企业，漫奇妙这样的创作团队开展实质性合作。可能有人会说这个实验室的切入口太小了，比起那些动不动就战略、政策、工程之类的大词来，似乎显得不那么带节奏。可是看一看1亿多0~6岁儿童对外面世界好奇的目光，想一想家长们对他们健康、快乐成长的期盼，就知道这份合作是多么地任重而道远。国家有需要，人民有期待啊，同志们！要拍出承载人类共同文明和中华民族优秀文化传统，陪伴学龄前儿童成长，传得开、记得住、孩子们又喜闻乐见的优秀动画片，既要艺术创作，也要有质性研究和量化实验。我们需要了解这个日渐增长的市场到底有多大规模，是否可以进行不同维度的细分，又有哪些需要精心呵护的需求可以产品化？为此，双方的专业团队将会在理论建构的基础上设计系统的测量与评价体系，通过旅游经济文化和旅游部重点实验室的专业调研平台收集数据，定期开展头脑风暴，做好产品研发的中试和投产后的市场跟踪。

童年时代的影像记忆可能建构目的地的形象，但是从记忆到形象认知，再到旅行动机和消费决策，可能是一个相对漫长的过程。不少人之所以愿意去非洲旅游，就是因为童年看《狮子王》而建构了对非洲大地的美好想象。由是出发，我们确实可能用文化彰显旅游的品质，用旅游促进文化的传播。但是从动画经典 IP 到文化创意和旅游产业开发，不可回避的是一个漫长的市场培育和时间积淀的过程。不要总想着拉流量、做网红，片子还没拍、剧本没写好就想着衍生产品的开发了。人间正道是沧桑，还是多些智慧和耐心的好。

我们还要一起去寻找拥有共同价值观的艺术家和创作团队，一起去发现和培育承载人类共同文明和中华文化传统的动漫精品。事实上，艺术精品从来都是遇见的，从来都是优秀的人才创作的，而不是培养和训练出来的。文化产业当然离不开资本的推动和商业的力量，《天线宝宝》如此，《洛宝贝》也是如此，但是在文化和艺术面前，特别是面向学龄前儿童的动漫作品，投资者和企业家都必须保持应有的谦卑。

各位领导、专家学者和媒体朋友，你们好！

动画片的开发从来就离不开科学理论和研究开发的支持，否则是走不远，也传不开的。已影响美国四代儿童、超过 7600 万美国人在成长过程中看过、覆盖 160 多个国家和地区的“芝麻街”，最初就是源于一份智库研究报告《学前教育中电视的潜在用途》，直到今天依然带着强烈的研究和教育色彩。从其 2017 年财报看，收入构成中除了节目发行和品牌授权，有 30% 来自企业基金和政府捐款。支出构成中，58% 用于媒体和教育，25% 用于国际影响力提升，而 14% 则用于创意、策略和研究。由于是关系到儿童成长，因此对该项目的长期跟踪调查表明，经常看芝麻街的学龄前儿童比不看的儿童，社交能力高出 40%，到了高中阶段平均分则高出 16%。在日本，动画片的受众群体已经延伸至成年人。正是看到这个巨大的市场潜力和社会教育功能，腾讯、爱奇艺、亚马逊、Netflix 等互联网公司均对动画制作、发行和播放平台采取了战略进入的态势。

我愿意与旅游、影视、网络、文化、教育、科技等主管部门，以及共青团、妇联、残联、关工委、宋庆龄基金会等社会团体，以及所有关心儿童健康成长的社会组织一道，为学龄前文化创意和旅游休闲领域的法律、政策和治理体系的完善，为创业创新和创造环境的优化而努力奋斗。世界动画片大国对于动画片的创作、播出及其衍生品开发都有严格的规定，学龄前儿童可以看什么，听什么；不能看什么，听什么，包括电视播出的时间段和时长，甚至字幕条的单词数都有具体的规定。相对而言，我们现行的审查制度还是定性的、粗线条的比较多，而定量的、可操作的规定则相对较少。无论是内容生产、渠道发行，还是品牌授权，既需要促进创新，也需要依法监管；既需要保护受众群体，也需要保护市场主体的合法权益。从发展趋势看，像迪斯尼、环球影城、海昌海洋公园、长隆野生动物园这样体量巨大的主题公园还会有一定的生存与发展空间，而万达宝贝王、比如世界、洛宝贝以及 M&M 等小微型室内乐园同样具有前瞻性。大公司需要知识产权的保护，小项目更需要司法和行政救济。如果不能在知识产权方面取得实实在在的进步，文化和旅游融合发展进程就不可能顺利展开。

动画片和儿童文创离不开孩子需求培养，更离不开父母的观念更新和进程参与。一位从事幼教五年的老师在讲稿写作过程中分享了她的观点：千万不要把我们的“认为”当成孩子的“真实”，脱离父母视野后的孩子，其实有我们想象不到的另一面。父母第一次送孩子上幼儿园，想象的画面经常是什么？不愿意离开父母，牵胳膊抱腿地哭闹。可事实是只要父母一离开，绝大多数小朋友会在第一时间融入集体，开心玩闹和游戏。要相信我们的孩子是勇敢、自信并有能力面对不同环境的，要让我们的孩子像

Like a girl 那样，在温暖、安全和自信的环境中成长，自主选择自己的未来，而不是像电影《狗十三》的父亲那样，终有一天面对强制社会化的女儿，泪流满面。

很快就人间四月天了，一树一树花开的时节，绿草茵茵的世界，我想亲亲我的宝贝，守护家国的未来。

2019 年 3 月 20 日于北京

“学龄前亲子文旅实验室”市场研究报告发布

旅行更简单，服务高品质

于董事长敦德先生，

途牛旅游及在线旅行业界同仁、媒体朋友，

上午好！

今天是途牛旅游全球合作伙伴大会，也是公司成立十三周年的日子。借此机会，我愿意和大家一起回顾这些年来经历的得与失，一同思考在线旅游服务高质量发展的方向。

十三年来，途牛旅游和在线旅行业者一道，为成千上万的旅游者提供了多样化的消费选择、高效率的旅行服务和高品质的服务保障。读万卷书、行万里路，是中华民族的优良传统，出国旅游尤为人民所向往。世界旅游组织的《马尼拉宣言》明确宣示：旅游是人的基本权利，是人类长存的生活方式。从历史上看，很久很久以前，旅游只是少数人的享受，多数人则不管父母在与不在，都是不远游的。不是不想远游，而是闲钱、闲暇和闲心不具备啊。很久以前，旅游这只王谢堂前的燕子渐渐飞入寻常百姓家。可是出游还是很麻烦，要拿单位证明去民航售票处买飞机票，去托关系深夜排长队买火车票。好容易等到旅行社遍地开花了，可是只销售固定的线路，还要跟团走。时光倒退二十年，如果我在南京公务之余有个半天的闲暇，想一个人去莫愁湖走走，应当说是件很愁人的事情：旅行社没有这样的产品，自己也不知道去哪里找车辆和导游。是互联网和资本的结合，是包括途牛在内企业家的创新，让分散的、个性化的、单项的旅行服务需求有了现实的可能性。途牛“让旅游更简单”的商业理念和市场实践，为1.2亿游客提供了220种跟团游、自助游和机票、酒店、签证等单项旅游产品。诗和远方在一起的日子，越来越多的人“要旅游，找途牛”，上亿人通过我们的平台实现“说走就走的旅行”梦想，94.24%的消费者给出了满意评价，确是令人自豪的事情。看一个创业项目好不好和商业生态圈是不是可持续，不仅要看领导和专家是否点赞，更要看千千万万的消费者是不是发自内心地认同。只要我们坚信国民大众对美好生活的向往，必然包括“更简单的旅行”，只要我们坚守“游客至上，服务到诚”的初心，就能够走得更稳更远。

十三年来，途牛旅游和在线旅游业者一道，守正创新，行稳致远，拓展了旅行服务的产业边界，为旅游业带来全新的活力。从早期的旅行社产品预订平台，到“网站＋呼叫中心＋落地”“牛人专线”，再到“随往”地接社，途牛一直在拓展自己的业务边界。事实上也实现了公司属性从旅游产品的互联网零售平台，到“批零一体、线上线下、组接贯通”旅游生态圈的战略转型。应当说，每一次转型都面临着市场的观望、团队的质疑，以及传统旅行社和在线旅行服务业同行的巨大压力。敦德先生和他的团队还是以令人惊讶的勇气、智慧和能力，成功应对了一次又一次生死存亡的挑战，经过数轮融资和扩张而成功登陆纳斯达克，成为中国概念的旅游类上市公司代表。今天，超过7000名员工在途牛拥有工作岗位，更多导游、司机、服务员和村民通过途牛的业务获得了间接就业的机会。值得关注的是，途牛向旅游批发商、资源供应商和地接开放平台的同时，自主研发的旅游产品和地接服务也通过其他平台分销，从而构建一个有序开放、竞争合作的市场新生态，为新时代产业格局的演化提供了全新的可能。

途牛的商业成功及其为代表的在线旅行服务业的繁荣发展，离不开公司创业团队的智慧与坚守，离不开大众旅游消费的快速成长，更离不开国民经济高速增长和社会民生稳定发展的伟大时代。任何时候，企业家也不能过高估计自己，而是要时刻提醒自己，是时代成就了途牛，成就了在线旅游业，而不是相反。任何时候，我们也不应低估市场的力量和企业家的价值。在充满风险和竞争的市场上，每一位员工的日常努力值得尊重，每一名为了国民幸福和国家富强而创新的企业家都应当获得人们的掌声！

成就属于过去，辉煌需着眼于未来。随着全面小康社会的实现，大众旅游的消费诉求正在从“有没有”转向“好不好”，并要求供给侧结构性改革，以实现文化和旅游融合发展时代的监管要求。科技创新、资本流动和高质量发展的战略导向，让旅游产业格局和竞争态势处于新一轮的重构中。我相信途牛旅游及其全球合作伙伴，特别是在线旅游服务领域的同志们有能力开创历史，也一定有信心面向未来。

值此文化和旅游融合发展新时代，希望途牛和所有在线旅行业者能够以更大的决心，发挥各自的市场优势，与国家旅游发展战略相向而行。在不同的历史时期，国家旅游发展战略有具体的内涵，如上个世纪 80 年代的发展入境旅游和创造外汇，90 年代的发展国内旅游和促进消费，2009 年国务院文件明确要把旅游业培育成“国民经济的战略性支柱产业和人民群众更加满意的现代服务业”。不同时期的发展战略为旅行社、景区、酒店、餐饮、购物等涉旅企业提供发展机遇的同时，也需要市场主体的相向而行。当前，我们在关注国民旅游权利、关注文化和旅游融合发展、关注科技助力旅游高质量发展的同时，还高度关注入境旅游市场。作为旅游强国重要标志之一的入境旅游，从未离开过党和国家发展旅游的战略体系。无论是政府旅游行政主管部门、国家旅游智库，还是旅游业界，发展入境旅游的决心从未动摇，探索和创新从未停止。从数据来看，入境旅游市场已经在 2015 年触底回升，稳步进入恢复增长的新通道，民族复兴和人民幸福的中国梦正在为入境旅游注入全新动能。上个月底，我在京会见了主营香港游学业务的卓友森先生。他说从广州出发、落地北京大兴机场、乘坐地铁快线到草桥站，再滴滴打车到研究院公务，以及入住酒店和朋友会晤，全程无缝高效地对接各种交通工具和商业接待设施，没有使用过一块钱现金。卓先生由衷感叹“厉害了我国的交通系统和线上支付”的同时，他也建议多组织港澳青少年，多来看看内地的机场、高铁、CBD、大剧院，多体验泛在的无线互联网和在线支付。确实，中国是拥有良渚、殷墟、兵马俑、长城、故宫、京剧、功夫等灿烂文明的传统中国；也是历经半封建半殖民地、万里长征、十四年艰苦抗战，多灾多难而又自强不息的中国；还是拥有南京长江大桥、世界文学之都、浦东新区、小蛮腰、天眼、三峡大坝、高铁、5G 为代表的现代化进程的中国。从景区到社区，从戏剧场到菜市场，到处都有值得讲述的中国故事，到处都有值得体验的品质生活。得益于过去二十年出境旅游持续而高速的增长，包括途牛在内的一批在线旅行商发展起来了。我们可以继续做出境旅游的生意，但是也要重构战略体系，发挥在线旅行商的市场优势和商业能力，讲好中国故事，特别是当代中国的故事，招徕接待更多的海外游客。

值此大众旅游新阶段和全域旅游新方位，希望途牛和所有在线旅行业者沉下心来研究需求痛点，让广大游客既能实现简单的旅行，也能享受高品质的服务。我们正在迎来全面小康社会，国民旅游权利会得到更加广泛的普及，预计今天的国内旅游和出境旅游将会分别超过 60 亿人次、1.6 亿人次。随着消费市场下沉，还会有更多中低收入阶层的城乡居民，包括退休职工、老年人和小镇青年加入旅游活动中来。如何为旅游消费的初次体验者提供真实而高效的信息，通过科技应用和商业创新，让普通人也能够以合适的价格享受基本的旅行服务品质，是需要业者认真回答的现实课题。市场经济从来不会排斥正常的价格竞争，否则我们就不会有冰箱、彩电、空调等家用电器，以及手机、电脑等信息产品的普及和迭代了。标准化的旅游线路和程序化的服务项目，在竞争机制的作用下，也一定存在价格向下的压力。但是，我们不能利用自己的专业能力和市场信息的不对称，再去搞“一元门票游景区”“99 元游泰国”之类的商业游戏了。要以直面市场的勇气和商业创新的智慧，去发现消费的痛点和潜在的需求，千方百计扩大旅行服务的市场基础。

线下旅行社的未来不是放弃传统走到线上，而是守住“游客至上，服务至诚”的初心，经过商业模式的创造和技术模式的创新而走向现代服务业。线上旅行商的未来也不是扬短避长到线下去开更多的门店，而是通过对老年旅游、研学旅游、避暑旅游、冰雪旅游、自驾旅游、邮轮游艇旅游、夜间旅游和定制旅游等新需求的研究，不断丰富公司的产品谱系。无论是同业批发，还是零售终端，都要努力形成有市场号召力的产品品牌和社会影响力的公司商誉。现在旅游行业有炒作概念、争话语权的浮躁迹象，什么都想跟，什么都想做，不现实啊！整天忙着和媒体打交道，忙着建研究院、数据中心、企业大学、培训学院，忙着发报告、做演讲，不想着如何静下心来做好企业，非要把自己装扮成行业领袖、青年导师和流量明星，不必要嘛！企业家，还是踏踏实实地做好产品、服务和企业，才是正道。

在科技推动旅游高质量发展的今天，希望途牛和所有在线旅行业者能够扩大投入，强化研发，继续引领旅游领域大众创业、万众创新的方向。

在线旅行的兴起得益于互联网、移动通信和产业资本，或者说是技术和资本为旅游领域过去二十年的创业创新插上了腾飞的翅膀。未来五到十年，如果我们不能跟上5G、北斗导航、无人驾驶、机器人、语言识别、区块链、人工智能、增强现实等信息科学和工程技术的进步，很可能让在线旅行商成为新时代的恐龙。事实上，在线旅行商最大的竞争或者说危机，并不是来自线下的传统旅行社，也不是来自一线企业的重压与并购，而是来自腾讯、阿里、华为、科大讯飞、谷歌、Space X的技术创新，甚至那些尚在实验室，甚至是《自然》《科学》的在审论文的科学思想。一旦这些思想和技术与资本和创业团队结合起来，并应用于游客的消费场景，新的旅行服务革命就要降临了。下月初就要召开每年一度的中国旅游集团年会了，主题是“科技新动能，发展高质量”，希望到时能够听到各位业者前瞻的思想和理性的声音。对于途牛等头部在线旅行商而言，应当也可以投入更多的精力去跟踪科技进步，研发基于新型技术的新项目、新产品，而不是比着去找明星代言，满足于在社交网络上刷流量。在旅行服务领域，从来就不缺让梦想窒息的情怀，而是缺少敦德先生这样的理工男气质，缺少技术、逻辑和工匠的厚重底蕴。希望不远的将来，也会有在线旅行商能够像华为那样，不要说拿出1200亿元，哪怕1200万元用于实实在在的R&D，国家旅游业的现代化转型目标就可以实现了。

为了国民大众的旅行福祉，为了国家旅游业的高质量发展，我一直并愿意继续与途牛旅游，与在线旅行业界同仁同进退、共担当！

2019年11月7日于南京

文化遗产的功能重构与价值实现

尊敬的盛蕾董事长，

同志们，朋友们，

下午好！

我承认如下观点，可能会让人感到不适，但还是愿意将它作为这篇演讲的出发点：我们不可能将所有的文化遗产都加以活化和利用，有的甚至连保护和保存的必要都没有。虽然无论见过去伟大如秦皇、汉武、孔子、李白，还是见当下平凡如你我，每个人与生俱来的独特，其生命过程都值得被记忆。然而，我们也不得不承认，绝大多数人或苦难或辉煌的生命印迹，终将无声无息地随风而逝。在数千上万年的历史长河中，只有少数人的名字、思想、事功及其物化空间才有可能为历史所记忆，化为人类文明浩瀚星空的一粒微光。参访纽约古根海姆博物馆时，两个场景至今在脑海中挥之不去。其中，世界各地的主流报纸，定格于上个世纪六十年代同一天的头版，一张接着一张绕壁陈列，无声讲述着那么多国家和地区在同一时间发生的不同故事的同时，一束背光打在地上，光影相间幻化而成文字，Earth to earth，Dust to dust（尘归尘，土归土），观者安宁如黎明前沉睡的大地，间有呼吸如枯叶自枝头飘零。

对于京杭大运河这样的浩大工程，也即欧美纪录片 Mega 里所言，一旦失去了其本来意义上的军事、交通、政治功能，除非有重大事件赋予其全新功能，否则只能作为人类文化遗产加以保存，是很难再现曾经的繁华的。在山东“运河之心”的论坛上，我曾以《繁华不只为追忆》做过主题演讲。作为后来者，我们会记住历史，珍惜祖先的荣耀，因为那是来时的路标。但与此同时，我们也要关注当代人对当下幸福的追求，以及对未来的本真诉求。影响一代人的朦胧派诗人舒婷过三峡眺望神女峰时，石破天惊地写下过这样的文字，“与其在悬崖上展览千年 / 不如在爱人的肩头痛哭一晚”。从那时起，国民生活的精神指向就不再只是承载过去的神圣荣光，而是高举人文的旗帜，理直气壮地追求个体的、现实的与世俗的幸福。不理解这个文化心理的嬗变过程及其内在逻辑，就无法有效建构四十年来包括文化和旅游在内的经济社会发展历程，也无法确认文化遗产保护与利用的价值尺度，更无法完整理解“为中华民族谋复兴，为中国人民谋幸福”的中国梦的完整内涵。回到现实，地方、社区和企业不能因为建设和发展，而随意破坏老祖宗留下的优秀文化遗产，也不能以保护的名义无限扩大遗产的范围，而漠视当代人发展和创新的权利。

也正是从人本主义范式，而不是文物技术和法律条文出发，我和中国旅游研究院的同事年初对《文物保护法》的修订提出了如下的观点。忘记历史意味着背叛，但是人民不可能只守着记忆活着，无论这些记忆是逝去的繁华，还是曾经的苦难。以前我们对文化遗产抢救不够，保护不够，所以要建立博物馆、美术馆、图书馆、文化公园等制度体系，通过国民教育、科学研究、群众文化、红色旅游等途径加以传承，这些工作仍需要坚持做下去。与此同时，面对人民对文化遗产的参与度和获得感不足的现实课题，我们还需要平衡好保护和利用的关系。既要守住意识形态的底线，防止被市场牵着鼻子走，甚至为票房而戏说历史、歪曲历史；也要避免无视社会发展和人民需要，而出现类似于文化保护原教旨主义的倾向。事实上，在文化遗产的功能重构和价值实现的过程中，文化人和旅游人都应该走出相对封闭的小圈子，走向社会，走向大众，借助一切可能的平台、渠道和方式，传承优秀传统文化、革命文化和社会主义先进文化，生产高品质的文化内容，满足人民对美好精神生活的需要。

价值是由需求定义的，需求越多，市场基础越厚实，价值越大，反之则反是。现在有一种倾向，一说文化资源开发和遗产活化，就奔着旅游市场和产业方向去。事实上，旅游是物质和非物质文化遗产活化的重要领域，但绝不是唯一的领域，甚至也不是最主要的领域。世居于此的城乡居民和常住人口的精神文化生活，才是文化建设的主要服务对象，也是创新发展的原动力。经常会听到这样的数据，本地常住人口数十、数百和上千万，年接待游客数百、数千万，甚至数亿，并且得出结论旅游市场规模是本地居民的十倍之多。却没有意识到本地市场可是常住居民一年 365 天、一日三餐高频消费堆积而成的，而旅游市场是游客长则数周、短则一天的低频消费拉动的。沿着这个思路，文化为谁而建，遗产为谁而活的问题不就容易理解了吗？我们面对近在咫尺的市场需求，固然需要引进外来的资本、技术和专业人才，但更要重视本土企业和人才在文化创意、创业、创新和创造方面的天然优势。与物质生产不同，涉及文化建设和生活品质的提升，不可能也没必要动不动就搞什么产业园、什么大工程。扬州是文化的、历史的、世界的，更是生活的、当代的和扬州人民的。当且仅当扬州人民的生活幸福了，异国他乡的游客才会愿意到访，才会满意而归。

大运河及其所承载的漕运、官渡，还有乾隆下江南，都是流动的文化，所有的重点都在水和船，在人与水的交融。不要总想着在城市中建静态的博物馆，可不可以放宽视野，依托运河建个水上博物馆，既承载历史记忆，也展现空间的流动？多数情况下，单纯的静态展示，就靠现在的一些老照片，连个场景和物件都没有，加上乏味的解说，是很难引起人们共鸣的。只有深深植入本地人民的生活方式，把博物馆、美术馆、图书馆建到社区中去，让文化活动和艺术事件像阳光、空气和水一样融入日常生活场景中，成为经济社会发展不可或缺的有机组成部分，公共文化的服务效能才能得到有效提升，文化强国的建设目标才能真正实现。

我国台湾的白先勇先生由文入戏，以己之力振兴昆曲艺术，青春版、厅堂版的《牡丹亭》在华人世界常演常新。如果不是深耕于当代观众市场，不是持之以恒聚焦改进，而仅是一味靠保护和小圈子里的自我欣赏，恐怕取得不了今日成就吧。林怀民先生在台湾地区创办的云门舞集，借着"光着脚"跳的现代舞，在露天的舞台、学校的操场、飘香的稻田，甚至榕树下的一片空地上，把《九歌》《红楼梦》、书法等中华传统文化精髓传递到了社区，深植于一代年轻人的精神里。像这样在不同文明的对话中，借助当代传播手段，把优秀传统文化传播到世界各地的更多案例也都表明，文化遗产活化，需要普及、传承和创新。而首先是普及，是要让文化遗产走入当代生活，而非简单意义上的收藏在博物馆或立个牌子式的保护。普及还应该是开放的体系，既要重视权威和精英主导的自上而下的传播，也要重视草根和大众的自发创作和市场扩散。QQ 音乐和敦煌研究院合作、新生代音乐人尤长靖演绎的《西遇》上架不到 1 小时，评论就破万，微博转发量则超过 120 万，当下的敦煌正因年轻群体的认同而快速传播。LOFTER 上的同人作品，同样是因为创作者与读者可以互动，而不是传统的我写你读，才涌现不少有生命力的经典诠释。客观地讲，文化主管部门和专业研究机构对此关注不够，继续下去的话，我们将无法与下一代对话。

价值是由投资、技术、创意、研发、生产、服务等供给体系决定的。以前去景区，到哪儿都是廉价的珍珠、贝壳、串珠和手链，当然需要反思和创新。现在呢？几乎所有的历史文化街区和博物馆都在以文创的名义兜售新一轮的旅游纪念品，满眼都是故作萌态的故宫猫、胶带纸和手机壳。小孩子想要一把当场就可以拿着玩、疯着跑的侍卫刀枪而不得，只能失望而归。而对此情此景，我想问创意开发团队，研发过程中问过一句小孩子们真正需要什么吗？又或者以网红的名义，到处梁山好汉式摔碗酒、文艺青年式留言、涂鸦、漂流瓶什么的，这不是为文创而文创又是什么？也有动不动就把“纯手工”做卖点，如果纯粹的手工制作就等同于文化和品质的话，那么对工业革命、科技革命、文艺复兴的历史岂不是要重新评价？我们善于借鉴和模仿，但似乎更善于把任何需要积淀、耐心和智慧的事情，弄成快速圈场子，又快速散场子的快消品。文明演化和生活幸福这样的事情，既不可能是权威部门的规划，也不可能是靠抖机灵的策划，它一定是伴随经济社会的发展和人文交流上边际创新的结果。正是从这个意义上说，网红只是文化遗产活化的第一步。

接下来是面向当代生活的内容创造和品质提升。不能一说文化就是历史遗产和外来的高雅艺术，不能总想建标志性的博物馆、艺术中心、大型主题公园，要研究当下老年人、青年人、少年儿童、学龄前儿童的阅读、影视、戏曲、舞蹈、音乐、游戏、购物、餐饮等现实生活需求。这当然就需要公共文化机构和旅游企业面向，更需要创作团队重归生活场景。上海彩虹合唱团、河北他奶奶的庙等市民和村民自发形成的文化现象值得认真研究。比如世界、M&M、泰迪熊博物馆等室内亲子乐园的兴起，及其背后的文化驱动力和市场逻辑，同样值得研究。在文化遗产活化和当代创新的过程中，我们也要敢于利用，更要善于利用资本、技术和商业的力量。中国旅游研究院上个月在京发布了夜间旅游研究成果，明确提出了18：00至22：00“黄金四小时”的概念，良业等企业在商业实践中形成了“光影雕刻”的产品。照明技术是驱赶黑暗，光影艺术则是重构夜晚的生活空间。这样的技术和产品已经很成熟了，G20峰会可以用，周末的大众休闲也可以用。广州的小蛮腰、温州的瓯江两岸可以用，运河沿线也可以用啊。现在年轻人的旅游休闲诉求，已经不再是简单的吃吃喝喝、玩玩乐乐，而是带有对知识的更高诉求。专题研讨的时候，我的年轻的博士团队甚至提出了“我与运河一起重生”的构想，针对断运的河段，建立一个支付宝蚂蚁森林那样的平台，通过社群的努力让断运的人工河重生。他们还提出“动手造个船，陪你下江南”的商业创意，结合工程、数字、人工智能和时尚音乐，先把人气聚起来，这些blingbling让人直呼年轻人身上孕育的丰富想象力和无限可能性。没有国民大众特别是年轻人的广泛参与，没有思想的引领和技术的应用，没有企业家的商业创新，我们也许会守护历史的记忆，却过不好未来的生活。

值得一提的是，还会有少数人走得更远，他们会一直走到文化的边缘，走到当代人思想的边界，以高度的历史自觉进行边际意义上的探索与创新。这些打着“实验”“先锋”“探索”的名义所进行的文化活动，可能会是蒙克的《呐喊》、凡·高的《星空》、贝克特的《等待戈多》，也可能什么都不是。不过，正是由于这些无法确认最终价值的创作，甚至是个体毁灭性的创造，才让一间居所、一条街道、一座城市成为人类共同的文化记忆，成为世界文化地标。如果说呆萌的网红随处可见，资本和技术驱动的内容创造有迹可循，那么走到边缘进行边际创新的文化活动则是我们无法预测的，更是不可规划的。就像当代量子物理让我们重新认识世界的不连续与不可测一样，当且仅当一切行政的、市场的和科技的力量，在文明演化和人民生活面前保持真正的谦卑，甚至“爱，直至被伤害”，文化遗产才不只是繁华记忆，也是生机勃勃的未来。

2019年5月5日于扬州

大运河文化旅游产业投资合作论坛

为了高质量、可持续、融合发展的旅游业而努力创新

改革开放以来的旅游发展进程大体上可以分为两个阶段：前二十年是“创汇导向、入境为主”，后二十年是“经济增长、大众旅游”。尽管邓小平同志早在1979年就做出了加快发展旅游业的决定，并在著名的“黄山讲话”中对旅游发展的指导思想、方式方法和改革创新做出了一系列部署，但是受制于经济基础、可支配收入和闲暇时间的限制，那个年代的旅游主要是中国人在服务，外国人、港澳同胞、台湾同胞和海外侨胞在消费。对于大多数国人而言，旅游压根儿就不是日常语汇，“诗和远方”也好，“读万卷书、行万里路”也罢，都只是书本上的词汇和对未来美好生活的想象。我自己也是直到1995年读研究生选择旅游经济作为学术方面时，才第一次接触到旅游理论，2001年才有机会走出国门。更多的国民，特别是广大中西部的农村居民可能一辈子都生活在方圆百里的范围，还未来得及看外面世界的精彩，甚至连承担外面世界的无奈的机会都没有，就走完自己平凡的一生。

自1999年国庆“黄金周”开始，国内旅游和出境旅游进入了连续两

位数的高速增长通道。2019年，国内旅游和出境旅游市场分别达到55亿人次、1.5亿人次，国民出游率接近4次。无论是宏观数据还是日常感知，都可以得出这样的结论：旅游已经从过去少数人的享受走进人民群众的日常生活，成为美好生活的重要组成部分。每到节假日，人们的问候语都是“去哪儿玩了？”。从周边的新马泰、港澳台，到欧亚非、南北美，以及南极洲和北极圈，到处都能看到中国游客的身影。各国首脑访问、高层交流和多边工作磋商中涉旅事项日益增多，俄罗斯、美国、印度、欧盟、东盟等国家与我国互办旅游年成效显著。全域旅游的推动下，越来越多的省市把旅游作为主导产业加以培育。文化和旅游融合发展新时代，进一步加剧了资本、技术、创意等新要素向旅游业集聚的进程。

在繁荣与进步的背后，我们也清醒地意识到：拥有出境旅行证件者、乘坐飞机者的旅游者数量都不到人口总数的10%，广大中西部地区的农村居民还没有享受过一次真正意义上的观光旅游，节假日期间高速公路还是“堵堵堵”，热点景区依然“人从众”，强迫购物、诱导消费、酒店“毛巾门”“口杯门”等负面新闻屡禁不止，距离“游得起、玩得好”的美丽中国旅游梦还有漫长的路要走。我们还清醒地意识到：相对于资本的狂欢和技术的胜利，奋战在旅游服务第一线的导游、讲解员、厨师、服务员、保洁工还没有获得应有的职业尊严，社区居民还没有获得高质量就业的机会，自然和历史文化资源既存在利用不足的问题，也有商业开发过度的矛盾。我们还清醒地意识到：文化和旅游融合发展才刚刚破题，更多的旅游消费潜力需要释放，更多的产业动能需要培育，以人民为中心，推动旅游业全面、健康和可持续发展还需要全社会的共同努力。

今天，我们固然要为四十年来的繁荣与进步而喜悦，也要对现实的矛盾和深层次问题进行理性反思。希望旅游业界理性研判形势——观光旅游还是基础需求和基础市场？在这个基础市场，有一部分人群开始有了休闲度假需求。我们不能把局部的、阶段性的数据当成全部的事实，更不能把将来的需求当成现在的市场。政府和公共研究部门有责任告诉业界，一个真实的文化事业、文化产业和旅游业。

希望业界认真审视、高度重视并拿出切实的行动来，促进入境旅游的数量增长和品质提升。《旅游法》和中央文化和旅游部门的“三定”规定，都明确了宣传招揽和组织接待入境旅游者的职责。这不是我们要不要做的问题，而是如何作为的问题。任何忽视入境旅游甚至做出“当前工作重点在国内旅游”的判断都是错误的。在实践中都是有害的。当然，我们承认入境旅游市场显然处于恢复增长的新通道，基础尚不稳固，但是我们更要看到国家发展入境旅游的决心从未动摇。中国梦正在成为入境旅游发展的新动能，市场的力量正在重新集聚。

希望同志们在这个变动的时代保持定力匠心匠力，才能行稳致远。任何时候都要坚持以人民为中心的旅游发展理念。与一般的工程类投资项目不同，涉及人民幸福和品质获得感的领域，资本、技术和文创都应保持必要的谦卑，耐心细致地研究市场，满足需求，做阳光下的生意。事实上，今天的旅游业已经不再是资本高歌猛进的时代，也不是技术攻城略地的领域，那种炮制一个概念、说一个故事就可以让政府分地，从资本市场分钱的时代一去不复返了。很多时候，知道我们能做什么不容易，知道不能做什么，止于当止更难啊！

全体旅游人团结起来，为了人类在大地自由地行走，为了更多的国民参与和更高的品质分享，为了国民旅游权利，为了全面、可持续、高质量的旅游业而在理论上努力奋斗！

2019 年 5 月 24 日于北京

第四届中国文旅产业巅峰大会

数字化时代的旅游集团：形势与任务

尊敬的雒树刚部长，

同志们、朋友们：

在文化和旅游部的大力支持和业界的共同努力下，备受关注的旅游集团年度盛会圆满完成了各项议程。借此胜利闭幕之际，我谨代表中国旅游研究院，向联合主办方中国旅游协会、承办方凯撒同盛、举办地首旅集团国际饭店，以及所有为本次会议做出贡献的各位领导和同志们致以衷心的感谢！

会议系统回顾了新中国成立七十年和改革开放四十年旅游业发展动能的转换历程，形成了“科技是旅游集团成长和产业升级的第一推动力”的理念共识。上个世纪八十年代，伴随着旅游业的市场化进程，以饭店业“学建国”运动为标志，拉开了旅游集团化发展的历史帷幕。这个进程离不开企业家和职业经理团队的创新努力，更离不开国家的政策窗口及其由此而来的市场红利。那个年代的旅行社，只要拿到外联权，就意味着拿到了市场份额和经营利润，旅游饭店更是典型的卖方市场。1999 年国庆黄金周以后，国民旅游需求得到前所未有的释放。社会投资推动了自然资源和历史文化资源的开发建设，圈山圈水收门票，主题公园大干快上。初具实力的中央和地方旅游企业开始实施旅行社、旅游景区、旅游饭店、旅游交通、餐饮、购物中心等相关多元发展战略。受益于出境旅游的持续高速发展，民营旅行社、线上旅行服务商、经济型酒店、共享住宿等业态，在过去二十年也收获了市场、资本和互联网等多重红利。今天，传统的政策窗口开始关闭，市场风口也趋于消散，系统和行业开始培育科技、文化、创业创新等内生动能，推进旅游业高质量发展。以 5G、物联网、人工智能、无人驾驶、实验室经济为代表的科技进步，改变社会生活的同时，也在塑造旅游的未来，以旅游集团为代表的市场主体再次面临战略机遇期和发展转折点。

会议客观评价了科技在过去二十年旅游市场演化和商业创新方面的历史作用，虽然科技价值持续彰显，尚没有成为促进旅游集团成长的内在驱动力和原发力量。包括一线企业和头部品牌，也多为欧美国家的技术模式加上本土的市场开发，终究还是商业模式而非技术模式的成功。能取得商业模式的成功也是不容易，甚至是伟大的，但是今天的旅游集团有必要从模式创新走向技术创新。从营业收入和交易规模上讲，以二十强集团为代表的国家旅业第一方阵已经走在世界同行的前面，没有复制和借鉴的对象了。依赖互联网平台和流量经济而成长起来的旅行服务公司，正面临着日渐升高的获客成本不可承受之重，也面临着游客需求快速变迁的不可承受之轻。今天，以人工智能、物联网和区块链等为代表的新一代数字化技术，正在加速对旅游业的渗透与变革，潜移默化地改变着游客的需求、行为与体验，解构着传统供应链下各类旅游企业的边界，大幅提升着文化和旅游的智能基础设施建设和公共服务效能。如果不能有效应对科技对旅行生活的重大挑战，不能有效提升旅游生活的场景应用和内容创造的能力，今天的市场领导者就可能成为未来的市场出局者。

会议深入研讨了全球范围的科技革命对社会发展，特别是对旅行生活的积极影响。随着经济社会发展和科技进步，国民大众对旅游的需求正在从“有没有”走向“好不好”，从“缺不缺”走向“精不精”，单纯依靠传统的山山水水、历史人文和传统的住宿、餐饮、购物业态已经无法满足未来的旅游消费。当前，数字化正在带来规模巨大的下沉市场和新兴消费，并不断突破网络圈层走到线下。小镇青年正在成为互联网主力用户群体，成为未来旅游休闲消费的重要增长极和驱动力。加速进入快消品时代的旅游休闲，开始呈现出大众和高频的态势。我们无法预料会有多少颠覆性科技创新将跨界而来，以满足数字化时代的旅行需求，并可能触发旅游领域的创新与突破。像洛天依这样的虚拟歌手，以及随夜间经济而兴起的光影秀、水幕电影、数字艺术馆，在娱乐思潮和消费主义的带动下，都可能对未来的旅游演艺模式和消费模式产生革命性影响。

会议科学把握了数字化对旅游业的改造尚处于市场导入期，旅游集团要与国家旅游战略相向而行，积极探索“旅游+科技”战略方向和商业路径。现在说到人工智能在旅游业的商业价值，我们往往局限于机器语言和行为的模仿。实际上，很多人工智能的应用未必都是往拟人化方向走。数字技术自身也并不具备“警察执法”的职能，最新技术也需要我们对其生产、使用过程中的相关伦理和政策问题予以积极关注。科技会带来进步，市场会带来增长，当且仅当科技和市场紧密在一起，才能产生真正的颠覆。近年来，科技在实验室和市场之间的流动速度越来越快，创新的链条和产业的链条正趋于同步。数字技术在解放人力资本，让公民个体广泛参与旅游场景营造的同时，也让旅游产业链条以分散供给应对碎片需求，有了商业上的可能。在强大的技术进步和年轻人主导的创业创新面前，旅游集团是否有能力主导，哪怕是适应市场与科技融合的“游戏规则”，都是一个值得思索的战略议题。

数字化时代的旅游集团，要认真学习贯彻习近平总书记关于文化和旅游工作的重要论述，坚持以人民为中心的旅游发展思想，认真研究广大游客在旅行过程中的现实诉求。随着大众旅游时代的到来，理论界先后提出了“景观之上是生活”“既要美丽风景，更会美好生活”“主客共享的品质生活新空间”等系列命题。两年前的苏州年会上，我们提出了“内容创造与生活引领”的主题，现在看来还没有完全破题。近期参加几家中央和地方国有旅游集团发展战略的内部研讨会，总的感觉还是在分析政策风口，还是想方设法拿土地资源，还是要建度假区和旅游小镇，走“房地产 + 文化 + 旅游”的模式。也有不少人谈到科技，基本上还停留在大数据、互联网、物联网、人工智能、5G 等概念层面上，鲜有面向实实在在终端消费者的内容创造项目，更不用说现象级文创和旅游产品了。在这个方面，我们需要蹲下来，向新型市场主体学习，向年轻人学习。

数字化时代的旅游集团，要努力从科学、文化、经济、社会和政治视角，全方位把握全面小康社会，全面把握人民的美好新生活。在市场研究的基础上，通过科技的、实验的、商业的手段研发新项目、新产品、新服务，以满足国家旅游休闲的新需求。不能一说科技就是互联网、大数据，生命科学、生物技术、交通技术，甚至天文学和空间物理学的进步对旅游需求和产业供给都有潜在的影响。随着经济社会发展和教育水平提升，人们对科学和科普的需求越来越高，观星星思考宇宙的人也不少，黑洞、引力波这么拗口的大词都进入热搜榜。但大众不仅需要天文望远镜，还需要兼具科普性和参与性的主题博物馆、天文小镇，需要定制的旅行线路，需要知科学、懂生活的旅行服务商。还有北斗导航、地理位置信息、无人驾驶、机器翻译、人脸识别、边缘计算等听上去似乎离我们很远的大科学、大工程，同样在深刻改变社会生活和旅行方式。军地融合的国家战略也需要数字文创的产品，以及旅游消费场景的营造。科学界对科旅融合持积极的态度，我们在学理层面也谈过多次，但是离开市场主体特别旅游集团的参与，很多事情找不到突破口，也无法落地。除了论文、会议和报告之外，高校和科研院所的科研项目市场转换率还比较低，需要市场主体广泛而深入地参与到这一进程中来。

数字化时代的旅游集团，要加快构建科技作为内在驱动力和原发力量的组织机制，培育具有技术创新能力的市场主体。当前与旅游业关系最紧密的信息技术，在虚拟化、集群化、分布式等技术的支撑下呈现出更加复杂的网络形态，头部人力资本与先进技术相互纠缠放大，然后赋能初中级人力资源，将会是旅游业被科技渗透的路径。要想获得核心竞争力，充当复杂网络的关键节点，作为国家旅业第一方阵的旅游集团，自然不能只在资本上有体量，还要做人力资本的巨人，做头部人力资本的蓄水池。我们不能仅仅满足于引进迪斯尼、环球影城、Hello Kitty，也不能只是为满足市场的存量需求，要有雄心壮志培育一批创造内容和引领市场的新型旅游集团。港中旅集团面向国民度假的海泉湾，首旅集团的如家小镇，岭南集团的岭南五号，华侨城的欢乐谷，祥源控股的花世界、海昌海洋世界等，都是将国民消费和技术创新结合的成功探索。总体而言，这样的项目还很少，品质和市场影响力也还有很大的提升空间。上个月在皖调研祥源集团，名为二木的设计师给我留下了深刻印象，他年轻、时尚，热爱生活，养了数千种多肉，出过书，还是网红，可是他和团队不只是感性萌宠，他们对动物、昆虫、花草与土壤、空气和气候等环境的关系有着很深入的专业研究。我和俞董事长说要以艺术引领，以实验室经济为支撑，做面向未来的旅游休闲产品。

数字化时代的旅游集团，让更多发明家、投资家和不同市场主体进来，联手加速创新速度转化，在竞合中获得更高阶发展。旅游行政主管部门要从有利于国家旅游发展战略目标的实现，更有利于旅游集团的自身成长出发，以更加开放包容的心态迎接科技进步对全行业、全系统的影响。加强旅游创业创新的科技支撑是一回事，科技与旅游融合发展是另一回事。科技可以促进旅游产业的转型升级和旅游集团竞争力的提升，但是今天已经不再适合搞以我为主、闭环导向的商业模式了，试图寻求包括技术壁垒和市场份额在内的垄断地位也越来越难。美团过去是服务本地生活的，现在游客的需求已经从美丽风景转向美好生活，并要与城市居民共享商业环境了，那它可不可以为游客提供科技支撑的品质服务啊？当然可以，为游客提供了服务，美团就是旅游市场主体。同理，BAT、字节跳动、快手也是我们的同盟军。经常听到这样的话，与谁谁不同，我们是旅游业的嫡系部队。什么是嫡系部队，能担责、打仗、能与时俱进的部队才是国家旅游业的嫡系部队，才是保障人民旅游权利的主力军。被新进入者替代也并不可怕，旅游企业也可以凭借自己在核心业务上的专注力，将业务延伸到其他行业。我们看到，里兹卡尔顿由于提供行业领先的客户体验的卓越能力，他们已经开始为其他行业提供培训，目前很多著名医院就正在用里兹卡尔顿的质量原则来改善患者的医疗体验。

数字化时代的旅游集团，要更加自觉地践行社会主义核心价值观和现代商业理念，坚持做阳光下的生意。科技之上是商业伦理，是意识形态和价值观，当且仅当科技与商业的融合被用于国民旅游权利的实现和旅游福祉的增进，而不是利用人性恶的一面和技术的信息不对称，我们才能与世界一流旅游集团对话，成就世界级的商业领袖。在具体的商业实践中，守住“不作恶”的伦理底线，决不滥用技术优势。在大数据时代，守护客户隐私和公司的商业秘密，是我们共同的责任。随着机器翻译和语音技术的进步，越来越多的 OTA 客服等标准化、可重复、低技能的工作岗位开始被机器所取代。当看见视频中的智能机器人闪跃腾挪的时候，当看到机器人酒店开始导入市场的时候，我们为科技的力量而喝彩，也为服务中的温度与个性的流失而忧虑，更担心那些被机器和虚拟技术所替代的员工，他们能很快找到愿意从事，也有能力从事的工作吗？无论科技如何进步，都是为了人类在这颗蓝色的星球上自由而有尊严地行走。无论任何时候、任何场景，为了任何目标，科技对旅游业的改进都不能以降低对人的关注和服务的温度为代价。

现在，我宣布2019年国家旅游集团二十强名单。同往年一样，入围企业以合并报表后的营业额计算，需要法人代表或者授权人签字，营业额并列者同时入围，所公布名单排名不分先后，它们是：中国旅游集团、华侨城集团、首都旅游集团、中青旅控股、美团点评、众信旅游集团、凯撒集团、山西文旅集团、大连海昌集团、锦江集团、携程旅游集团、复星旅游文化集团、景域（驴妈妈）集团、春秋集团、南京旅游集团、同程旅游集团、途牛旅游集团、浙江旅游集团、祥源控股集团、开元旅业集团、安徽旅游集团、黄山旅游集团、福建旅游集团、山东文旅集团、湖北文旅集团、岭南集团。让我们以热烈的掌声向他们表示祝贺，向国家旅游业第一方阵致以崇高的敬意！

全国旅游人团结起来，为建设数字化驱动的旅游集团和高质量发展的旅游产业而努力奋斗！

2019年12月19日于北京

4

国际声音

为了人类在大地上
更加自由而有尊严地行走
我们要讲好中国故事
更要倾听世界的声音
对话亚洲文明
遍访南太岛国
行走一带一路
始终坚信这颗蓝色的星球
并不孤独．

重新发现旅行的美好：戏剧场到菜市场

女士们，先生们：

在刚刚过去的国庆七天长假中，中国内地共接待了国内游客 7.82 亿人次，实现国内旅游收入 6497.1 亿元人民币，分别同比增长 7.81% 和 8.47%。在中央电视台新闻联播的画外解说中，有这么一句话：博物馆、美术馆、图书馆、戏剧场已经成为主客共享的美好生活新空间。在权威平台、黄金时段播发旅游新闻时提到“戏剧场”这个词，对于中央电视台还是第一次。事实上，无论是长安大戏院的京剧、国家大剧院的芭蕾舞剧，还是儿童艺术剧院的木偶戏，观众席中来自京外和海外的游客都是越来越多。我还注意到，为了适应都市旅游的发展需求，杭州面向入境游客发布了 100 个社会资源访问点，其中古荡菜市场稳居第二大最受欢迎的项目。日本的筑地、西班牙的波盖利亚、新加坡的牛车水、北京的三源里等菜市场和集市，这几年也都变成国际游客愿意到访的景点。如果说地标景点是城市旅游的形象支撑，市井集市则是城市品质的生活内涵。当游客广泛进入从戏剧场到菜市场的日常生活空间，深度体验并共享目的地的美好生活，我仿佛听见了横亘在本地市民和外来游客之间的“无形之墙”轰然倒塌的声音。旅游逐渐打破旅行社、酒店、景区这个封闭的世界，开始搭建目的地生活空间的开放体系，一个主客共享美好生活的时代到来了。

这个时代是经济社会发展到一定阶段的必然结果，也是文化事业的存量积淀和文化产业培育的必然结果。新中国成立 70 年来，博物馆事业发生了历史性变革。博物馆数量从 1978 年的 349 家增长到 2018 年 5170 家，年举办展览 2 万余场、教育活动 20 万次，参观人数超过 10 亿人次。2018 年，美团点评的数据表明，通过博物馆搜索国内旅游目的地、线路和产品数量同比增长了 50%。故宫博物院、国家博物馆，以及陕西、江苏、安徽、山东等地的博物馆已经成为文化、研学、教育等主题旅游线路的经典项目。长城、古钱币、铁道、邮电等小众博物馆也逐渐成为游客的打卡地。

中国的集市和菜市场，特别是大城市的生鲜、蔬菜和水果市场也逐渐改变过去“进去两腿泥，出来一身腥”的传统形象，成为市民生活品质升级的基础支撑和游客深度体验的选择项目。中国旅游研究院的专题调查显示:《北京遇上西雅图》的取景地派克市场，每年吸引了 100 多万游客到访。荷兰鹿特丹的 Markthal 缤纷菜市场，一年人流多达 800 万。日本的筑地市场每天有近 4.2 万游客进入，成为海外游客到访日本必去的打卡地。新鲜、湿润、生动，浓缩市井民情和生活百态的菜市场，有效满足了旅游经验日益丰富的游客对当地日常生活、饮食文化、质朴社交和别样美好生活的体验诉求。用科幻语言来说，菜市场就是连接旅游世界和生活世界的“虫洞”，让游客瞬间从景区穿越到本地人的日常生活场景。这里为当地居民提供新鲜食材、美味餐饮，为游客展示了当地本色生活和质朴社交。我注意到，现在慕名到访澳门的红街市的游客越来越多了。那里不仅是老百姓买菜做饭的地方，更是游客认知澳门、品尝澳门、打卡澳门的新天地。

无论我们如何强调自然和历史文化遗产的独特性，都不得不承认这样一个现实：没有哪一项资源是不可替代的，只有植入当代人的生活方式，城市、乡村和社区才是独特的。随着经济社会的发展和旅行经验的丰富，人们的旅游诉求正在从景区的美丽风景转向社区的美好生活。在连续 40 多个季度的游客满意度监测的基础上，借助于大数据分析技术，我们先后提出了“景观之上是生活”“人的连接是最好的旅行”“繁华不只为追忆”等当代旅游发展理念。这些理念也正在为洛杉矶会议和旅游局推出的“小产品”项目所印证：看上去是城市休闲小产品，实际上是国际旅游大市场和产业发展新趋势。广州岭南集团开发建设的岭南五号文化主题酒店、岭居服务公寓和南沙大酒店等项目，则让那些承载了历史人文记忆的场所和空间，成为城市生活的新地标。事实上，世界一流的旅游目的地也必须有世界级的文化地标和包括菜市场在内的高品质生活环境。

希望旅游目的地营销推广机构更加重视从戏剧场到菜市场等都市生活和休闲空间，而不是重复叙说那些山山水水的空镜头和已然逝去的旧辉煌。旅游当然有拉动经济增长、扩大就业、减少贫困和国民教育的功能，但是这些功能的实现是以游客到访为前提的。游客为什么要来到某个城市和乡村，是因为这里可以让他们享受品质生活和花样年华。由是作出发，旅游首先得让人亲而近之，而不是敬而远之。今天，80 后、90 后，甚至 00 后都已经进场，并正在成为旅游消费的引导者，他们需要目的地形象、服务和产品与自己有情感投射和心理联系。否则，旅游形象建设和宣传推广就会陷入“我们说我们的，他们想他们的”折叠空间。家国天下和人间烟火都是建立目的地与游客情感投射和心理联系的有效路径，而对于新生代的游客群体而言，后者更为重要。从《舌尖上的中国》《中餐厅》到《遇见天坛》，这一趋势已经很明显了。值此中国全面建成小康社会，旅游业走向高质量发展的今天，更应当深刻理解和把握旅游需求的演化。如果认同并践行“人民对美好生活的向往就是我们的奋斗目标”，就要下更多的力气去研究旅游需求，研究远方的市场，而不仅仅是所谓的旅游资源。

希望旅游目的地开发和管理更加重视存量资源的整合与提升，而不是一味地做增量投资。对于很多人而言，发展旅游就是开发景区，就是建设主题公园，投资酒店、度假村、购物中心。对于澳门这样经济发达、国土空间有限的都市，更要以主客共享美好生活的理念，发展高质量的全域旅游，让世界各地的游客到此感受无所不在的品质。大有大的美，小有小的好。问题是现在对大美强调得多，规划都是大手笔，投资都是大项目。现实吗？反正也不用掏自己的钱，忽悠来忽悠去，把旅游和文化都弄得心浮气躁的。经过二十年资本的攻城略地和互联网的高歌猛进，现在是强调质量、效益，以及游客与社区获得感的时候了，也是强调“人间烟火”“小也是美”的时候了。不能一提主题公园就是迪斯尼、环球影城和海洋世界，也不能一提博物馆、美术馆就是卢浮宫和古根海姆，要关注根植于市民休闲需求，可以主客共享的亲子乐园、动漫博物馆、民间美术馆。事实上，以洛宝贝亲子乐园、木木美术馆为代表的新兴力量，已经成为年轻人的休闲新空间和旅游打卡地。

希望城市管理者把游客和市民放在同等重要的位置，让游客自由而便利地共享本地市民的品质生活和公共服务。好的城市要经得起游客的寻常打量，让外来游客和本地市民一样可以获得高质量的公共服务和商业环境。发展夜间旅游，需要灯光秀和夜市，也需要博物馆、美术馆、图书馆和公共文化中心延长营业时间，更需要政府在公共服务方面增加投入。因为本地居民的高频消费和生活方式的同一性，为市民提供的公共服务会有更高的效率。而为外来游客提供多语言环境、互联网接入、安全保障、公共区域管理方面的公共服务时，则面临着高成本、低效率的考验。当旅游者过多或者出现“过度旅游”情况时，还会导致目的地物价上涨、交通拥挤、犯罪率上升等影响旅游业可持续发展的后果。在刚刚过去的这个国庆节七天长假里，重庆市公安局一则群发短信刷屏了网络社交圈：国庆假日期间，解放碑、洪崖洞、朝天门、大剧院、长嘉汇等旅游景点人员密集。建议本市朋友们错峰出行，为市外游客提供游览方便。在为耿直的重庆人点赞的同时，我也在思考这条短信背后的理念、制度及其向其他城市复制推广的可能性。

希望加强更加广泛的国际合作，经由理念共识和政策协调，共商共建共享高质量发展的旅游成果。多年以来，旅游部门愿意并擅长于在双边和多边框架下讨论旅游的问题，取得了唤醒旅游权利、消除旅游障碍、建设旅游设施、协调旅游政策等有目共睹的成就。除了积极参与联合国世界旅游组织（UNWTO）、世界旅游与旅行理事会（WTTC）和亚太旅游协会（PATA）等国际旅游组织的各项事务外，旅游部门还努力推动中央政府在“一带一路”峰会、亚洲文明对话、上海合作组织等多边合作机制中设置旅游议题。由中国发起成立的世界旅游联盟（WTA）、世界旅游城市联合会（WTCF）等旅游组织也开展了大量卓有成效的工作。当旅游者开始进入戏剧场和菜市场所代表的本地居民日常生活空间，游客和市民的界限开始变得模糊，医院、海关、移民、教育等机构也具有越来越明显的旅游属性的时候，怎么办？一个思路是扩大国际旅游组织的职责和双边旅游合作的内容，就像中国在发展全域旅游早期所做的包括成立旅游委员会在内的行政努力。另一个思路是跨界对话和产业融合，就像过去两年中国在文化和旅游融合发展方面所做的创新。毕竟对于那些“资产专用性”很强的领域，旅游行政部门和商业机构没有办法也没有必要进入，把它们改造成为旅游机构。现在需要做的是在包括世界旅游经济论坛的平台上，吸纳移民、海关、文化、教育、科技、商业、农业等领域的国际组织代表、政府官员和企业家代表共同参与。经由对话，寻求共识，让掌握行政权力、专业信息和社会影响力的机构和个人更好地为国际旅游者服务。中国旅游研究院最近正在与海关总署卫生司、保险业协会、联合国开发计划署、携程旅游集团进行跨领域的深度合作，努力为游客提供更多的安全保障。

女士们、先生们，

受何超琼秘书长的邀请，我有幸参加了世界旅游经济论坛创建以来的历次年会，与巴西旅游部长、阿根廷旅游局长等海内外的业界同仁广泛交流了中国对世界旅游的看法。在这个论坛上，我还代表旅游智库机构和学术界，分别就世界旅游休闲中心建设、粤港澳大湾区旅游发展、澳门品质生活和花样年华的全球推广等主题发表了主题演讲。

把中国澳门建设成世界旅游休闲中心当然要吸引世界各地的游客到访，但是不能盯着到访的外国人有多少、内地游客有多少，更不必把有多少外国人到访作为发展目标，或者世界旅游休闲中心必须要达到的硬性指标，中央政府也没有这个要求。中国内地已经是全球最大的出境旅游客源市场，加上粤港澳大湾区城市群的建设和港珠澳大桥的通车，内地更应当也必须成为澳门要紧紧抓住的客源市场。事实上，世界旅游休闲中心，不在于多少国际客源和传统的旅游资源，关键是要有从戏剧场到菜市场的美好生活空间和世界一流的旅游设施和休闲服务。衷心希望澳门社会各界在新发展理念的指引下，早日实现世界旅游休闲中心的战略目标，为内地旅游产业和国民休闲的高质量发展提供可复制、可推广的澳门样本。

谢谢！

2019 年 10 月 15 日

2019 世界旅游经济论坛澳门

因为有你，万卷书易读，万里路不难

尊敬的各位评委，

亲爱的欧洲华语导游朋友们，

下午好！

经文化和旅游部批准，我和中国旅游研究院代表团来到这里，见证华语导游金话筒大赛，并获邀请发表闭幕演讲，深感荣幸。

2004 年，中国和欧盟正式签署 ADS 以来，国民赴欧洲旅游市场就一直保持高速增长态势。在我们长期监测的出境游客满意度评价项目中，意大利、英国、德国、法国等欧洲国家长期保持 80 分以上的满意水平。近年来，习近平主席多次踏上欧洲的土地，先后与俄罗斯、瑞士、欧盟互办旅游年，与中东欧建立了常态化旅游合作机制，中欧旅游交流合作正处于前所未有的历史窗口期。

这些成就的取得，离不开国家的强盛和人民富裕，离不开欧洲目的地国家完善的公共服务和高效的商业体系，更离不开凯撒旅游创始人陈芒先生和数以万计的华语导游的共同努力。在此，请让我们以旅游人的名义，向所有为中欧旅游交流合作做出卓越贡献者，为旅游服务品质默默努力者，致以崇高的敬意！

中国自古以来就有读万卷书、行万里路的传统，出国旅游尤为国人所向往。远方虽好，可是一想起千山万水、人生地不熟的，多数人还是感觉“在家千般好，出门一日难”。有人第一次在国外转机，把 Terminal one 听成了“一号计算机（终端）”而百思不得其解；有人因为大意丢失护照或者财产受损而不知如何是好；更多的人则因为语言文化的差异而流连在文化之都的大门之外。随着旅行经验的丰富和智慧旅游的提升，年轻一代更愿意选择“自由行”，一部手机游世界，但是从总体上看，旅行社和 OTA 为代表的旅行服务商仍然是出国旅游不可或缺的商业辅助人，导游、讲解员和司机仍然是行程中最可以依赖的朋友。

因为你们专业而高效的服务，特别是对游客诉求的及时响应，哪怕关山万里的行程也不过是闲庭信步。导游决不是只会带游客“扎店”购物、拿回扣的“托儿”，更不是哗众取宠的“段子手”，而是一种极富知识储备，也极需要实践经验的职业。从行程设计、计划调度、交通预订、酒店房间分配、叫早、就餐，到巴士调度、沿途讲解、景区串联，再到安全提示、危机救援，乃至换取零钱、找厕所这样的琐事，都是导游的分内之事。我们知道，伴随着服务环节的算术级数增长，服务质量的控制难度则是几何级数的增长。导游往往既是口力劳动者、智力劳动者，也是体力劳动者。来自一线的导游在比赛中收获的不仅仅是名次，而是知识和经验的分享。通过这样的专业比赛，导游的职业形象重新树立了起来，更多人出国旅游就会选择旅行社，选择导游。

因为你们卓越的跨文化交流能力，面对历史悠久、文化多元、语言多元的人文欧洲，游客不再是上车睡觉、下车拍照的过客和他者，而是体验者和分享者。近年来，中国游客在欧洲的脚步已经慢了下来，欧洲国家不再仅仅视之为“行走的钱包”，而是民间交流的使者、人类命运共同体的思考者和建设者。如果没有你们的讲解，马加什教堂可能就只是一座有迷宫的建筑物，链子桥就只是多瑙河上普通的一座桥，安德拉什大街就只是一条普通的商业街道罢了。因为你们，欧洲像一本渐次打开并慢慢品读的知识读本，国民综合素质在阅读和分享中稳步提高了。

因为你们传递的中国声音，欧洲当地人对“中国梦”有了具体的认识，特别与游客之间的服务、礼仪、尊重的传递，让欧洲面对面地感受东方文化的魅力。在接待服务好同胞的同时，也在宣传推广美丽中国，润物无声地告诉欧洲朋友们一个真实的中国。在特定的场景里，还要扮演好文明旅游引导者和文化差异的解释者的角色，进一步促进人文交流和民间友好。不论是欧洲的故事，还是中国的声音，我和我的父老兄弟在北京、在上海、在广东，在美丽中国的每一块土地上都能听得见！

评委先生、导游朋友，

在未来的日子里，还会有越来越多的同胞来到欧洲。对于初次到访尤其是首次走出国门者，你们永远都是游客最信任的人。信任大于天，也厚于地。天地之间是导游的职业尊严，也是旅游业赖以生存和发展的市场基础。希望你们能够秉承“游客至上，服务至诚”的旅游业核心价值观，精心照顾好每一位出门在外的同胞。无论是花甲老人，还是游学少年，无论是挥金土豪，还是守财大妈，华语导游都是他们不离不弃的陪伴者。

文化和旅游融合发展的新时代，对导游的专业能力和综合素质提出了新的要求，在安顿游客身体的同时，也要丰富其心灵。除了传统的行程安排和游览讲解，如何做好定制旅游、品质旅游和个性化服务，需要不断更新知识和提升综合素质，必要时要成为某个领域的专家。多年以前，我曾经阅读过林达夫妇的《带一本书去巴黎》，后来真的去了巴黎，也真的带了这本书。因为它，巴黎才是具有历史纵深感和现实触感的“这一座城市”。当且仅当导游自己成为有态度、有品位、有内涵的专业人士，才能够真正服务好旅行经验日渐丰富的游客，我们既要为其讲解美丽风景，也要助其体验美好生活。

当然，这是一个漫长的，甚至需要我们付出终身时光去提升的过程。导游的业务水平和综合素质的提升需要比赛，而比赛远不是导游业务的全部。诗和远方的日子里，你们不忘初心、砥砺前行的样子，是欧洲华语导游真实写照。

已是腊八时节，猪年春节就快到了。工作之余，欢迎大家常回家看看。任何时候、任何地方、遇到任何事情，请不要忘记在你们的身后，永远都站着一个强大的祖国。

2019 年 1 月 8 日于布达佩斯

第十二届金话筒欧洲华语导游大赛

中国出境旅游的价值与思想

各位旅游业界同仁，女士们、先生们，

上午好，

经中国文化和旅游部批准，中国旅游研究院代表团赴匈牙利、奥地利、挪威三国开展学术交流和专业考察。我很高兴获易游公司（Travel Easy）等主办方的邀请，从雨雪交加的慕尼黑转来大雪纷飞的布达佩斯，出席东欧旅游消费峰会并发表专题演讲。在当前复杂多变的国际旅游市场上，中国出境旅游者是否会延续增长态势？消费行为和结构正在发生哪些变化？中国和中东欧国家的旅游合作前景如何？诸如此类的问题不仅是旅行商、资源供应商和目的地推广机构所关心的问题，也是投资者和政策制订者关注的话题。在此，我愿意分享一些机构数据和个人看法。

习近平主席在2013年中俄旅游年闭幕讲话中指出，中国人自古以来就有读万卷书、行万里路的传统，出国旅游尤为人民所向往。虽然我们可以从张骞出使西域、郑和下西洋找到出境旅游的因素，可以从新中国成立后的留学生派遣、科技和人文交流等项目中看到出国旅游的萌芽，但是面向国民休闲需求、市场化意义上的出境旅游则起源于 1998 年。从那时起，国民有需求、法律有依据、政策有调控的出境旅游市场才开始发育，逐渐形成入境旅游、国内旅游协调发展的市场格局。在过去的十年中，中国出境市场持续保持两位数，甚至 20% 以上的增长，成为全球最大的出境旅游客源国和旅游消费支出国。2018 年，中国出境旅游市场规模和消费支出再创历史新高，分别接近 1.5 亿人次、超过 1200 亿美元，成为世界旅游经济繁荣与增长日渐重要的基础市场。

对于已经到来的 2019 年和今后一个时期的中国出境旅游市场，我们总的看法是：两位数增长的市场繁荣可期，商业模式重构和产业格局重组可待。这是由近 14 亿的人口基数、即将全面建成小康社会的经济发展水平、持有出境旅行证件的人数不到 8%、海外旅游目的地的公共服务、商业环境和旅游服务的品质保障、专业化的市场推广、签证便利化和免退税政策等多方面因素所共同决定的。与此同时，我们也在关注出境旅游流向、流量和消费行为的变化。东亚、东北亚、东南亚国家和港澳台地区市场仍将是中国公民出境旅游的基础市场，而且份额会进一步加大。欧洲、北美、澳新、南美、非洲等远程旅游目的地国家和地区之间的竞争会更加激烈。旅游目的地的空间尺度会进一步缩小，过去人们说，“放假了，去欧洲旅游吧”。现在呢？“放假了，去布达佩斯待几天。”随着人们旅行经验的丰富和智能通信、移动支付的发展，游客对目的地公共服务和商业环境有了更多更高的要求，特别是希望在购物之外深入体验当地的人文环境和生活方式。

正在基于宏观数据和市场信息的综合研判，我们认为：出境旅游已经从少数人的享受进入了大众的日常生活；不只是美丽风景，而且美好生活和时尚感正在引领旅游的未来；定制旅游将进入市场成熟期，个性化的需求会进一步突显。在此时代背景下，旅行社、在线旅行代理商、地接社、小交通服务提供者、资源供应商，以及目的地推广机构，必须在看增长与繁荣的同时，适应市场变化，及时调整商业模式，持续研发新产品和提升服务品质。只有那些真正为游客带来品质和价值，以科技创新和商业能力为基础的商家才能生存下去，发展起来。那种打政策和法规的擦边球，靠回扣赚钱发财的日子不会再有了。

正如习近平主席宣告的那样，人民对美好生活的向往就是我们的奋斗目标。改革开放四十年来，从“吃有肉、住有楼，还有闲钱去旅游”的朴素理想，到今天国民出游率接近4次。可以说，中国人在旅游这件事上已经解决了“有没有”的初级阶段问题，“好不好”“精不精”正在成为现实诉求。

根据中国旅游研究院的出境游客满意度专项调查数据，2018年人均消费2971美元，较去年的人均2586美元增长了14.9%，远高于欧洲来华游1953美元的人均消费。其中，人均消费在1.5万～2万美元的游客从27.22%增长到33.38%，而人均消费2万美元以上的游客更是从33.12%增长到46.12%。相对于消费能力的增强，我们更加关注消费结构的明显变化。游客在目的地期间用于餐饮的支出比重从去年的1.96%增长到14.13%，用于住宿的支出从1.59%增长到21.47%，用于文化娱乐的支出从0.79%增长到24.38%，与此同时，用于购物的支出则从34.34%下降到16.48%，参团费用则从46.61%剧减到16.20%。从这些理性得听起来有枯燥感的数据中，我们能够感觉过去的2018年确实是游客消费结构发生革命性变化的一年：餐饮、文化娱乐、住宿消费等承载美好生活品质的项目获得了快速增长，而委托代购、亲友送礼、冲动消费支撑的购物消费和走马观花的景点“打卡”消费则大幅下降。这是消费理性和市场成熟的体现，也是我们乐观看到的结果。

需要说明的是，尽管消费结构的购物比重在下降，但是我们并不能从中得出购物旅行市场趋于萎缩的结论。消费结构的调整是在总体消费水平提升背景下所做的调整，还是在消费分级、场景转化和国际国内市场一体化背景下所做的调整。过去不管有没有消费能力，哪怕住远郊客栈、吃方便面也要省钱买个名牌包包，现在呢？出行前就会根据生活所需和支付能力确定好要买的商品。过去看到免税店、奥特莱斯和可以退税的百货公司就进去狂购一番，现在呢？精品店、特色店，乃至社区便利店都会有中国游客的身影。过去一看价签上的数字比国内便宜那么多，不管需不需要就忍不住出手，买买买，现在呢？海南有离岛免税、机场有离境免税，国内市场的有税商品的价格和品质也在不断向国际市场看齐。受上述因素的叠加影响，中国出境游客的购物动机越来越呈现国际购物旅行者的成熟特征，即原产地、纪念性、便利性和场景化。从这个意义上说，游客不是钱包里没钱了，但是他们需要一个掏出钱包的理由。

在消费能力提高和消费结构优化的同时，游客在目的地更加注重人文交流、生活体验与舒适度评价。中国旅游研究院对全球 102 个国家的旅游服务质量监测结果表明，虽然出境游客对服务品质的评价总体上是满意的，但是对主要目的地国家和地区的满意度指数还是有所下降。从一定意义上讲，旅行经验更加丰富和消费更趋理性的游客变得更挑剔了，不再像过去那样一踏上异国他乡的土地就自发地嗨起来，而是以平视的心态打量目的地国家和城市寻常生活。我很高兴与大家分享的是，奥地利、匈牙利、塞尔维亚、克罗地亚等中东欧国家，正在与法国、葡萄牙、意大利、英国、西班牙等西欧、中欧和南欧国家一起，成为中国游客愿意到访，也乐于到访的新兴出境旅游目的地。

习近平主席和中国政府高度重视与中东欧国家在投资、贸易、旅游和人文交流领域的合作。去年七月，中国政府总理李克强与中东欧 16 国领导人共同制订并发表了《中国 – 中东欧国家合作索菲亚纲要》，明确了 16+1 合作在文化和旅游领域的前景与方向。具体到旅游领域，先后四次召开 16+1 政府间合作高级别会议，并设立了产业促进协调中心等工作机制，以及文化和旅游部驻布达佩斯旅游办事处。2018年，中国公民赴中东欧旅游人次、旅游消费和服务质量评价均创下历史新高。这次由民间和业界主导的会议，聚焦于旅游消费，聚焦于如何为中国游客提供更好的服务，有很强的现实意义。相信会议成果必将有利于深化业界对市场的理解，有利于深化彼此之间的了解，有利于夯实中国与中东欧旅游合作的产业基础。

女生们，先生们，

在乐见更多国民在世界各地分享美好生活的同时，我们更欢迎越来越多的匈牙利人、奥地利人、挪威人、法国人、英国人、德国人，还有美国人、阿根廷人、南非人、新西兰人、日本人、韩国人到访美丽中国。看一看长江、长城、黄山、黄河的壮美中国，看一看故宫、兵马俑、京剧、功夫的人文中国，也要看一看上海浦东、深圳前海、重庆两江的现代中国，更要看一看人民在社区图书馆安静地阅读、在咖啡馆悠闲地望着窗外的风景、乘坐高铁或沿着高速公路自驾旅行的幸福中国。

刚刚走过改革开放四十年的中国，今年恰逢中华人民共和国成立七十周年，明年又将迎来全面建成的小康社会。中国梦正在成为入境旅游发展的全新动力，旅游基础设施、公共服务和商业环境越来越完善，我们有信心，也有能力为国际旅游者、港澳同胞、台湾同胞和华人华侨的旅行与居留提供可靠的品质保障。政府旅游主管部门正在研究提振入境旅游市场的政策举措，希望中外旅游业界能够相向而行，在国家旅游宣传推广、线路设计、产品研发与销售、品质保障等方面投入更多的资源，付出更多的努力，做出更大的贡献。

2019，我在美丽中国等你们！

2019年1月9日于布达佩斯
2019“一带一路”东欧旅游消费峰会

携手培育主客共享的美好生活新空间

尊敬的希腊发展与投资部 Adonis Georgiadis 部长，

女生们，先生们，朋友们，

下午好！

新中国成立七十年来，旅游业先后经历了民间外交、创造外汇、拉动经济增长、文化和旅游融合发展等不同发展阶段。以 1999 年国庆“黄金周”为标志，中国稳步进入以国民消费为基础的大众旅游新时代，出境旅游也随之进入了持续二十年之久的高速增长期。2018 年，中国公民出境游客高达 1.5 亿人次，继续稳居全球第一大旅游客源国和旅游消费支出国。旅游业对国民经济和就业的贡献率分别超过 11% 和 10% 的同时，对世界旅游业繁荣发展也起了有力支撑作用。以希腊为例，1999 年首站到访该国的中国公民还不到 1 万人，2018 年这一数据则超过 6 万人。如果加上从其他国家和地区中转过去的游客，数字会更高。同期，希腊访华人数从 3.2 万人小幅增长到 4.5 万人。从数据来看，无论是入出境旅游人数，还是旅游外汇收入，中国对世界绝大多数国家和地区的旅游服务贸易逆差都呈现逐渐加大的趋势。

中国还是发展中国家，在经济下行压力增加和引导消费回流声音上升的今天，政府没有采取包括征收公民出境税、海外游客离境税在内的管制措施，也没有提升移民、口岸、海关等领域的技术壁垒，以减少出境旅游的游客总量和海外消费支出。吸引游客到访以扩大旅游收入和增加就业，一直都是各国各地区旅游发展战略的核心目标，但不能用重商主义的思维去谋求对所有国家和地区的永久性贸易顺差。更为现实的指导思想应当，也只能是发挥比较优势，追求入出境游客人数和外汇收支的相对平衡。在不同的发展阶段，还需要综合考虑所在国家和地区的货物贸易、服务贸易、国际投资的平衡关系。事实上，旅游和旅行是人类的基本权利，也是追求幸福和美好生活的方式。从这个意义上说，旅游有外在的经济功能，更有深刻的文化内涵，“从经济入，从文化出”将是理解当代旅游业的一把钥匙。为了共商共建共享人类命运共同体，促进不同文明之间的对话、交流和互鉴，特别是在“一带一路”的框架下，中国愿意与包括希腊在内的世界各国各地区分享出境旅游的发展机遇。正如习近平主席号召，中国共产党和中国政府所践行的那样：人民群众对美好生活的向往，就是我们的奋斗目标。保障人民“读万卷书，行万里路”的权利，让越来越多的人在这颗蓝色的星球上自由而有尊严地行走，是人类共同的权利，也是包括中国和希腊在内的世界各国各地区共同的责任。旅游行政部门要努力推动国家层面的元首互访、高层互动，以及地方政府、各个领域和社会各界的意见领袖的沟通交流；旅游营销机构要主动与国家级权威媒体沟通，并善于利用互联网平台和社交媒体，它们对于建构国家旅游形象至关重要。

国之交在于民相亲，民相亲在于常来往。大规模、常态化的旅游交流可以增进民众对彼此文化、经济和社会发展的了解，能够有效夯实“一带一路”框架下国家交往和产业合作的民意基础。客源市场的形成需要经济增长和社会进步，尤其是可自由支配收入、可自由支配时间的旅游消费意愿的增加。国际旅游交流合作，还需要考虑文化差异、安全与便利化等多重因素，其中对文化差异和不同文明的尊重、包容和互鉴是国际旅游交流的社会心理基础。中国和希腊都是拥有世界影响的文明古国，也是具有当代影响力的文化大国。在多元文明对话互鉴的过程中，我们都会面临不同程度的外来文化冲击，以及社会发展和青少年群体所带来的亚文化影响。在纷繁复杂的局势和各种挑战面前，我们要对延续至今的文明，对凝聚国家认同和民族向心力的文化传统保持高度自信，不能为了一时一地和某个时段潮流性的市场变化而放弃国家文化建设的既定战略。无论是西方文明源泉的希腊神话体系、雅典学院、帕特农神殿、奥林匹亚山，还是东方文明代表的中国良渚文化遗址、孔子的儒家学说、兵马俑、故宫，都是当代必须传承也可以为游客分享的文化空间，也是国家旅游形象不可或缺的吸引物要素。这方面的宣传只能进一步加强而不是削弱，只有对文化心向往之，游客才可能行远而身至。世界各地的自然条件、历史遗产和当代文化都可能成为旅游吸引物，但是没有对当地文化和价值观的尊重，游客是不可能在目的地停留更长时间的。如果没有游客的到访、居住、研学、休闲和体验活动所带来的消费增量，酒店、度假村、公寓、别墅等物业和价值就会大打折扣的。

在传承传统文化、弘扬古老文明的同时，也要告诉民众并向游客展示当代的中国和当代的希腊。拥有五千年没有间断的文明，历经磨难而自强不息的古老中国，也是为民族谋复兴，为人民谋幸福，取得了举世瞩目经济社会发展成就的当代中国。上海之所以能够吸引海内外数以亿计的游客到访，不仅因为这里的江海湖泊和久远的人类活动历史，更是因为这里有浦东新区、黄浦外滩、淮海路、田字坊、东方新天地等繁华都市的空间载体。正是这些全新的世界级文化地标和完善的商业环境，共同构成了上海作为国际都市旅游目的地的底层器件。希腊也是如此，除了雅典卫城、亚里士多德和爱琴海风光，圣托里尼岛的民宿、Lotza 海景网红餐厅、FolliFollier 潮品，还有露天跳蚤市场和各类集市所构成的惬意生活环境，都是广大游客愿意体验和乐于分享的。过去几年中国游客对希腊旅游的满意度评价分值，一直稳居 80 分以上，在监测的 102 个样本国家和地区中，位居第 45 位。当地居民态度、景区、住宿和旅行社等旅游产业要素均获得了较高评价，但是休闲娱乐、购物、目的地形象等指标还有进一步提升的空间。从刚刚过去的国庆假日出国旅游市场看，中国游客在购物方面变得更加理性，对自然风光也不再是一惊一乍地抒情。相反，游客对高品质的休闲体验和当地人的日常生活表现出深厚的兴趣。他们千里万里地到那里去，仍然要看爱琴海的风光，依然要追忆古老的神话传说和历史遗迹，但是更要分享当代的美好生活。希腊还是原来的希腊，游客却不再是原来的游客了。

旅游观念的变迁，正在深刻影响着包括希腊在内的中国公民出境旅游市场。这要求包括希腊在内的海外目的地旅游和工商业界在涉旅投资、产品设计和市场推广等方面要与时俱进，与那些熟悉中国市场的公共部门和商业机构加强合作，深入研究游客需求，深入把握旅游市场演化趋势。随着经济社会的发展、可自由支配收入的增多，以及旅行经验的成熟，更多人愿意选择自助游、自驾游、自由行或者私人定制的形式去分享目的地的美好生活，而不是跟着传统的旅行社，沿着固定的线路去看风景、观古迹。随着国民权利的普及和消费观念的成熟，游客无论在国内还是在海外，在欣赏美丽和慎终追远之余，越来越愿意花费更长时间去分享异国他乡的美好生活。值得关注的一个现象是，游客对海外目的地的空间概念正在变小。人们二十年前会说“去欧洲旅游了两周”，十年前会说“去希腊旅游了”，现在则变成了“去雅典玩几天”“去圣托里尼发发呆”。空间变小的同时，是停留时间的延长和到访问次数的增加，游客对心仪的国家和城市会一刷再刷。这就要求目的地不能只是用独特的美丽风景，更要用完善的商业环境、高品质的生活方式、便利的移民手续和人性化的口岸服务，最大限度地吸引游客的关注、到访和深度体验。

当代旅游经济发展，尤其是高质量的旅游目的地建设、管理和营销，必须充分尊重市场的力量，有效发挥市场主体的作用。相对于公共机构，长期在市场上摸爬滚打，历经创业、投资、运营、销售而最终获得成功的旅行服务商、旅游景区投资商、旅游住宿运营商和目的地接待企业更加熟悉消费需求，更擅长投资适应市场需求的项目并分销产品。斯维登集团及其创始人罗军先生正是这样的企业和企业家，希望你们在中希文化交流、旅游合作和产业投资中扮演更加重要的角色，发挥更加积极的作用。

祝中希旅游交流和产业合作的明天更美好！

2019 年 10 月 13 日

前瞻 2020 海外投资峰会

海岛旅游的全球治理

女士们、先生们，早上好！

海岛拥有海滨、海岸、沙滩、礁岩、潟湖、蓝洞等独特的地质地貌，美丽的自然风光，以及丰富多样的海洋生物资源，都是令人向往的旅游吸引物。地球上大大小小的海岛有五万多个，我们可以在汤加出海近距离观看游泳的鲸鱼，在专业人员的指导下与座头鲸在水下散步；可以在斐济畅饮以国家命名的水，或者从万米高空一跃而下，享受自由落体的快感；可以在古巴、多米尼加、夏威夷、马略卡、普吉、苏梅、留尼汪、马尔代夫、毛里求斯、撒丁、塞浦路斯等地感觉“一岛一特色”的神奇；可以去海南岛体验什么叫“椰风海韵醉游人”，更可以跨过人山人海，来到这里赴山海之约。

海岛拥有令人自豪的历史和亲近自然的文化，并且由于远离大陆的战争、工业化和全球化而得以最大限度地保持着其原生形态。每个国家、每座城市、每个社区都无比珍视自己的历史，并愿意以博物馆、美术馆和节事的形式与远道而来的客人进行无间的分享。韩国济州岛的“渔女”、中国东南沿海岛屿和东南亚岛屿国家的“妈祖”，舟山群岛的佛教圣地普陀山“观音”，都是世居于此的人民极其珍视并努力传承的。由于距离遥远、交通不便、地广人稀，海岛居民很注重亲情、友情，也愿意尽最大的努力关爱家人。休闲时节，居民会围在一起分享海洋的珍馐，畅饮大地的琼浆。游客路过，也会自然而然地加入，如同笑声在林中飘浮一样自然。对于游客而言，阳光、海水和沙滩可能会有同样的美丽，但是与每个海岛的文化，每位海岛居民的互动都是独一无二的体验。因为文化，因为主客共享的美好生活，海岛成为越来越多人向往的旅游目的地。海岛旅游的发展进程一再证明并将继续证明：文化与旅游相辅相成，人的连接才是最好的旅行。

政府和旅游业界对可持续发展有着深刻的理解，并化作实践中切切实实的努力。没有汽油，汽车开不走；没有游客的到访，旅游业发展不起来。但是无论是以旅游还是以什么别的名义，都不可能以牺牲自然环境、社区居民和后代人的权利为代价。当且仅当对自然生态和文化多样性的尊重成为我们的共同价值观时，海岛旅游业才有可能走向可持续发展的未来。在多米尼加圣多明哥访问时，其古城保护、遗产活化、社区共享等方面的成就，特别是海底沉船博物馆的设计与展示都给我留下了深刻的印象。

给我留下深刻印象的还有海岛人民积极乐观的生活态度，以及对旅游产业未来发展的信心。无论是从旅游产业，还是经济社会发展的角度看，全球还有很多海岛尚处于欠发达状态。无论是航空、公路等基础设施，住宿、景区等商业接待体系，还是人力资源、数据统计、政策设计等软环境建设方面，都仍然需要大量的外部援助。但专业研究和实地调研的结果也告诉我，海岛旅游正在稳步走向自力更生为主、争取外援为辅的光明未来。中国在过去四十年取得了诸多发展成就，得益于中国共产党的领导，得益于改革开放的基本国策，以及父老乡亲的自力更生和艰苦奋斗。我的少年时光是在乡下度过的，那时还处于典型的农业社会，田野劳作很是消耗人的体力，往往会让自己产生看不到未来的幻灭感。每当这个时候，母亲总是鼓励说，“眼是孬种，手是好汉”，只要肯付出汗水，脚踏实地前行，就一定会有未来。正是有了千千万万的母亲和他们子女的努力付出，甚至牺牲了一代人的休闲娱乐生活，我们才有幸看到了民族的复兴和人民的幸福。

在习近平主席的倡导和推动下，中国政府和旅游业界努力践行的“人类命运共同体”“一带一路”“共建共商共享”等新时期全球治理理念，正逐渐成为世界共识。随着中国－南太平洋岛、中国－新西兰、中国－东盟等系列旅游年的成功举办，以及更多以促进旅游便利化为导向的双边和多边协议的签署，中国正在成为海岛旅游全球治理的重要力量，成为海岛旅游全球发展的关键角色。多年以来，中国不仅为世界各地的海岛带去了持续增长的游客，而且在旅游公共设施建设、公共服务完善和人才培养上提供了力所能及的援助。这些援助没有附加任何与发展无关的条件，更没有排他性的合作要求。与此同时，我们也看到经济领域的逆全球化、旅游领域的重商主义、商业领域的重利轻义，还有气候变化和文化冲突，都正在成为世界海岛旅游发展的现实制约因素。为深化世界海岛之间的文化交流和旅游合作，我们需要借助国际旅游海岛大会这样的平台，对发展历程做必要的回顾与总结，对未来的规划进行理论准备和政策协调。

旅游不仅可以带来游客，让酒店、度假村、旅行商、免税店受益，更可以通过乘数效应在海岛经济、就业、文化和社会发展进程中发挥极为广泛的作用。今天的海岛，特别是远程客源地的游客，他们年轻、富裕、普遍受过良好的教育，愿意花更多的时间在目的地停留，陪伴家人和孩子，与目的地居民和社会各界进行广泛的接触。我们欣喜地看到，越来越多的游客以散客、自助、定制的方式去完成自己的旅游活动，去分享海岛的自然环境、历史文化和当代生活方式。旅行组织方式和消费行为的这种变化，尤其是中国年轻客群的兴起，既带来了全新的发展机遇，也给以旅行社为主导、以度假村为依托的“一价全包”的海岛旅游方式，带来了前所未有的冲击与挑战。机场、码头、公路等基础设施，酒店、民宿、餐饮、购物等接待设施，博物馆、美术馆、图书馆、科技馆、戏剧场、电影院、亲子主题公园等文化场所，以及台风、飓风、地震、火山等自然灾害和战争、恐怖主义、公共卫生、骚乱、抢劫、盗窃等公共安全，都需要我们以世界眼光和全球站位进行战略思考和战略应对。

随着旅游市场的发展，必然带来资本、技术、专业人才等要素的流动，以及文化的互动。这些流动和互动，在为海岛带来发展新动能的同时，也要求我们做好本地居民高质量就业、教育培训、研究发展与代际公平等多元社会发展目标的动态平衡。为应对上述挑战，促进海岛旅游的可持续发展，需要更多的国家力量、国际组织、专业机构和非政府组织关注海岛旅游、援助海岛旅游，需要所在国家和地区的财政、金融和产业政策的支持。这也是我在汤加与主管旅游、外交、贸易的副首相，在苏瓦与斐济的中央银行等宏观决策部门，在多米尼加与文化部门和社区居民进行专业而深入会谈的原因。今天的海岛旅游不再只是圈个沙滩晒太阳、弄条小船出海、建几个餐馆吃海鲜那么简单，而是广泛涉及旅游目的地形象与传播、可进入性、市场主体建设、公共服务，乃至经济社会发展和环境保护的方方面面。只有坚持融合发展、可持续发展、开放创新和全球合作，才能让游客看见美丽风景，享受美好生活，才能让居民参与旅游进程，获得高质量发展的机会。

海岛旅游需要在扩大共同市场基础的同时，建构差异化的目的地形象，用好传统媒体和互联网平台，在主要客源地加强宣传推广和网络营销。针对包括中国在内的年轻客群，着力打造“活力、生态，尽在海岛”的主体形象。在注重广播、电视、报纸和旅行指南合作的同时，加强与谷歌、脸书、微信、微博、抖音、快手等社交平台形成战略合作，加大旅游形象宣传，努力扩大海岛旅游的市场基础。与凯撒、携程、马蜂窝、穷游、途牛、运通、途易、JTB 等旅行商合作，开展邮轮和包机旅游，与鸿鹄逸游、AK 等专业公司合作，研发销售中高端的定制旅游产品。除了休闲度假市场，那些处于区域航空和海上交通枢纽，而且基础设施和商业环境相对完善的岛屿，也可以关注会议、体育和医疗旅游市场。一些交通不便但自然和人文环境具有高度稀缺性的海岛，可以关注影视特别是经典大片的拍摄地所带来的市场价值，尽可能扩大市场基础并延长旅游旺季的时间。

海岛旅游需要通过基础设施和商业环境的完善，持续提升旅游目的地的综合竞争力。对于经济欠发达海岛的游客而言，酒店和度假村在早期开发中的重要性怎么强调都不过分。再美丽的星空，再辽阔的海洋，也不能整晚整晚地坐在旷野里看，也不可能神仙似的餐风饮露吧。好几次我到达欠发达海岛国家后，家人都会在第一时间微信问候“房间有没有热水？早餐有没有粥？有什么值得买的商品？能不能刷银联卡？”理论和实践都在不断证明“景观之上是生活”，不仅适用于都市、乡村，也适用于海岛旅游目的地，或者说在自然和历史文化资源既定的情况下，商业环境和生活品质已经成为一流海岛旅游目的地发展的必要条件。我们需要海南的三亚海滨酒店群、古巴的巴拉德罗旅游特区、多米尼加的蓬特卡纳度假地这样的休闲度假区，也需要以全域旅游思想建设主客共享的美好生活空间。在海岛旅游规划中要有意识通过公共财政和私人投资，加大在医疗卫生、移动互联网、文化遗产活化、特色餐饮、免税品经营等领域的投资力度。在条件成熟的地区，可以引进爱彼迎（Airbnb）、途家、斯维登这样全球化的民宿运营平台，优步（Uber）、神州、滴滴等网约车平台，支付宝、微信、苹果 Applepay 等移动互联网支付平台，让社区居民和中低就业技能者也能分享海岛旅游发展的红利。

海岛旅游规划决策机构和利益相关者需要高度重视商业和私人机构的作用，应千方百计加强市场主体建设。国家和地区之间的政治互信关系和旅游合作确定以后，接下来就是市场的问题了。市场的问题得用商业，而不是行政的逻辑加以解决。以大家关心的中国与南太平洋、印度洋和加勒比海地区海岛的直飞航班为例，都希望在香港、台北以外，进一步开通北京、上海、广州、成都、武汉等中国内地城市到汤加、瓦努阿图、多米尼加、毛里求斯等海岛国家的定期直航。我充分理解大家通过航空带动旅游高速发展的心情，但是客观地讲这在短期内是无法实现的目标。飞机是运输工具，航空公司是企业，决策是以能否获得利润为前提的。只要旅游目的地有足够的市场吸引力，客源市场起来了，航空公司没有理由不开直航。从可行性考虑，可能做好旅行社的工作，开展常态化包机作业更具有现实的可操作性。也可以考虑在“天空开放”的政策框架上，与悉尼、巴黎、法兰克福、迈阿密、孟买、奥克兰、楠迪等地合作开通一程多站、代码共享、行李直挂等商业操作。还可以与条件成熟的海岛探索“航空 + 旅行社 + 邮轮”的模式，共同开发邮轮旅游市场。

海岛旅游需要加强人力资源、教育、研发和数据等公共领域的投资，提升旅游业可持续发展的软实力。相对于资源、资本和客源，人力资源在国家和地区旅游业发展中的地位和作用越发突出。读万卷书、行万里路，自古就是中华民族的优良传统，出国旅游尤为人民所向往。视野开阔了，综合素质和专业能力提高了，一切都好办。很高兴看到，在外交部和大使馆的帮助下，越来越多的青少年到中国留学。中国的旅游院校、干部培训机构为本区域旅游公共和私营部门业务骨干开展培训。建议在国际海岛旅游大会的框架下，成立世界海岛旅游组织，建设理论、数据和人力资源共享的知识体系。

受大会的委托，经过数年努力，中国旅游研究院对遴选出的全球主岛或毗连岛屿面积超过200平方公里、已发展旅游业的海岛和群岛共171个进行了系统研究和数据收集，今天正式发布首份《世界海岛旅游竞争力报告》。

其中，以全球152个非群岛的海岛为样本，排名全球前三十强的海岛旅游目的地（非群岛）分别是：西西里岛、撒丁岛、爪哇岛、台湾岛、克里蒂岛、斯里兰卡岛、海南岛、吕宋岛、马略卡岛、棉兰老岛、苏门答腊岛、新加坡岛、西兰岛、特内里费岛、婆罗洲岛、北海道岛、马达加斯加岛、大加那利岛、巴厘岛、乌瑟多姆岛、伊斯帕尼奥拉岛、马耳他岛、鲁根岛、苏拉维西岛、龙目岛、留尼汪岛、埃维萨岛、梅诺卡岛、济州岛、苏梅岛。

以群岛为样本口径，海岛旅游目的地（群岛）国际竞争力排名情况则如下，分别是：南爱琴海群岛、伊奥尼亚群岛、塔斯马尼亚群岛、塞浦路斯群岛、温哥华群岛、弗雷泽群岛、安达曼和尼科巴群岛、婆罗洲群岛、法属波利尼西亚群岛、斐济群岛、舟山群岛、伊莎贝拉群岛、大火地群岛、纽芬兰群岛、亚历山大群岛、帕劳群岛、维多利亚群岛、科迪亚克群岛、阿留申群岛。

2019年8月29日

国际海岛旅游大会（舟山）

天下咖啡雨，天涯若比邻

尊敬的 Francisco Javier García 先生，各位旅游业界朋友，

Buenos dias（早上好）!

受多米尼加共和国旅游部和外交部的邀请，经中华人民共和国文化和旅游部批准，我和中国旅游研究院、中国银联、“欢迎中国”项目的专家团队怀着期待、肩负责任来到这里，开展为期三天的专业培训、资源考察、业界交流和正式会商。本计划的正式实施得益于稳步增长的中多两国关系，得益于旅游发展前景和产业合作的愿望，更得益于双方工作团队专业而高效的运作。在此，请允许我向 Jenny Silva Trujillo、Montserrat Despradel 等人表示由衷的谢意，希望越来越多的中国游客可以同样感受你们的热情好客与专业服务。

1492 年，哥伦布发现美洲新大陆。欧洲殖民者在圣多明各建立了第一座美洲殖民首府、第一座天主教堂、第一个法院、第一所大学。在纪念哥伦布发现美洲大陆五百周年时，众多美洲国家共同出资在圣多明各建成了一座具有文化地标性质的巨型灯塔。如今的皇家城堡广场、国王餐厅、皇

家博物馆、奥萨马城堡、美洲大教堂、先贤祠等地已经成为人类共同的文化记忆，吸引世界各地的游客到此打卡。虽然华人移民多米尼加始于十九世纪中后期，但由于长期没有外交关系等原因，中国公民对多米尼加仍普遍缺乏了解。2018 年，首站到访多米尼加的中国游客只有 700 人，加上从美国、墨西哥、欧洲和加勒比国家中转过来的旅行者，也不过 2400 人。与到访多米尼加 750 万的国际游客和 1.5 亿的中国出境游客相比，只是一个可以忽略的数据。尽管如此，这里优美的自然环境、热情好客的人民、发达的经济和便利的旅行环境还是给游客留下了深刻印象："Saona island 海滩上没有海草，沙子很白，碾压夏威夷的 Wikiki，比肩波多黎各的 flamenco。"

在发展潜力和合作愿望的基础上，双方都需要切实加强市场研究，增进涉旅公共部门和私营部门之间的了解，从而为高速增长的游客群体提供安全保障和品质服务。为此，黄璜博士、张杨博士、刘祥艳博士和 Maria Bava 女士、张晔先生应邀准备了系统而专业的培训内容。

发展旅游的前提是国家之间的友好交往和人民之间的了解、善意和互动。2011 年，多米尼加就在北京设立经济贸易代表处，很快就签发了第一张签证。2016 年秋天，旅游部邀请了中国业界和媒体代表团访问考察。2017 年 10 月，多米尼加就派出了代表团赴桂林参加"中国－东盟博览会旅游展"。2018 年 5 月 1 日，多米尼加共和国与中华人民共和国建立大使级外交关系，扩大人文交流和旅游合作成为双方共识。一个月前，文化和旅游部正式向多米尼加派出了旅行商和媒体代表团。应该说政府和专业机构之间的互动已经很频繁了，但是对于在华认知度相对较小的远程目的地来说，有必要开展丰富多彩的文化活动和专业化的旅游推广，以增加民众之间的认知和了解。建议多方联合相关国家共同推动"中国－加勒比国家文化和旅游年"，通过元首致辞、高层互动、主流媒体专访、行业媒体和社交平台推广、文化和旅游展、产业合作论坛、包机包船游等项目，拉近国民和旅游业界的心理距离。

旅行证件不仅是移民管理的工具和手段，还承载着善意和温度，实施便利化签证政策是当务之急。应当说，现行的签证政策还是比较友好的，比如向持有外交及公务护照的中国公民发放的签证可以一年多次往返，持有效的美国、加拿大、英国或申根签证的中国公民，不需要申请多米尼加签证，只需在多米尼加共和国机场购买旅游卡即可入境。据我所知，这里对全球几乎所有国家的游客都是免签证的。希望能够尽快实现对所有持中国护照的游客，不管他们持有的是外交护照、因公护照，还是普通护照，特别是对 6 人以上的团队游客实行免邀请函、免签证入境政策。

高度重视并务实开展与航空公司、旅行商和邮轮公司的合作。航线是远程市场的基础保障，这么远的距离，又处于市场培育期，离开航空公司谈旅游都是不现实的。可以先从航程中转、行李直挂和航司代码共享做起，对重点客源城市，比如香港、上海、广州可以补贴包机航线，条件成熟时尽快开通定期直飞航线。由于距离遥远，语言和文化差异较大，国土面积相对较小，自由行（F.I.T）不会是主要市场，建议与国旅（CITS）、中旅（CTS）等旅行社，携程（Ctrip）、穷游（Qyer）、马蜂窝（Mafengwo）等在线旅行商（OTA）加强合作，重点研发文化遗产、海滨度假、海洋生态、加勒比邮轮等定制旅游产品，主打中产阶层的休闲度假市场。

加强与中国银联（Union Pay）和“欢迎中国”（Welcome Chinese）的合作，为中国游客提供高效优质的接待服务。这里信用卡使用场景很是普遍，但主要是维萨和万事达，对于习惯使用银联和微信支付的中国游客而言，仍不是很方便，应当尽快得到改进。主要机场、码头、景区、博物馆、酒店、餐馆、购物中心和公共场所的中文标识和中文服务还普遍比较缺乏，“欢迎中国”项目应当，也可以扮演重要角色，发挥积极作用。中国旅游研究院将在市场数据交换、游客满意度监测、旅游市场发展趋势研究、专业人员往来等项目上与多方有关机构进一步加强合作。

本地有“天上下起咖啡雨”的谚语，意味着风调雨顺、国泰民安。中国则有“海内存知己，天涯若比邻”的诗句，只要心心相印，意气相投，哪怕远隔万水千山，也会像邻居一样常来常往。希望更多的同胞到访“蓝色琥珀之国”，跳起欢快的“美凌格”。希望越来越多的朋友来到我的祖国，亲眼看一看五千年文明绵延不绝的中国，亲自走一走经济社会可持续发展、人民幸福安康的中国，亲身感受习近平主席倡议并践行“一带一路”，共商共建共享人类命运共同体的中国。无论是公务商旅、教育研究，还是观光游览，都一定会不虚此行。

今天，我不远万里来到这里。明天，我在美丽中国等你！

Gracias（谢谢）！

2019年6月27日于圣多明各

中多旅游研讨会

结 语

旅游高质量发展：市场演化与政策选择

女士们，先生们：

就在刚刚过去的中秋假日，全国共接待游客 1.05 亿人次，实现旅游收入 472.8 亿元，分别同比增长 7.6% 和 8.7%。根植于中华民族传统文化的赏月、赏秋、亲情、爱国成为主旋律，夜游、自驾、高铁成为新亮点。从上半年的数据来看，国内旅游人次达到 30.8 亿人次，国内旅游收入 2.78 万亿元，再创历史新高，同比增长 8.8% 和 13.5%。出境旅游 8129 万人次，同比增长 14%；入境旅游人次和收入也均有 5% 的增长。游客满意度达到 80.15 分，同比增长 3.77%。值得关注的是，随着生活水平的提高和大众旅游的快速发展，国民大众的精神需求不断升级，文化成为满足人民美好生活向往的重要支撑。中国旅游研究院（文化和旅游部数据中心）的专项调查显示，上半年，超过八成的受访者参加了文化体验活动，25% 以上的游客体验过博物馆、美术馆、文化馆、科技馆等文化场所；51.78% 的受访者认同“文化消费能提高生活质量和幸福感，比衣食住行更重要”，而38.74%的受访者认为“文化消费属于生活必需品，跟衣食住行同等重要”。数据的背后是国民观念的变迁：旅游已经进入了国民大众的日常生活，文化消费和精神需求已经成为生活质量的关键指标，游客在异国他乡既要欣赏美丽风景，也要体验美好生活。

过去我们谈旅游资源，盯着山山水水和历史古迹。今天，经济社会发展成就和美好时尚新生活都成了旅游吸引物。游客在行程中不仅关注人间烟火的生活气息，也集聚着家国天下的文化自豪。天安门广场及周边的重要建筑，仅在美团点评平台上就有超过5万条游客评论，其中60%的用户晒出了广场照片，46%的用户记录了升降旗仪式。习近平主席到访的上海中共“一大”会址、嘉兴南湖红船、延安革命纪念馆、西柏坡等红色旅游胜地，鸟巢、雁栖湖、杭州博览中心等奥运会、APEC、G20等峰会举办地，贵州“天眼”、三峡大坝、港珠澳大桥等大型工程项目，北京的“中国尊”、广州的“小蛮腰”等城市新地标，已经成为旅游热搜词和网红打卡地。重庆的红鼎国际大厦就因其魔幻的内天井结构、五花八门的业态和年轻人的消费人群而让游客心向往之。我已经和文旅委的刘旗主任约了，下次去重庆，染个红头发、戴个墨镜，就住那儿了。正是这些不同于传统的山山水水和历史人文的新型旅游资源，让“读万卷书、行万里路”有了实现的可能，也为“美丽中国旅游梦”增加了全新的内涵。文化、教育、科技、资本等新要素，则为旅游业从高速度增长、融合发展，走向高质量发展提供了全新动能和无限可能。

旅游高质量发展是以人民为中心的国家旅游发展战略，是全面建成小康社会新阶段的根本要求。从数据来看，中国仍然处于“大基数、稳增长、低消费”的大众旅游初级阶段，观光仍然是国民旅游的基本市场，景区景点仍然是大众旅游的刚性需求。人家千里万里来到北京，你说长城、故宫的人太多，就别去了，现实吗？好不容易到了上海，你说东方明珠电视塔上去也没什么可看的，可能吗？到了网红而魔性的重庆，不让游客去洪崖洞、红鼎大厦、穿楼轻轨去打卡，更是没有可能的事情。就是中产阶层的度假，也很少像欧美游客到了加勒比、地中海、夏威夷那些“一价全包”的度假地一样，在沙滩上一动不动地趴几天，也是要拖家带口地在城市和乡村走走、逛逛、吃吃、买买。对于14亿人口的发展中大国来说，对于即将实现全面小康社会，走向社会主义现代化强国的中国而言，在对旅游发展基本面的战略研判上决不能失去战略定力，连一丝一毫动摇都不允许。“十四五”文化和旅游融合发展规划在价值取向上要走高质量发展的道路，坚持以人民为中心的发展理念，让老百姓“有得游、游得起、游得舒心、玩得放心”仍将是旅游业发展的基本指导方针和政策选择。

我们有理由相信，带薪休闲制度会得到进一步落实，人们会有更多的闲暇时间用于旅游；国有重点景区的门票价格将进一步下调，博物馆、图书馆、美术馆、科技馆、文化馆等公共文化空间会对老年人、青少年、残疾人等特定人群有更多的优惠甚至免费，社会旅游、福利旅游、慈善旅游将从概念走向现实；围绕高铁、高速公路、机场、码头等交通基础设施，以及地铁、公交、出租汽车、共享单车等面向市民的公共交通，将会推出越来越多的旅游便利措施；安全、救援和涉旅投诉处理系统也会在制度和技术的共同促进下变得更有效率。“更多的国民参与，更高的品质分享”的美丽中国旅游梦即将照亮小康社会的现实，预计“十四五”期间的国内旅游和出境旅游仍然会保持8%和6%以上的平均增长率。

旅游高质量发展是产业转型升级、新旧动能转化和国家治旅体系现代化的必然选择。尽管在市场、产业和法治化方面出现了一些可喜的变化，但是旅游产业的发展动能和发展模式还没有得到根本改变。以山山水水、历史人文为主的传统资源和发展动能“大而不优”，以资本、科技应用、文化创意和创业创新为代表的新动能“势强能弱”。全域旅游、旅游发展基金、人工智能、大数据、5G+4K、文化创新、遗产活化等仍然处于概念导入阶段，鲜见现象级的产品、服务和企业品牌。在入境旅游市场上，中国梦所代表的经济社会发展成就还没有成功转换为新动能，主推的仍然是延续多年的“京西沪桂广”传统线路。各地发展旅游的模式还是旅游发展大会、招商签约、做规划、发文件、整顿市场、层层动员、层层考核的传统做法，市场主体建设、目的地宣传推广和游客满意度提升等克难攻坚的任务仍然没有质的进展。随着国家机构和行政体制改革的推进，旅游市场主体的建设和发展新动能的培育必将提升到更高的战略摆位。文化和旅游系统、旅游产业和社会各界对这一观点将会有越来越多的共识，并将为之而努力：没有充满生机和活力的强大市场主体，就不可能有新时期旅游业的高质量发展。

我们有理由相信，未来五年，市场主体特别是直接面向游客的旅行社、线上旅行代理、酒店、民宿、租车、景区、主题公园、餐饮和购物等企业将会在国家旅游发展体系中得到更高的重视。国家将在制度、技术、教育、人才、行业组织等方面，为市场主体提供广阔的发展空间。依托智慧城市、乡村旅游和公共文化的发展，面向散客的“管家式”云服务技术集成，连接乡村旅游供求并促进市场转化、丰富夜间旅游和景区感知的数字化等关键共性技术将会获得更多的公共投入和商业资源。大集团主导、中小企业专业化运营、小微创新企业日趋活跃的新型旅游产业格局正在形成。

旅游高质量发展是文化和旅游融合发展，市场主体深融合、广融合、实融合的内在动力。改革开放以来，不管是入境旅游时期的创汇导向，还是大众旅游时代的拉动消费、促进增长和增加就业，都是在强调旅游的经济功能。政府、产业和学术界谈旅游，也主要是着重于旅游目的地开发和资源利用，包括对旅游客源地的研究，也是从市场调查和目的地推广的角度介入的。2013 年的《中华人民共和国旅游法》首次涉及“旅游权利”的问题，响应了世界旅游组织在 1980 年《马尼拉宣言》所宣示的“旅游是人类长存的生活方式，是国民的基本权利”。今天，我们对出境旅游的增长和境外消费，对入出境旅游人次、旅游外汇收支的“双逆差”也能够坦然接受。除了收入和就业，政府对文明旅游、红色旅游、服务品质和生态文明的关注，意味国家愈发强调“读万卷书、行万里路”在国民素质提升、国家认同和人类命运共同体建设中的功能与作用。文化和旅游部组建以来，先后确立了“能融则融，宜融尽融；以文塑旅，以旅彰文”的工作思路，提出了旅游融合发展进程中的意识形态、生产安全和可持续发展的要求。有理由相信，通过与文化的深融合、广融合、真融合、实融合，促进旅游业的高质量发展的基本指导方针在未来五年只会加强，不会削弱。在此进程中，“从经济入，从文化出”将会成为旅游发展的新理念，文化和旅游融合的新实践。

旅游业高质量发展是旅游领域实施更大范围对外开放、更加广泛国际合作的国内支撑。中国市场化意义上的旅游业始于上个世纪八十年代的入境旅游，近二十年高速增长的出境旅游更是把中国与世界旅游业紧密联系在一起，并成为“一带一路”倡议、亚洲文明对话和人类命运共同体建设的重要组成部分。我们有理由相信，中国将在旅游外交领域继续推进行之有效的旅游年、ADS+、中美旅游峰会、中意文化交流、中俄人文交流等双边合作机制的创新升级，务实推进中日韩、中蒙俄、中国－东盟旅游、中国－太平洋岛国等旅游部长会的旅游合作机制；也会注重“一带一路”峰会、亚洲文明对话、亚太经合组织、上海合作组织、亚信会议、G20 等多边合作框架下的旅游平台的搭建。在加强与世界旅游组织、世界旅游与旅行理事会、亚太旅游组织合作的同时，政府和业界将积极发挥中国发起成立的世界旅游联盟、世界旅游城市联合会、世界山地旅游联盟的作用，从而为中国游客的出行、企业的成长和旅游业的发展营造更加有利的国际环境。

令人不安的是，国际经济和政治领域中的重商主义、贸易保护主义、技术和生态壁垒等因素，以及恐怖主义、自然灾害和公共卫生事件，正在对世界旅游业的繁荣和可持续发展产生叠加影响。事实上，在过去的十年中，旅游越来越被赋予服务贸易和人文交流之外的政治色彩，并成为国家和地区博弈中的显话题。我们相信，国之交在于民相亲，民相亲在于常来往。人民对人民的交流与对话是国家交往的民意基础，特别是好邻居要常来往。国家之间的政治互信和战略互动，是世界和地区旅游业繁荣发展的可靠保障。

目前中国正处于脱贫攻坚决胜的关键阶段。从全球范围看，还有数以亿计的贫困人口。旅游高质量发展，也意味着旅游业要在减贫方面做出更大的贡献；同时，旅游减贫本身也要走向更高质量的发展。借此机会，我代表世界旅游联盟和中国旅游研究院联合课题组，正式发布《世界旅游发展报告（2019）》。今年的主题是“旅游促进减贫的产业植入和文化建设”。研究表明：在政府、公共部门和以中国旅游集团、携程、万达等为代表的旅游企业的推动下，旅游业继续在中国和世界的减贫事业中扮演重要角色，发挥更加积极的作用。通过将旅游业发展成为一个当地大部分人口都能参与的产业，并进一步延伸旅游产业链条，融合带动相关产业发展，是很多地方脱贫致富的典型经验。同时，以柬埔寨、尼泊尔和中国云南、贵州、四川等地代表的遗产文化、特色文化和公共文化建设也成为旅游促进减贫的新亮点。事实证明，文化投入不是地方的财政负担，而是旅游、经济和社会发展的内生驱动力。在旅游业走向高质量、融合和可持续发展的今天，全世界旅游人团结起来，为促进减贫、促进和平和促进发展而努力奋斗！

2019 年 9 月 19 日

世界旅游联盟湘湖对话（杭州）

改革中蝶变　开放中成长

——我国旅游业发展 40 年

改革开放以来，我国旅游业功能定位不断变化，从外事接待转变为拉动内需、推动经济增长转型的重要抓手。从为国创汇发展为国民经济战略性支柱产业，旅游市场从政府主导发展为政府、市场、企业、个人多方共商共治。旅游行业逐渐实现依法兴旅、依法治旅和依法强旅。我国从旅游资源大国到旅游大国再走向旅游强国。

改革开放的 40 年，是旅游业功能定位不断变化、战略摆位不断提升的 40 年，是我国国民旅游权利广泛普及的 40 年，是市场主体从无至有、由弱变强的 40 年，也是治理体制从行政主体单一管理到多方共商共享共治、从人治到法治的 40 年。

政府主导产业培育阶段

1979年，在邓小平同志“黄山讲话”的指引下，中国旅游业迈出历史性步伐，逐步从外交事业转向经济产业，走出了一条先入境、后国内、再出境的特色发展道路。

改革开放初期，国内旅游仅有小规模公务差旅，更不存在严格意义上的出境游。由外事接待转轨而来的旅游业，承载着为国创汇的光荣使命，形成了入境旅游一枝独秀的市场格局。

相对于快速发展的入境市场和海外客源强劲的消费能力，国内落后的接待条件成为制约旅游业发展的短板，突出表现为饭店短缺、交通紧张、卫生条件落后等基础设施供给不足。为解决这一时期的供求矛盾，面对资金短缺问题，旅游业开启了一轮政府主导、利用外资的基础设施建设，逐步缓解了住宿接待设施紧张的瓶颈状态。

在旅游业发展初期，受接待能力不足、消费条件不充分等因素限制，旅游对经济的拉动作用并未显现，直至20世纪90年代初期，我国开始认识到旅游业对扩大消费与拉动经济增长的重要性，为满足入境市场需求而快速建设起来的基础设施也具备了服务国内客源的能力。

在应对1993年的通货膨胀以及1997年亚洲金融风暴中，旅游拉动内需的作用得到高度重视，催生了激发国内旅游需求的政策供给。1995年我国实施“双休日”制度和1999年“黄金周”政策，促使国内假日旅游出现井喷，国内旅游市场就这样从无到有、由小到大发展起来。日渐增长的内生性消费需求与入境旅游共同构成了中国旅游业发展的两个基础支撑。1998年，中央经济工作会议明确提出将旅游业确定为国民经济新的增长点。

旅游业功能与定位的转变，推动了行政管理体制改革，政策创新的重点放在产业体系培育上来。1985年，国务院提出了“政企分开、统一领导、分级管理、分散经营、统一对外”的体制管理原则，使我国旅游业由行政管理转向行业管理，从直接管理转变为间接管理，同时明确了这一时期旅游发展的指导方针，即“要从只抓国际旅游转变为国际、国内旅游一起抓；从主要搞旅游接待转变为开发、建设旅游资源与接待并举；从以国家投资为主建设旅游基础设施转变为国家、地方、部门、集体、个人一起上，自力更生与利用外资一起上”，有效促进了各类资本向旅游业的聚集，标志着我国旅游业进入全面构建旅游产业体系的新阶段。

同年，国务院发布我国旅游业第一部行政法规《旅行社管理暂行条例》，为各类市场主体规范发展奠定了法制基础。1987年，《旅游涉外饭店星级的划分与评定》标准颁布，标志着我国旅游业标准化工作的开始。1995年，全国旅游标准化技术委员会成立，带动了整个旅游服务业标准化的建设，促进了产业整体水平的提升。中国旅游产业体系的培育完成了从计划到市场、从封闭走向开放的渐变过程。

纵观改革开放前20年，在经济发展水平较低、基础设施不完善、市场经济发育水平不高的特殊国情下，旅游业依靠政府主导的发展战略，取得了前所未有的发展成就。政府管理也完成了从最初集中解决供给、满足入境市场逐步转向拉动内需、撬动国内市场、培育市场主体的职能转变。

政府引导产业重构阶段

跨入新世纪后，随着经济的高速增长和人们生活需求的日益丰富，强劲的国民旅游需求驱动旅游业不可逆转地走进大众旅游时代。旅游业的战略地位不断提升，行业管理进入法治时代，政府放弃直接干预，更加强调宏观调控作用。

从20世纪末，在相关政策刺激下国民旅游需求的有效释放，到2009

年《国务院关于加快发展旅游业的意见》明确强调以国内市场为基础，再到 2011 年国务院常务会议决议将 5 月 19 日确立为“中国旅游日”，大众旅游时代悄然到来。在此期间，国内旅游需求得到有效释放，与旅游发达国家的差距日益缩小。

2011 年，我国国内旅游人数达 26.4 亿人次，是 1999 年的 3.7 倍；国内旅游总收 1.93 万亿元，是 1999 年的 6.8 倍。作为国民旅游需求升级与延伸的出境游，连续 15 年保持两位数以上的增长，在 2011 年突破 7000 万人次，是 2000 年的 7 倍。

截至“十一五”末期，我国已成为世界第三大入境旅游接待国和第四大出境旅游消费国，并形成了全球最大的国内旅游市场，旅游业进入大众化、产业化发展的新阶段，最终形成“入境旅游势头不减、出境旅游强势发展及国内旅游成为绝对主角”的三大旅游市场协调发展的新局面。

顺应大众旅游时代日趋多元的旅游需求，旅游市场主体进入了政府引导、资本驱动的快速成长期。产业体系的培育完成了从单一到综合的发展过程，主要表现为国有旅游企业的改革、重组和民营旅游企业的市场化成长。民营资本的大量进入还形成了中信、万达、富力等新型产业投资主体。随着企业规模的扩大、经营能力的提升，部分有实力的旅游企业陆续上市，市场主体进入了产融结合的新阶段。

旅游需求的快速释放与市场主体全面建设的背后，是旅游业不断提升的战略定位。2001 年，国务院《关于进一步加快旅游业发展的通知》指出：“树立大旅游观念，充分调动各方面的积极性，努力扩大旅游发展规模，进一步发挥旅游业作为国民经济新的增长点的作用。”2006 年，《中国旅游业发展“十一五”规划纲要》明确提出，要把旅游业培育成为国民经济的重要产业。2009 年 12 月，《国务院关于加快发展旅游业的意见》（国发〔2009〕41 号），明确提出要“把旅游业培育成为国民经济的战略性支柱产业和人民群众更加满意的现代服务业”，标志着旅游业正式进入了国家战略体系。

随着市场主体的丰富完善，旅游行业管理的重点也随之变化，以旅行社和饭店行业为重点向大旅游、大市场、大产业方向转变，一系列行业性管理规章和办法出台，推动旅游管理向纵深发展。为了保障大众旅游权利，规范完善旅游市场环境，2009 年《国务院关于加快发展旅游业的意见》指出：要抓紧旅游综合立法，加快制定旅游市场监管、资源保护、从业规范等专项法律，不断完善相关法律法规。全国人大正式启动立法程序，实现历史性突破，对旅游业产生了深远的影响。2013 年《中华人民共和国旅游法》开始施行，国民旅游权利被写入法律并得到充分保障，旅游市场秩序进一步规范，也标志着中国旅游业进入了全面依法兴旅、依法治旅、依法强旅的新阶段。

经文化和旅游部综合测算，2019 年“五一”假日期间全国国内旅游接待总人数 1.95 亿人次，实现旅游收入 1176.7 亿元。

文旅融合高质量发展阶段

党的十八大以来，我国经济发展进入了以经济增速换挡、发展方式转变、结构深度调整、发展动力转换为主要特征的新常态。2015 年，习近平总书记首次提出供给侧结构性改革，为旅游业的调整、优化、转型、升级指明了方向。2018 年，国家机构改革，文化和旅游部的组建更为旅游业发展带来重要历史机遇。

自 2009 年被确立为国民经济战略性支柱产业以来，旅游业已成为衡量人民群众生活水平的重要指标，服务业的龙头和幸福产业之首。旅游业始终与国家战略相向而行，在扶贫攻坚、乡村振兴、刺激消费、投资就业等领域发挥了重要作用，成为全面深化改革的重要抓手和新常态下经济增长的重要引擎。在文旅融合发展的新时期，文化和旅游部逐步明确了“宜融则融，能融尽融；以文促旅，以旅彰文”的工作思路，旅游业更承载着传扬我国优秀传统文化、红色革命文化和社会主义先进文化，讲好中国故事、将美丽中国推向世界的时代任务。从治理主体来看，从以单一的旅游行政主管部门为中心，已发展成为行政主体、市场主体、行业协会、消费主体和社区居民共创共享共治的多元化治理格局。党的十八大以来，先后完善了以《旅游法》《国民休闲纲要》《“十三五”旅游业发展规划》为代表的制度框架，形成以旅游警察、旅游巡回法庭、旅游工商分局为代表的旅游市场秩序综合治理体系。

2017 年，作为全球最大的国内旅游市场，我国国内旅游达 50 亿人次，出境旅游 1.3 亿人次，意味着旅游已从少数人享受的权利变成老百姓的日常生活。在总量指标突破的同时，旅游消费的细分趋势明显，以体育旅游、避暑旅游、冰雪旅游、研学旅游为代表的分众市场崛起，区域热点不断涌现，标志着大众旅游正在从初级向中高级阶段快速演变。

旺盛而多元的消费需求孕育了强大的市场主体，并且释放不断增强的国际影响力。巨大的市场存量和日趋激烈的竞争环境，也重新唤醒了传统旅游业态的企业家精神，传统企业的创新、新业态的发育、战略投资和并购重组，多方的博弈竞合，正在改写旅游产业版图。

消费需求与行为的变迁对市场供给提出了新的要求，为旅游领域的创新创业注入活力。2016 年全国旅游工作会议提出，将“全域旅游”作为新时期的旅游发展战略，打破了传统的“好山好水好风光，圈山圈水收门票”的旅游开发模式，强调“主客共享”的发展理念。经过 40 年的努力奋斗，中国旅游业逐步走进世界旅游经济体系的中心位置。站在大众旅游新时代，全域旅游新方位，旅游经济发展的动能正在由传统资源，转向文化、科技和资本驱动的新业态和新模式，需要大力培育科技、教育、文创、法律、公关、游说等新时代旅游发展的全新动能，积极探索与国际组织、国家和地区、非政府组织、社区居民等多元主体相协调的发展模式，强化法治和契约精神，共商共建共享全球化旅游发展的未来。

改革开放 40 多年，见证了国民在全球范围内自由行走，见证了旅游市场的高速增长，也见证了旅游业在国家战略中的责任担当。未来，旅游业的高质量发展，需要坚持“以人民为中心”的发展理念，需要所有从业者以“更多的国民旅行，更高的品质分享”为己任，需要提高全行业的创新发展、全社会的广泛参与，建设高度集约型的世界旅游强国。

2019 年 5 月 17 日

《前线》杂志 2019 年第 5 期

景区厕所为文明旅游加分

2015年，国家旅游局提出在全国范围推动“厕所革命”。在得到习近平总书记的批示后，全国上下掀起了景区“厕所革命”的高潮。

中国旅游研究院院长戴斌表示，从过去4年来看，景区“厕所革命”改变了我国旅游景区的接待条件，也提高了景区的服务品质，游客对景区基础设施和公共服务的满意度得到有效提升，初步解决了景区特别是高等级景区厕所“有没有”的问题，目前已步入“好不好”“整洁不整洁”“能不能找到”的发展阶段。

第一，完成了厕所“有人建”

厕所是一个景区的基础设施，也是展示公共服务的窗口。长期以来，景区在建设中只重视建筑、景观设计，而忽视厕所在建设和使用中的问题。经过“厕所革命”后，不仅完成了结构性的配比，同时景区对厕所的配置和监测管理也进入再次改革升级的进程。比如，在监测到外出旅游人群中女性游客占比居多，女士在使用卫生间的时间和频次高于男士，亲子游、家庭游的比重提高等细节后，景区在厕所建设过程中，对男女厕卫比例进行了调整，同时还出现了“第三卫生间”，解决了女性游客和家庭出游群体在如厕过程中遇到的难题。

第二，实现了厕所“容易找”

很多地方景区将厕所位置放进了景区导览系统中，比如，通过APP或在景区内设置道路标识系统，方便游客去查找和使用。

第三，解决了厕所“有人管”

以前厕所由于管理不到位，导致异味重、不卫生。通过厕所革命，卫生、干净、无异味已成为景区厕所的基本标准。

第四，厕所设计更生态环保

在厕所建设过程中，有条件的景区已考虑到让厕所在建筑设计上与环境更协调、材料使用上更环保等，有利于厕所可持续发展。比如，浙江新昌大佛寺文化旅游区的厕所设计就是将整个厕所融入景区的环境中。

总体而言，通过“厕所革命”，初步解决了广大游客“有厕可上”“查找方便”“使用舒心”等基本问题。未来，有条件的景区在厕所改建过程中，需要在环境生态的融合方面、建造和管理理念方面向国际水平看齐，将厕所建成景区的一道亮丽风景线。

从全国景区厕所的整体建设上来看，我认为还存在以下几个需要重点解决的问题：

第一，区域发展不平衡。中西部地区的景区厕所，要按照文化和旅游部部署“配置到位，建设到位”，其中，西部、东北部地区和一些低等级景区的厕所建造问题需要重点关注；要“因时制宜，因地制宜”，对地方和景区的厕所建设目标实事求是。此外，西部地区、东北部地区等一些季节性较强的景区，是否需要建永久性厕所值得探讨。我认为，可以通过临建厕所，降低淡季景区厕所的运营成本。

第二，“贪大求洋”的建设要制止，正确引导景区厕所建设朝可持续方向发展。在厕所建造过程中，要将关注点放在厕所功能是否完备，服务是否到位等基础服务上。

第三，运营成本可持续，景区建设厕所会增加景区管理机构的运营成本，如何让企业建设、运营厕所变得可持续，也是重要的关注点。通过建立补偿机制，让景区的厕所建设纳入景区的基础设施和公共服务中去，增加各级财政对其公共服务资金的投入，特别是对中西部地区要有倾斜，让运营者的投入能在其他方面得到回报。

第四，全社会应该倡导文明如厕。文明如厕是文明旅游的重要组成部分，让厕所不再出现厕纸丢失、便后未冲等现象。一名文明的游客不仅要爱惜公共设施，也应懂得尊重别人的劳动成果。

2019 年 3 月 16 日

《中国文化报》第 4 版

中国文化报记者：李琤

绘就文化和旅游融合发展的新蓝图

1 月 3~4 日，首次全国文化和旅游厅局长会议在京召开，文化和旅游部党组书记、部长雒树刚做大会主报告。这是一次凝聚共识、明确任务的工作部署会，也是绘就文化和旅游融合发展新蓝图、指导全系统和全行业的发展动员会，必将载入共和国旅游发展史册。

会议摆事实、讲道理，最大限度地凝聚了文化和旅游系统的融合发展的思想共识。有了理论自信和理念认同，才会有持之以恒的道路自信和直面现实的探索勇气。大会主报告直面系统、行业和社会的现实关切，以习近平新时代中国特色社会主义思想，特别是总书记关于文化和旅游融合发展的重要论述为指导，从思想上、理念上系统回答了为什么要融合、怎么融合、谁来融合的重大问题。

会议有态度、有数据，既从成就和不足两个方面解析了文化和旅游融合发展的现状，也明确了今后一个时期文化和旅游融合发展的方向和目标。在过去的一年里，文化和旅游系统识大体、讲奉献、有作为，文化事业、文化产业和旅游业的各项工作亮点多多。在艺术创作出精品和公共文化出效能的同时，文化产业和旅游总收入均有两位数增长。市场基础更加稳固，市场主体投资创新更加活跃，法律、政策和标准为支撑的治理体系进一步完善，治理能力现代化上了新台阶。中央高度重视文化建设和旅游发展，习近平总书记先后19次出席对外文化和旅游活动，更加坚定了文化和旅游融合发展的信心和勇气。

会议也不回避融合发展的理念有待深化、顶层设计有待加强、公共服务效能有待提升、服务品质需要进一步规范等现实问题。坚持以人民为中心，有效释放旅游消费潜力，着力培育文化创意、科技应用等旅游产业发展的新动能，千方百计提高人民群众的旅游参与感、获得感和幸福感。

会议确定方向、明确任务，绘就了新时代文化和旅游融合发展的路线图。围绕融合发展的阶段性中心工作，明确了“宜融则融、能融尽融；以文促旅，以旅彰文”的工作思路，强调守住意识形态和安全生产两条底线。在深化学习的基础上，从理念、职能、产业、市场、服务、对外和对港澳台等六个方面，向全系统和全行业发出真融合、深融合的号召。具体到2019年的任务，会议从深化学习、提高质量、提升效能、传承保护、优化环境、丰富供给、加强监管、深化改革和加强保障等十个方面做了具体的部署。在地方机构改革顺利推进的今天，内容丰富又有可操作性的工作部署无疑是下了一场及时雨。

在强调理念共识和统一部署的同时，也充分考虑了各地区、各行业、各企事业单位的特殊性，强调尊重规律，特别是文化和旅游既有可以融合的一面，也有各自相对独立的一面，坚决避免片面强调特殊性和完全忽视特殊性的两种倾向。为此，要因地制宜，坚持实事求是，走特色化发展和差异化发展的道路。要坚持稳中求进，对融合的程度和效果要靠时间来检验。要鼓励创新，基层和一线的同志要积极探索，敢于摸着石头过河，从实践中找到文化和旅游融合发展的有效路径。为此，我们需要继续解放思想，来一场文化和旅游系统的改革开放创新发展的思想大讨论，让文化建设和旅游发展看得见、摸得着，让更多的公共服务和品质提升为人民所共享。这是国家机构改革的要求，也是时代发展的重托。

文化和旅游融合发展的蓝图已经绘就，号角已经吹响，接下来就是要一张蓝图绘到底，撸起袖子加油干，以优异的成绩向新中国成立 70 周年献礼！

2019 年 1 月 7 日

《中国旅游报》第 1 版

“网红”只是文化遗产活起来的第一步

《上新了，故宫》《如果国宝会说话》等综艺节目，故宫口红、兵马俑主题酒店等文创产品，加上传统和网络媒体的推动，过去陈列于深宫大院的文化遗产一改高冷面孔，以“萌萌哒”的亲民形象走向民间，有的成为现象级的“网红”。这是一件好事，但“网红”显然不是文化遗产当代价值的全部。

新中国成立以来，特别是改革开放40年来，文物抢救与保护工作取得了巨大成就。2018年，全国博物馆数量已经超过5000座，接待参观人员超过10亿人次，像故宫博物院、国家博物馆、敦煌博物院等热门文博场所不得不采取限流措施。与此同时，我们也要看到与人民的美好生活需要相比，文博事业仍然存在地域分布、接待时间、展品结构、解说系统等方面的不平衡不充分的问题。中西部和三四线城市的博物馆，有的尽管在青铜器等特定主题收藏方面居于一流水准，但是受经费、管理和人才所限，长期处于“养在深闺人未识”的状态。一线城市的热门场馆，每天开闭馆的时间与工作时间同步，加上预约、登记、限流等措施，网友表示

“想说爱你不容易”。很多有文化内涵和教育价值的藏品，由于解说系统过于严肃，且布展陈列从玻璃柜到警戒线的层层拦阻，导致很多参观者望而却步，敬而远之。现在的萌化和网红，只是解决了传播领域的亲民和近民需求，或者说解决了“场子”里叫座，却没有解决好“圈子”里叫好的问题。因此，博物馆作为传统文化重要载体，必须平衡好大众接受和价值引领两方面的需求。

从近年来对节假日旅游市场的监测结果来看，90% 以上的游客会参与各类文化活动，40% 的游客会进入文博场所。这说明国民对旅游的认识已经走过了“看山看水看风景”的初步阶段，开始走向“观文品史，体验生活”的新阶段。在这一背景下，我们既要努力让群众更多地走近文博，也要加强融合创新，持续提升人民生活品质和国民综合素质。

可以借鉴发达国家的经验，通过内容、活动和场景增强文化遗产与人的连接。比如，博物馆可不可以开放为成人典礼、学术研讨会、新闻发布会，甚至冷餐音乐会的场所，要不要邀请国际化的专业团队对展示和解说系统重新设计，要不要增加一些现当代的文化符号？这些创新创意，无论是内容层次，还是参与人员，都可以与文博场所相得益彰。当然，要达到这样的效果，我们肯定要付出比卖萌做网红更多的才情和努力，甚至有失败和被指责的风险，但是不迈出这一步，“文化遗产要保护好，也要活起来”的战略目标就不能真正实现，“宜融则融，能融尽融；以文促旅，以旅彰文”的新时期文化事业、文化产业和旅游业融合发展思路也无法有效落地。从这个意义上说，“网红”只是文化遗产活起来的第一步，还需要在价值传承和文化创造方面做更多的工作。

2019 年 4 月 11 日

《环球时报》国际论坛版块

努力让旅游从堵心到舒心

刚刚过去的“加长版”五一劳动节假期，有不少游客抱怨一些国内景点拥堵，但背后的数字也是真实的：国内旅游接待 1.95 亿人次，实现旅游收入 1176.7 亿元人民币，按可比口径分别增长 13.7% 和 16.1%。

亲子、研学和陪伴父母等形式的家庭游、高铁游、自驾游、乡村游成为热点，有效拉动了文化、休闲、餐饮、住宿、交通等消费，增强了经济发展的信心。各地假日旅游市场基本平稳有序，没有发生涉旅重特大安全事故，文明旅游、绿色出行成为越来越多人的共识，全面实现了预期工作目标。

肯定成绩的同时，也有必要关注广大游客和社会舆论对旅行过程中的“堵堵堵”，旅游景区、历史文化街区的“人从众”，及其对旅游体验感的负面影响。有网友调侃：春季来长城看人头，法海都被挤进西湖了，从上海到杭州花了七个小时，自驾车秒变自驾驴。以至于有人发问，这是我们所要的美好生活吗？

我国正处于大众旅游初级阶段向中级阶段的转型过程中，随着国民旅游意识的日益高涨和旅游权利的普及，越来越多人选择出门旅游。在可以预见的将来，观光旅游而非休闲度假将是大众旅游时代的基本需求，也是基础市场。同时，随着高铁、高速公路、航空等基础设施的完善，出游变得更方便、更快捷，“世界那么大，我想去看看”和说走就走的旅行正在从梦想走向现实。

我们承认相当数量的旅游者已经具有自由行的经验，愿意在体验异国他乡的生活方式上花费更多的时间和金钱。但对于绝大多数旅行经验还不够丰富、时间有限、预算有限的游客而言，到了目的地，首先要做的依然是去地标性的和历史文化景点“打卡”。很多人千里万里来到北京，你不让他们看看天安门、长城、故宫，可能吗？无论如何采取预约和限流措施，这个基础需求都是存在的。近 14 亿人口的大国，每年平均 4 次的国民出游率，如何做到人民群众“有得游、游得起、游得开心、玩得放心”？这是世界旅游业发展历史上没有遇到的发展中难题，也必须以发展思维加以解决。

从长期来看，一是需要回应人民群众优化节假日制度的迫切需求，国家有必要采取强有力的措施落实带薪休假制度。二是从现实可行的角度看，城市旅游目的地的管理者要有“时间换空间”的思维，大力发展夜间旅游和夜间消费，延长重点旅游景区的营业时间和博物馆、图书馆、科技馆等热门文化场所的闭馆时间。当然，这需要财政、税收、人保等部门统筹考虑企事业单位加班成本等问题。但是，不如此短期就难以有效分流游客和观众。三是主流媒体、网络媒体和旅行服务商应把焦点放在其他“温冷点景区”，旅游行政主管部门也应在发展理念和管理手段上与时俱进，以管住准入门槛为新时期治旅重点，而不再片面追求 5A、五星、国家级旅游度假区等概念人为制造稀缺和焦虑。事实上，祖国的每一寸土地都是美丽的，每一份时光都令人流连忘返。

2019 年 5 月 5 日
《环球时报》评论版

“五一”劳动节假期制度调整受欢迎

首先，“五一”假期经济拉动作用日益显著。1999—2008年，国家出台新的法定休假制度，每年“五一”节加上调休，形成7天连休的“黄金周”。2009—2018年，国家取消“五一”黄金周，通过挪借、调休形成3天小长假。无论是7天长假，还是3天小长假，旅游消费都在稳步增长，对经济拉动作用明显。2017和2018两年的“五一”假期，国内旅游人数同比分别增长了14.4%和9.3%，旅游收入同比分别增长16.2%和10.2%。虽然总体增幅收窄，但仍然高于当年清明和端午节的旅游经济增长速度，与当年国庆长假的增速相当。2018年“五一”假期，旅游消费对体育赛事、民俗活动、综合商业体消费增加明显，异地餐饮和购物类消费同比增长幅度较高。

其次，我国假日天数居世界平均水平，假日旅游经济要进一步向时间和空间要新潜力。与世界62个主要国家和地区相比，我国法定节假日天数（11天）排在并列33位，处于世界平均水平，加上周末公休日和带薪休假日，人均每年法定假日至少115天以上，远高于大部分发展中国家。

近年来人们对美好生活的需要和旅游需求发生了巨大变化，考虑到每增加一天法定节假日，全国用人单位将多支付四百多亿元工资，建议要一步在全域旅游发展战略下发展夜间旅游等新业态，向时间和空间要假日旅游经济的新潜力。

三是通过本次调休，对于促民生、扩消费、稳预期都具有十分重要的意义。本次“五一”假期在不增加假日总量的情况下，通过调休形成4天小长假，既呼应了民生需求和社会舆论，又最大限度减少了对生产秩序和经济活动的冲击，加之近年来“五一”小长假旅游市场秩序良好，社会预期相对稳定，旅游及相关产业生产成本和安全底线可控，旅游目的地和核心业态服务品质将得到显著提升。初步预计，四天人数和旅游收入将同比将分别增长8%和9%左右。

2019年3月22日于北京

出境游客消费观悄然变化

日前，日本观光厅发布统计报告，2018 年中国访日游客首次突破 800 万人次，购物消费虽仍居首位，但“爆买”的势头有所下降。事实上，不仅日本，中国出境游客在其他国家或地区的消费行为，在过去一年里也都发生了明显的变化。根据中国旅游研究院的专项调查，中国游客在目的地期间用于餐饮、住宿和文化娱乐消费的比重分别为 14%、21% 和 24%，同比均有明显的增长，而炫耀消费、冲动消费或委托代购所支撑的购物支出则从 34% 剧减到 16%。

改革开放四十年来，从“吃有肉、住有楼，还有闲钱去旅游”的朴素理想，到人均接近 4 次的国民出游率；从“春节去欧洲旅游”，到“放假了，去伦敦待几天”，可以说，国人在旅游消费这件事上正在从“有没有”向“好不好”和“精不精”转变。随着中国人旅游次数的增加和消费经验的成熟，人们不会一见到比国内便宜的奢侈品牌就冲动性地“买买买”，而是根据自己的日常需要和合理预算再做购买决策。

出境购物比重下降的原因也包括国内的政策环境和消费环境。海南离岛免税购物商品范围的扩大和消费额度的提升，机场、港口的离境免税购物的便利化，让部分海外消费留在了国内。此外，随着经济发展水平的提高，特别是制造业和服务业对商品质量的关注，国内商品种类变得越来越丰富、价廉物美，这实际上对海外购物消费起到了进口替代作用。

中国游客把购物上节省下来的钱，用于体验目的地的人文环境和生活方式，多参与博物馆、世界自然和文化遗产、非物质文化遗产等文化休闲项目，对于自古以来就追求“读万卷书、行万里路”的国人来说，确是可以提高综合素质的好事情，也是我们乐见其成的变化。

在可以预见的未来，出境旅游市场仍然会维持增长的态势，但购物消费比重下降将是不可逆转的趋势。随着人们旅行经验的丰富和智能通信、移动支付的发展，游客对海外目的地的公共服务和商业环境会有更高的要求，个性化需求和定制旅游将进入市场的成熟期。一个市场繁荣可期、商业模式重构和产业格局的重组的时代正在来临。只有那些真正有品质和价值的海外旅游目的地才会成为出境游客的首选，只有以科技创新、品质保障为基础的资源供应商和旅游代理商才能生存下去，发展起来。那种打政策和法规的擦边球，进店购物吃回扣，挣黑钱发大财的操作空间将会变得越来越狭小，直至消失。

2019 年 1 月 19 日

《环球时报》第 7 版

说走就走的旅行，不能只有规划的线路

编者按：

时间来到2019年，博物馆文创吸引大批粉丝热度不减，“国潮”品牌开始受到年轻人的追捧。国际好戏不断引进国内演出市场，国粹与非遗的经典魅力历久弥新。文化旅游发展大有可为，文化科技融合大势所趋。环球网文化频道推出《文化新趋势 使者话传承》系列访谈，邀请各领域优秀代表人物及专家学者讲述所在领域的融合趋势及文化传承，专家角度聚焦业态热点，前沿观点把脉发展趋势，记录时代文化发展的新趋势。

本期访谈带您走近中国旅游研究院院长戴斌。作为政府的智库专家，戴斌认为，文化旅游融合在理论探讨和产业实践方面都取得了长足的进展，“无论旅游发展还是文化建设，都是为了满足人民群众对美好生活的需要。”

文化和旅游的融合发展已经成为广泛共识，被生动比作“诗”与“远方”的牵手。随着国家文化和旅游部的成立，文化和旅游产业也在实践和探索着融合发展的新道路。

中国旅游研究院作为文化和旅游部直属的专业研究机构，其职责是为文化和旅游融合发展建言献策。研究院院长戴斌认为，在文化旅游融合过程当中，要充分发挥市场主体的作用，运用大数据作为新动能，真实地连接游客的需求与市场主体的供给，用数字化为产业赋能。

“游客要的是触手可及的温暖，我们不能只给他繁华的记忆。游客要的是美好的生活，我们不能只给他美丽的风景。游客要的是说走就走的旅行，我们不能只给他规划的线路。”戴斌认为，大众旅游时代到来，游客已经广泛地介入到目的地城乡居民的日常生活空间，要着眼于构建主客共享的美好生活空间，真正把文化建设和旅游发展统筹起来。

一、着眼构建主客共享的美好生活空间

记者：随着国家文化和旅游部的成立，加快推动文旅融合成为各界关注焦点。对此，您的观点是什么？

戴斌：无论是文化产业、文化事业还是旅游业都需要以人民为中心来推动高质量发展。文化和旅游走在一起，由文化和旅游部统筹文化事业、文化产业和旅游业的高质量发展，成为落实新时代中央对文化和旅游工作以人民为中心高质量发展的有利举措，适应时代发展的需要。

从旅游发展看，很多游客已经采取自助游、自由行的方式，渗透到当地居民的日常生活当中。文化产业可以为旅游业注入更加生动活泼、更具品质的旅游消费内容。也可以令旅游业发展有更好的价值取向，更好践行社会主义核心价值观，对推动文明旅游、提高国民素质都是有益的。

从文化发展看，公共文化建设取得非常好的成果。文化馆数量超过 70 万，遍布全国省、市、乡，登记在册文物超过 1 亿件（套），博物馆超过 5000 家，更有大量演艺演出、电影电视等文化产品不断出现。但正如中央所关心的，还待进一步提升人民群众对公共文化的获得感和满意度，让高

雅艺术叫好的同时更叫座，让文化在培根铸魂、塑造社会主义核心价值观的同时，传得开、留得住，让更多人所接受。

记者：根据您的行业观察，文旅产业的发展态势如何？

戴斌：地方政府和市场需要更多地去研究游客的需求，以及城乡居民对公共文化、文化产业的现实需求。

游客要的是触手可及的温暖，我们不能只给他繁华的记忆；游客要的是美好的生活，我们不能只给他美丽的风景；游客要的是说走就走的旅行，我们不能只给他规划的线路。

当旅游业发展到大众旅游的阶段后，游客在旅游目的地会广泛地介入到城乡居民的日常生活空间。不要把旅游业和文化建设、休闲、城乡生活割裂开来，必须着眼于构建主客共享的美好生活空间。杭州推出 100 个社会资源国际旅游访问点，古荡菜市场成为广受海外游客欢迎的“最佳访问点”，过去我们想象不到。这就要求决策部门既要着眼本地居民需求，也要着眼外来游客的需求。当地文化建设、休闲场所和休闲内容可以成为重要的旅游吸引物，外来游客到访也将更好地促进本地文化的发展。

二、重视市场主体参与，利用大数据面向游客需求

记者：目前文旅融合所面临的现实问题是什么？我们该如何去解决？

戴斌：下一步，更重要的是有市场主体的介入。只有市场主体真正融合才能给消费主体带来满意度和获得感。目前规划比较到位，落地还比较少，特别是能够体现文旅融合的产品和项目处于相对短缺阶段。

通过大数据沟通文化资源和旅游市场，引导文化企业了解市场需求，引导旅游企业熟悉文化资源；让广大旅游企业、文化企业、公共文化事业单位等市场主体真正面向游客需求，提供可触可感的产品；注重科技作用，分众产品市场没有互联网及科技的介入，市场发展将是极其有限的。

记者：大数据等新技术会为文旅融合带来哪些机遇？

戴斌：大数据有助于洞悉消费需求，把握市场趋势，发现游客真实需求。比如广州，通过大数据你会发现游客感兴趣的是“珠江”“小蛮腰”“长隆”“早茶”，都是和我们日常生活息息相关的，有助于我们研发产品，使供给侧和需求侧联系起来。

数字化为产业赋能。科技、文创、资本、教育越来越成为旅游发展的新动能，都需要数字化驱动。通过互联网技术、人工智能、大数据，促使旅游产业从传统服务业走向现代服务业。

三、夜间旅游是当代旅游发展理论体系的学术新成果

记者：夜间旅游是一种新的文旅产业发展模式，夜间旅游的优势是什么？

戴斌：2018年1月，中国旅游研究院《旅游内参》提出“夜间旅游”概念，重视夜间旅游的挖掘。2019年3月，研究院正式发布第一份夜间旅游发展报告，举办夜间旅游座谈会，还将召开第一届夜间旅游发展论坛。

一是解决游客“白天有的游、晚上没的玩”的问题。散客化时代，应该充分挖掘地方城乡居民休闲资源为游客所用，充分利用晚上6点至10点的“黄金四小时”，为游客提供优质的旅游体验。

二是解决游客白天出行太拥挤的问题。随着经济发展，各地方城乡居民休闲生活越来越丰富多样，博物馆延长开放，电影院播放夜场，文化场所开放，通过时间的延长起到增加供给的效果。

政府高规格文件发放，呼应了夜间旅游理论探索的成果；更多企业加入进来，涌现出良业、名家汇等企业；游客愿意参与到夜间旅游生活中，有效增加了城市的活力。

记者：今年9月文旅部公布首批国家全域旅游示范区，全域旅游有怎

样的重要意义?

戴斌：提出“全域旅游”概念，是适应游客需求，体现从景区到城区到乡村的变化。过去游客看历史文化风景，现在更多参与分享目的地品质生活。当地休闲空间成为旅游发展的新需求。如果只建设景区而不注重对城乡生活环境的挖掘、包装和宣传，显然不能满足游客的需求。旅游的发展不能仅仅抓景区旅行社、景区、酒店，而要抓城区环境营造。游客会参与目的地公共交通，也会落脚民宿客栈，需要对旅游供给侧进行改革。旅游是和各个行业相关联的。从满足游客新需求、发现旅游新动能、提出旅游治理新机制来说，提出全域旅游，是为了整合社会的力量为游客提供更有品质的服务。

目前，首批国家全域旅游示范区验收认定已经完成，浓厚了当地旅游发展氛围，让地方政府统筹更多资源投入旅游业发展，有助于提升地方旅游发展质量。

四、文化传承要让市场和年轻人“亲而近之”

环球网文化频道：如何打造旅游 IP 为行业带来机遇?

戴斌：IP 可以带来流量，让更多游客介入。网红不等同于 IP，网红只是 IP 打造的第一步。从 IP 和旅游业的融合来看，我们还缺乏现象级的产品。希望大家有耐心，通过文化建设，把产品内涵挖掘出来进行产品开发。仅仅用 logo 去做 IP 未免急功近利，起不到应有的效果。IP 的打造需要智慧和耐心。

环球网文化频道：未来，您认为如何通过文化旅游的融合发展，更好地传承优秀传统文化?

戴斌：面向市场和当代人的需求，不要故步自封。文化遗产要保护好，更要利用好。文化遗产的保护、文化项目的传播，不能高高在上，需要让人亲而近之，而不是敬而远之；对传统文化要赋予当代内涵；文化时尚化，适应年轻人的需求。按照“百花齐放，百家争鸣”方针，做到时尚化、功能化。只有广大人民群众需要，才能真正出精品。既要抓供给侧文学艺术、戏剧、舞蹈的创作，又要培养观众，促使文化事业、文化产业长远发展。

2019 年 11 月 1 日

环球网访谈稿